【新装版】

唐物と東アジア

河添房江・皆川雅樹――編

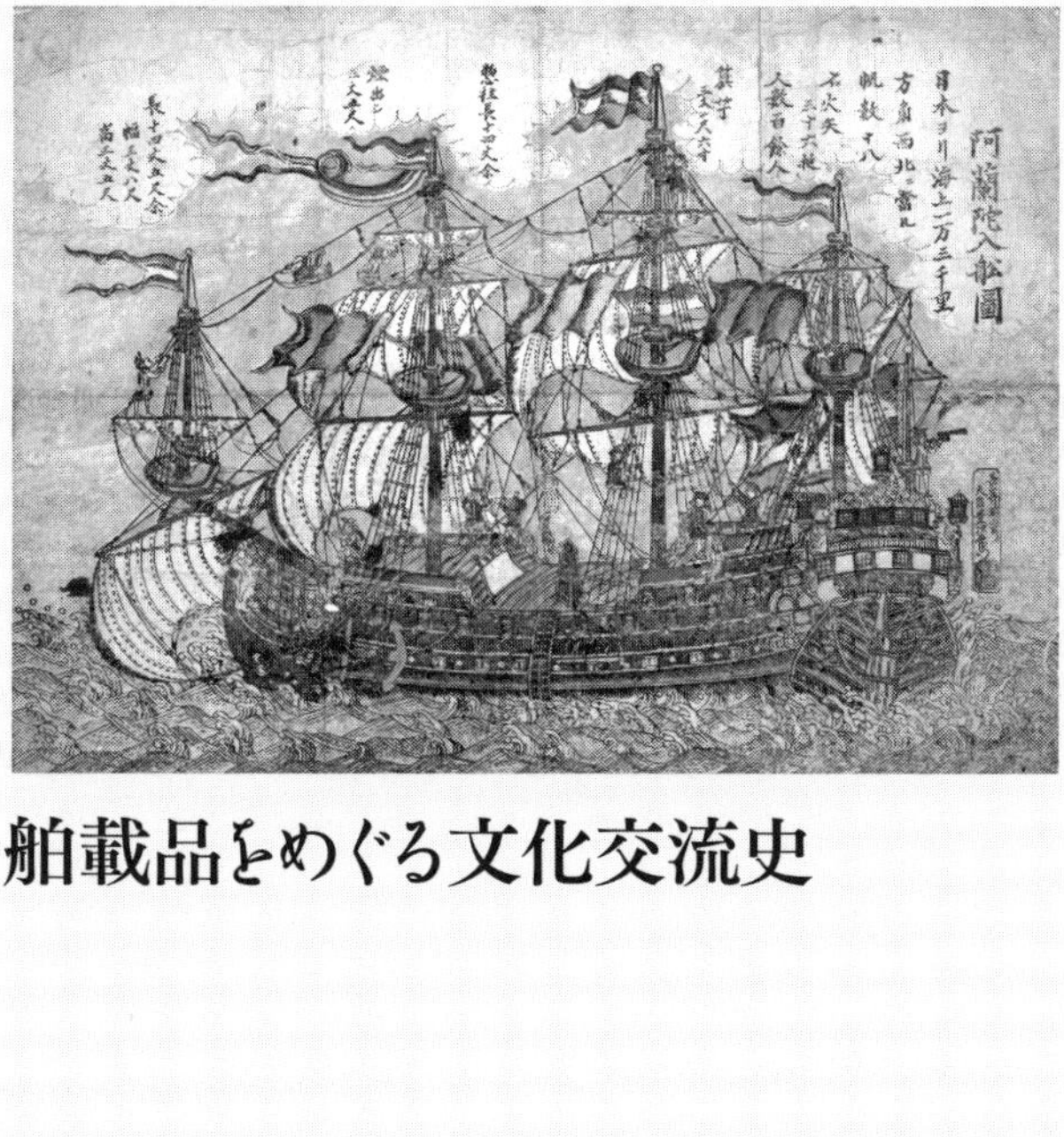

舶載品をめぐる文化交流史

JN169729

勉誠社

【新装版】唐物と東アジア

目次

※本書は河添房江・皆川雅樹編
『唐物と東アジア――舶載品をめぐる文化交流史』
(「アジア遊学」一四七号、二〇一一年十一月)の新装版です。
扉使用図版:『阿蘭陀入船図』(国立国会図書館所蔵)

序にかえて

河添房江

二〇一一年六月、平泉の文化遺産が世界遺産に登録されたという報道は、震災後の日本を元気づけるニュースの一つとなった。平泉といえば、奥州藤原氏の四代の栄華が思い浮かぶが、それを支えたのが陸奥の国で産出される金であったことは周知のことであろう。ところが、奥州藤原氏は産出された豊富な金を元手に、初代の清衡の時代から独自の北方の交易ルートを展開して、唐物とよばれる舶載品も平泉に吸収してもいた。北方のルートにより、宋や金とも交易があり、また別に都を介さず博多から直接、唐物を入手するルートもあったという。

平泉の柳之御所跡は、平泉館とよばれる政庁の跡とされるが、そこから国産の品のみならず、宋からの舶載品である白磁四耳壺をはじめ陶磁器が大量に出土している。白磁四耳壺は、博多以外ではほとんど出土していない希少な輸入陶磁器の優品であり、奥州藤原氏が都を介在させずに直接、博多の宋商人から買い付けていたことをうかがわせる。

平泉では清衡が中尊寺、基衡が毛越寺、秀衡が無量光院と大規模な寺院を次々と建立し、まさに仏教王国ともいうべき様相を呈したが、唐物はその建立にも黄金とともに深く関わっていた。中尊寺の金色堂七堂の螺鈿には、奄美大島の南でしか取れない夜光貝が使われ、須弥壇には舶載の紫檀に象牙の装飾が施されているなど、唐物がふんだんに使用されていた。金色堂には黄紙の宋版一切経が収蔵され、その朱印から明州（のちの寧波）

の吉祥院にあったものであることが判明している。宋版一切経が、当時を代表する交易港である明州から博多を通り、さらに平泉にもたらされたのである。中尊寺に残る文殊菩薩騎獅像も日本に残る十二世紀唯一の宋風彫刻とされ、平泉文化のいわば国際性を示している。

『吾妻鏡』文治五年八月の記事によれば、奥州に出兵した源頼朝が平泉に到着した折、すでに平泉館は逃走する泰衡の命により火が放たれて、わずかに倉が一つ残るばかりであった。頼朝がその倉の中を検分させたところ、沈香・紫檀以下、唐物の貴木の厨子が数脚あった。そして厨子の中に納められていたのは、金銀の加工品の他、犀角、象牙の笛、水牛の角など南海の交易品、紺瑠璃の笏、蜀江錦など、多くの唐物であったという。平泉館の倉は一つではなかったはずで、もしすべての財宝が残っていたならば、こうした極上の唐物の総量はいかばかりであったか。奥州藤原氏が金を対価材として、膨大な唐物を獲得し、平泉の地に都から独立した文化王国を築き上げたことが、『吾妻鏡』の記事からもうかがえるのである。

＊

平泉の文化遺産を支えた唐物の役割を簡単にたどり見てきたが、本書では、唐物が古代から近世までどのように日本文化史に息づいているか、美術品や歴史資料のみならず、文学資料も用いて明らかにすることを目論んだ次第である。

ここでの唐物とは、中国産に限らず、アジアや中近世のヨーロッパをもふくめて、外来品の総称として広い意味で捉えている。具体的には、舶載された香料・陶器・ガラス・紙・布・文具・調度・書籍・薬・茶・楽器・珍獣などが、考察の対象である。さらに唐物を俎上に乗せることは、日本文化史の一翼を担うモノの歴史をたどることにとどまらず、日本文化史がいかなる流れであるのかという、より本質的な問いかけをも内包するものである。

以下、私事にわたるが、平安文学の研究者である筆者が唐物の研究に目覚めたのは九〇年代の初め、『源氏物語』の梅枝巻に出てくる唐物に注目したことによる。その後、一九九七年のミシガン大学でのMAJLSでふたたび梅枝巻の唐物について報告したが、その際、歴史学の交易史研究にあたったところ、文献が飛躍的に増えていたのは驚きであった。戦後において、近代以前の交易史の研究は、森克己の『日宋貿易の研究』をはじめとする一連の研究を除いて、長らく停滞していた。それが八〇年代後半からようやく対外関係史の一環として、また東アジアの視点から光が当てられ、特に九〇年代後半から、文学研究者にも参照しやすい歴史学の成果が蓄積されたことは有り難かった。その後、唐物の分析を『源氏物語』全体や平安文学全般に広げて、『源氏物語時空論』（東京大学出版会）をはじめ、いくつかの著作をまとめた。

その執筆作業のなかで改めて感じたのは、唐物という視座を一つの時代や領域に限定して分析を進めることの限界であった。このテーマにおいては歴史学・美術史・日本文学の連携が求められるし、時代も横断的に見渡す必要がある。従来ややもすれば、上代から近世まで個々の時代で、また歴史学・美術史・日本文学と個々の領域のなかで語られがちであった唐物について、相互の連関を考えながら、新しい唐物研究のあり方を模索したいと希い、本書を企画した次第である。

より具体的に見ていきたいと考えたのは、㈠唐物交易の時代的変遷とその実態からみた異国との交流史、㈡唐物を結節点とする漢と和の関係性への分析、㈢人物とその権力の表象装置としての唐物の関係などである。㈠は、唐物を通じて、東アジアをはじめ諸外国との交流を通史的に描き出そうとする試みである。㈡については、和漢の構図から唐物をみるばかりでなく、「唐物」には三つの種類、異国の品としての唐物、「和」の世界に取り込まれた唐物、そして日本で模された唐物もあり、その関係性も問題にしたい。㈢に関しても、唐物というモノに注目することは、唐物にかかわるヒト、その人間関係を焦点化することでもある。唐物を所有することには、いかなる意味があるのか。また唐物を交易したり、贈与する人間相互の間で、どのような社会的関係が結ばれ、どのような情報が交換されたのか、興味は尽きない。

なお本書のタイトルを「唐物と東アジア」としたのは、唐物論にとって、東アジアの視点が不可欠であるにとどまらず、唐物に注目することにより、逆に固定的な「東アジア」観の超克をめざすことも視野に入れたいと考えたからである。最近では東アジアではなく、東ユーラシア（パミール高原以東、東部ユーラシアとも）といったより広い視野により歴史を考えるべきだという発言も、しばしば見受けられる。東アジアに限らず、広くアジアの異文化との接触にも留意するというスタンスが、東ユーラシアという概念が前景化してきた理由であろうし、それは唐物研究の今後の課題ともなろう。

以上のような趣旨にそって、本書では実績のある各分野の研究者たちに執筆をお願いした。全体の構成としては、歴史学の皆川雅樹氏と美術史の島尾新氏から総論的な問題提起をいただき、続いて時代別に古代から近世までとし、歴史学・古典文学の分野を中心にバランスを図るようにした。歴史学からは森公章氏、シャルロッテ・フォン・ヴェアシュア氏、古川元也氏、竹本千鶴氏、石田千尋氏、真栄平房昭氏、古典文学からは垣見修司氏、末澤明子氏、前田雅之氏という顔ぶれである。さらに歴史学の五味文彦氏、中国思想史の小島毅氏、古典文学の上野誠氏という豪華なメンバーにコラムをお願いした。読者諸氏には、それぞれの論文・コラムをお読みいただき、唐物による古代から近世までの文化交流史という企画の醍醐味を楽しんでいただければ幸いである。

なお二〇一一年七月に執筆者の一人であるシャルロッテ・フォン・ヴェアシュア氏は、『モノが語る日本対外交易史――七～一六世紀――』（河内春人訳、藤原書店）という近世以前の交易史を通覧する労作の翻訳を出版された。その後、二〇一四年二月に共編者の皆川雅樹氏が『日本古代王権と唐物交易』（吉川弘文館）を出版し、同三月に私も岩波新書より『唐物の文化史』を上梓した。本書をふくめて今後、唐物を通史的に捉える気運がますます高まり、その歴史的意義がより鮮明になることを期待したいと思う。

「唐物」研究と「東アジア」的視点

――日本古代・中世史研究を中心として

皆川雅樹

日本古代・中世史における「唐物」研究の現状から、単なる輸入品としての「唐物」ではなく、その政治・イデオロギー性などを見出せる有効な材料であることを確認する。また同時に、「唐物」を「東アジア」的視点で考察することの意義について、平安期以降の「唐物」の価値観の歴史的変遷という視点との関係で、現段階での私見を述べる。

はじめに

本書のテーマは、「唐物と東アジア」である。「唐物」という舶来品・外来品を研究対象とすることで、必然的に「東アジア」との関係を考慮せざるを得ないことは当然のようであるが、果たしてそうなのであろうか。小稿では、近年の日本古代・中世史における「唐物」研究を概観した上で、近年の日本「唐物」研究における「東アジア」的視点のあり方について考察する。

一、日本古代・中世史における「唐物」研究

平安期に関わる「唐物」研究

「唐物」という言葉の史料上の初見は、『日本後紀』大同三（八〇八）年十一月十一日条に「勅。如聞、大嘗会之雑楽伎人等、専乖㆓朝憲㆒、以㆓唐物㆒為㆑飾。令之不㆑行、往古所㆑譏。宜㆘重加㆓禁断㆒、不㆖㆑得㆓許容㆒。」とあり、大嘗会の「雑楽伎人等」が国法に背き、「唐物」を飾りとし、法令が守られない状況が昔から批判されているので、再度禁止命令が出されていることである。平安初期以降、来日する渤海使や海商などがもたらす外来品の交易に関する規制がなされるようになり、「唐物」という言葉が史料上に散見されるようになる。

以下、日本古代・中世史における「唐物」研究を概観し、その研究の傾向や方向性について考えてみたい。

日本古代史における対外関係史研究の範囲で「唐物」は、単なる「輸入品」として扱われてきた。一九八〇年代以降、日本列島とアジア諸地域の交流史研究は、国家・為政者間の政治的な外交面だけではなく、海商・海民・僧侶・漂流民など、多様な移動と交流にも目が向けられるようになり、「国家」「国境」の相対化というスタンスが定着してきた。そのような研究の延長線上で、ヒト・モノ・情報の交流に注目が集まり、「唐物」の歴史的意義についても主体的にとらえるような見解が出されるようになっていく。

榎本淳一［二〇〇一］は、九世紀以降に展開する「東アジア」諸地域間交易の日本列島への影響とそれにともなう対外関係の転換期について、『源氏物語』を題材に検討する。「唐物」に関わって、十世紀段階、「文物の点で述べるならば、その国々の超一級品で構成された回賜品・貢物の交換から日常的な物品を主とする交易への変化」が起こり、「唐朝の権威は物質的面でみるならば、そうした回賜品として日本にもたらされた超一級品によって作られた部分が大き」く、一方「日常品として輸入された唐物には良いものもあれば、悪いものもあり、中国（漢）を相対化してゆくことになった」と指摘する。

保立道久［二〇〇四］は、奈良期から平安期半ばの「日本」と「東アジア」の関係史を、①外交史・政治史の総合的理解、②民族複合国家論、③国制イデオロギー論、という三点から、問題提起及び論証する。「唐物」については日本王権の対外観との関連で次のように述べる。

対外関係はもっぱら「唐物」への物欲が中心となったということであろうが、このような（天皇個人の異国人との）面接タブーと貪欲な唐物趣味の併存は、外からみると、きわめて奇妙なものにみえたことであろう。平安時代の天皇は、貿易を独占し、唐物をかき集め、それによって、あたかも蚕の繭のように唐物による厚膜をつくり出し、その内部に籠って自己閉鎖してしまう。唐帝国の文明からみれば、それは外来のガラス玉などを威信財として喜びながら、それらの下手物で飾り立てた木造住宅のなかに隠れ、「文明人」を恐れて会おうともしない人々、未開なる王権にみえたかもしれない。

なお、保立氏の研究として、「唐物」である虎皮の歴史的意義を検討した保立道久［一九九三］がある。

皆川雅樹［二〇〇三］では、九世紀前半に派遣された遣唐使関係の史料を検証し、「唐物」は日本王権が「外来品」の先買・独占を意識して使用した語であることを指摘する。また、その背景には、八三〇年代前後、唐・新羅など東アジア諸地域において「内」「外」に対する「外来品」への対応・活動を見て取れることと連動していることを推測する。皆川雅樹［二〇〇五］では、十世紀前後の外来品としての「唐物」のひとつである香料を検討対象として、そのモノの持つ「外部」性とそれを消費する意義を『源氏物語』梅枝巻を用いて考察し、その際、これまで充分に検討されることのなかった当該期の「唐物」の意義と「東アジア」情勢（唐滅亡以降の呉越国・占城・三仏斉の状況を中心に）の連動性に留意すべきことを指摘する。皆川雅樹［二〇〇六a］では、平安期から室町・戦国期の「唐物」をめぐる状況を茶道の歴史から検討し、「唐物」は海を経て日本列島に舶来され、日本側の人々による働きかけ（先買・目利き等）によって認識・判別されるモノであり、それは常に権力者（天皇・幕府・大名等）によって掌握・利用されたことを指摘する。

一方、日本文学研究において「唐物」に注目し、さらに歴史学の対外関係史研究の成果を援用した河添房江氏の一連の研究がある。河添房江［二〇〇五］は、『源氏物語』の中に見える「唐物」を平安期の対外関係史との関連で検討する。「唐物」とは、瑠璃壺や秘色青磁など、海彼から到来したことが明らかで、それ自体で完結した舶載品ばかりではなく、薫物のように材料はすべて輸入品の香木でも、加工はこちらでなされたものも視野に含め」、「唐物と唐風の品々を厳密に区別するより、「和様」を意識し、それに対峙するものとして、それらを連続的に分析した方がより生産的である」と指摘する。河添房江［一九九八］を「唐物」研究の始まりとして、河添房江［二〇〇七］では『源氏物語』の巻に沿った「唐物」物語と史実としての日本の「対外関係」史の歴史的変遷を対応させながら叙述し、河添房江［二〇〇八］では『源氏物語』に出てくる「舶来ブランド品」としての「唐物」を個々に考察する。また、河添房江［二〇一〇a］では、『竹取物語』『うつほ物語』における遣唐使と「唐物」について検討する。

鎌倉〜室町期に関わる「唐物」研究

日本中世史において、単なる「輸入品」としての「唐物」研究ではない視点は、美術史学から早くから示されている。

島尾新［一九九七a］は、室町期における「和漢」意識と「唐物」が飾られる場の問題について、次のように指摘する。

「和漢」の世界はそうすっきりしたものではない。そもそも何が「和」で何が「漢」なのか、というのも曖昧だ。大和絵とも唐絵ともつかない絵も多いし、室町時代の唐

> 絵は、中国製の絵を指すこともあれば、中国風に描かれた日本の絵を指すこともある。（中略）なんでこんなふうになるかというと、「和」「漢」が入れ子状になっているからだ。例えば、天皇を迎える将軍邸では、新しくできた会所には「唐物」が飾られ、伝統的な寝殿回りには「和の室礼」がなされたという話は、大きくみればうそではない。しかし、会所も唐物飾りも中国にはない。あくまでも「和」の中で作られた「漢」のイメージなのだ。

また、島尾新［一九九七b］では、室町時代の「唐物」に注目し、それは単なる「もの」ではなく「文化的価値」が付与されて特権化されていき、それを巡る贈与などのシステムが形成されていくことを論じる。さらに、島尾新［二〇〇六］では、室町幕府の権力表象装置としての会所と「唐物」について、会所と名付けられた建物あるいは部屋とその中に飾られたモノたち（唐物という美術品）や外を取り巻く邸宅全体、そしてそこで行われたイヴェントと観者たちとの関係から検討する。

同じく美術史学から、泉万里［二〇〇五］は、船載品の受容の実態を、「唐物」荘厳と呼ばれる室内の飾りから検討し、次のように指摘する。

> 唐物愛好に、異国における、それらの物本来の扱われ方への関心はほとんど感じられない。唐物は、金銀や和製の漆工品などとまったく同列に重宝の中の一品目として組み込まれている。唐物愛好とは、異国に背を向けて、ひたすら目の前の、重宝となった物を凝視するもののようである。（中略）唐物は、唐船から日本の港町に荷揚げされた瞬間に、和の物の価値体系に組み込まれて、新しい重宝として生を受けるかのようである。

美術史学における室町期の「唐物」の認識は、「和漢」の複雑な重層的構造の中でとらえられているようである。

一方、歴史学においては、関周一［二〇〇二］が基礎的・網羅的な「唐物」研究として注目できる。関周一［二〇〇二］は、日本中世（十一～十六世紀、特に十五～十六世紀）における京都を中心とした流通・消費を考える一環として、①宴・儀式・法要の室礼、②法会・祭礼の捧物、③天皇・上皇・将軍の下賜物、④天皇・院・将軍への進上と返礼における「唐物」をそれぞれ検討する。また、「唐物の語を、中国大陸・朝鮮半島・琉球などからの輸入品（船来品）と定義して使用する」とし、「具体的には、絵画（唐絵）・書籍・絹織物・香料・薬種・工芸品・陶磁器・金属器などがあげられる」と、「唐物」の広義の定義を行う。なお、関氏の研究として、「唐物」である香料に注目した関周一［一九九二］［二〇〇六〕がある。また、関周一〔二〇〇二〕と同じ共同研究プロジェクトの成果として、桜井英治〔二〇〇二〕があり、室町幕府の財政構造を将軍家の「御物」の経済という視点で検証する。

古川元也〔二〇〇七a〕は、十四世紀、「唐物」として認識されていた文物の構造について、鎌倉円覚寺所蔵の「仏日庵公物目録」を手がかりに検討する。「「仏日庵公物目録」が、対外的に唐物を受容し、贈与を繰り返す中世寺院の持つ機能の一つとして生成され」、「室町期の唐物認識を知る手がかりとなる『君台観左右帳記』が、同朋による「知識の集積と故実化」の伝書であったことを考えれば、両者の生成経緯には厳然とした差異がある」と指摘する。

橋本雄〔二〇〇八〕は、室町殿と「東アジア」との関係における「唐物」贈与論を検討し、次のように指摘する。

通時代的に、為政者の高級調度品は唐物一辺倒でも和物一辺倒でもなかった。（中略）どんなに素晴らしい唐物であっても、現実の国際関係＝冊封関係とは短絡できず、日本国内で独自の解釈・価値が付着させられた。唐物や高麗物、南蛮物は、和物と巧みに取り合わされ、複合体として、初めて為政者の威信財となり得たのである。もちろんそこには文化的主導性を発揮するための美学＝政治力学が働いていたのであり、唐物のもつ《外交イメージ》はそれとして別途論じられるべきであろう。

また、橋本雄〔二〇〇九〕は、唐物贈与の政治的・経済的意義について、後花園天皇の室町殿（足利義教邸）行幸という公武の接点の場を検討し、橋本雄〔二〇一〇〕は、室町幕府（将軍家）と有力守護（大内氏）という武家同士の贈与関係を論じている。

羽田聡〔二〇一〇〕は、中世史料（『満済准后日記』『看聞日記』）にみえる唐物の特質について、その多様性と嗜好性、機能性と移動性、模倣性から、当時の人々の認識、価値観や考え方を検討し、次のように指摘する。

日本において唐物は、中国製と日本製とが併存するかたちで鑑賞に供され、時には「財」として贈答・売買・質物、あるいは交換の対象となっていた。こうした機能を果たすにあたり、中世の人々がみていたものは、日本製より中国製が良いという単純な図式ではなく、かなり複雑だったようである。たとえば、中国製の唐物であれば、品質（名物・上品・尋常・下品）、時代性（古渡り・「新渡」の古渡り同等品・「新渡」）、希少性が価値判断の基準として設けられていたことが確認できる。また、日本製（＝和製の唐物）であれば、少なくとも品質はその要素として認識されていた。

羽田聡［二〇一〇］と同じ特集雑誌において、久保智康［二〇一〇］は、「唐物」としての倣古銅器の受用と模倣に見える「唐物」意識を検証し、家塚智子［二〇一〇］は、室町幕府における同朋衆の目利きとしての役割を通して「唐物」の受容を分析する。


以上、日本古代・中世史における「唐物」研究を概観してみたが、その傾向は次のように整理できる。
①単なるモノとしての「唐物」ではなく、その政治性・イデオロギー性を検討する。
②日本中世の歴史研究者や美術研究者は、「唐物」認識論とその政治性・文化性に注視している。特に「唐物」の受容と消費・贈与の意義について、室町時代の将軍権力を中心に、「和漢」構造の実態について検証が進んでいる。
③個別のモノを扱った「唐物」研究は決して多いとは言えない。しかし、概説的ではあるが河添房江［二〇〇八］は個別事例を扱う基礎的な研究として重要であろう。また、②との関連で「和物」「本朝物」の個別のモノと比較して考察する方法も重要である。例えば、山内晋次［二〇〇九］は、「海域アジア史」の考えを基本として、日本の主要な輸出品の一つである「硫黄」に注目し、「日本」と「中国」との関係のみならず、東は日本列島から西はペルシア湾・紅海湾岸にかけての広大な海域にまたがる海のルートにおける「硫黄」の流通について検討している。このような、検証方法を「唐物」についても行う必要がある。

二、「唐物」贈与と「東アジア」的視点

「唐物御覧」の政治性

ここでは、「唐物」贈与の政治性の一例として、平安中期に見られる「唐物御覧」について簡単に紹介し、さらに「唐物」贈与と「東アジア」的視点との関係性について検討してみたい。

「唐物御覧」とは十世紀以降に見られる贈与関係であり、天皇が「唐物」を見た上で、その綾・錦や香料などの「唐物」を皇太后宮・中宮・皇后宮・東宮・摂関など、当該期の王権内の人々や摂関を主要な範囲として分配する行為のことである（『御堂関白記』長和二（一〇一三）年二月四日条など、山内晋次［一九九三］、皆川雅樹［二〇〇五］［二〇一一］）。

「唐物御覧」は、九世紀以前に来航する新羅使・渤海使な

どが来朝した際に天皇親臨のもとにその国書・信物（調物）などを受納する儀式とつながり、天皇の徳化が化外にまで及んでいることを視覚的に確認する儀式であった。また「唐物」の皇族・臣下への頒賜は、八・九世紀に唐・渤海の信物が特定の山陵、神社、皇族、臣下などに奉献・班賜された慣行とつながり、天皇とその王権の中枢部を支える者との間の結合を確認する行為であった（山内晋次［一九九三］）。「唐物御覧」と当該期の対外関係との関係を考えると、次のように指摘できる（皆川雅樹［二〇一一］）。

遣唐使や新羅使・渤海使といった使節がもたらすモノは、九世紀までの段階ではほぼ確実に先買ができていたが、九世紀以降、先述のように渤海使の経済的活動への傾斜や「新羅」系海商の来航が、徐々にそれを許さない状況とさせていった。九世紀後半以降になると、遣唐使は派遣されず、外来品を得る手段は「中国」系海商との交易を中心とした受け身の姿勢となってしまった（九世紀、入唐使の派遣などもあるが恒常的ではない）。九世紀後半の段階で日本王権側が先買を行使する手段として「唐物使」があったがこれもなかなかうまくいかず、次の手段として十世紀以降、「唐物御覧」が登場したと考えられる。当たり前のように外来品が入手できるようになっていた状況において、「唐物」を天皇が見て分配することでそれに対して〝付加価値〟を備わせたのではなかろうか。また、分配する範囲を皇太后・皇后・中宮・東宮や摂関などに限定することで、「唐物」の希少性を高めようとしていたことが推測できる。

このように、「唐物御覧」は、「唐物」が日本王権およびその周辺で政治的に利用されたことの意義を追求する点からすれば、政治史・王権論の視点と言うことができ、「唐物」受容・需要の問題として重要な行為として位置づけることができる。

「唐物」贈与と「東アジア」的視点

一方で、「唐物」としての香料の贈与関係をとらえることができる「唐物御覧」の検討だけでは、「東アジア」的視点とは言えないことは言うまでもない。また、香料などの外来品が日本にもたらされたことだけを指して「東アジア」的視点ということにもならない。

古川元也［二〇〇七b］が、「室町時代後期社会における唐物を理解するために、東アジア的視点は重要だが、大陸での唐物理解を直接に日本での唐物理解に結びつけることには躊躇される」とし、「受容された唐物を受容した側の価値観で考え直す試みが必要」であることを指摘する。また、泉万里［二〇〇五］が、先述の通り、「唐物愛好に、異国における、それらの物本来の扱われ方への関心はほとんど感じられない」とし、「唐物は、唐船から日本の港町に荷揚げされた瞬間に、和の物の価値体系に組み込まれて、新しい重宝として生を受けるかのようである」と規定する。「唐物を受容した側の価値観」「唐船から日本の港町に荷揚げされた瞬間に、和の物の価値体系に組み込まれ」ることを考察する場合、「東アジア」的視点は必要ないのか。

そもそも「東アジア」的視点とは如何なるものか。「東アジア」という視点で大きな影響力を持つ概念として、一九六二年以降、西嶋定生氏によって提起された「東アジア世界」論がある。「東アジア世界」は、中国文化を中心として漢字を媒介に、儒教・漢訳仏教・律令といった中国を起源とする文化を受容した地域である。この「東アジア」諸国間の関係を規制している冊封体制については、周辺諸国・諸民族の主体的外交や主体的発展を軽視している、周辺諸民族との関係の一部を規定するにすぎないなどの批判がある。

このような視点に対して、李成市氏は新たな東アジア世界論へのまなざしとして、次のように指摘する（李成市「古代東アジア世界論再考」『歴史評論』六九七、二〇〇八年）。

東アジア世界論は、戦後日本の歴史研究者が世界とどのように向き合うのかという問題意識から出発して生み出された歴史的な産物であった。それは日本人が世界と向き合うために、日本人のための「世界史像」の形成が渇望され、そのようなすぐれた実践的な課題に答えるべく構想された歴史の枠組みでもあった。（中略）東アジア世界論は、いわば日本という一人称から構想された歴史の枠組みであり、その弱点は、「東アジア」が一人称の問題でしかありえなかったことである。「われわれ東アジアで生きる人々が抱えている課題」というように、二人称で語りうる切実な課題が、歴史という過去に問いかけられてこそ、新たな東アジア世界論は、より豊かな枠組みになりうるにちがいない。

「二人称での東アジア世界論」を想定した場合、日・中・韓（朝）（および古代でいえば渤海）とその周辺諸地域との関係を考える必要が出てくる。

さらに山内晋次氏は、七世紀後半の倭国をめぐる状況、八四〇年前後の「東部ユーラシア」の歴史的変動に見る画期性、硫黄流通からみた広域の歴史を事例として検討すると、「従来の日・中・韓（朝）でほぼ完結してしまうような「東アジア史」の視野をもってしてはそのダイナミックな歴史の「つながり」をとらえきれ」ず、「「東部ユーラシア」や「海域アジア」というより広い歴史的視野をもってしてはじめて、その歴史の連関状況がみえてくる」ことを指摘する（山内晋次「「東アジア史」再考――日本古代史研究の立場から――」『歴史評論』七三三、二〇一一年）。

このように、「日・中・韓（朝）」であれ、「東（部）ユーラシア」であれ、国家・地域間のヒト・モノ・情報の双方向的な交流に目配りが必要となる。

保立道久［二〇〇四］は、先述の通り、「唐帝国の文明からみれば、それは外来のガラス玉などを威信財として喜びながら、それらの下手物で飾り立てた木造住宅のなかに隠れ、「文明人」を恐れて会おうともしない人々、未開なる王権にみえたかもしれない」と指摘する。同氏の指摘を考慮すると、日本における「唐物」の価値観と日本以外の諸地域における外来品の価値観とのズレを比較することで、前者の価値観の相対的な把握につながる可能性がある。

時代は上るが、新川登亀男［一九八八］が、七世紀後半の新羅が唐と倭（日本）それぞれの関係における贈答品の違いについて考察し、次のように指摘する。

七・八世紀の新羅は、中国（唐）に対して終始「方産之物」を贈りつづけ、自国の交易の乏しさと産物の貧困さをひたすら訴えつづけたのにくらべて、倭ないし日本に向かっては、一貫してまったくその姿勢を異にした。唐からの贈物ないしその系列に属する物や、唐でおこなわれたらしい広範囲な交易物が数多く、繰り返し贈られつづけたのである。（中略）新羅からもたらされたものは、いわゆる進調物と交易物の別なく、新羅の先進意識と自負心、唐に近似し、かつそれを負う権力と文化、中国以北・以西・以南に広く及ぶ交易圏（実は中国を介した間接的な場合が多い）のまぎれもない記号として倭（日本）に示され、（中略）見かつ聞かせて驚愕とさせるところにその有効性が認められる。（中略）中国すなわち唐と同様に、ないしそのミニチュア版としての中華帝国化を静態的にかつ一元的に倭ないし日本に認めることが、いかに非現実的な理解であるかは、（中略）これをもってしてもはや明らかであろう。

新川氏の指摘から、新羅による贈与は、相手の価値観や関係性・立場の違いを考慮した結果であると考えられ、当該期の日本（倭）が目指していた世界観とは明らかに乖離していたことになる。先述の橋本雄［二〇〇八］における「どんなに素晴らしい唐物であっても、現実の国際関係＝冊封関係とは短絡できず、日本国内で独自の解釈・価値が付着させられた」という指摘とも密接に関連し、このようなことを考慮して「東アジア」的視点を持つ必要があろう。

以上のことから考えると、「唐物を受容した側の価値観」「唐船から日本の港町に荷揚げされた瞬間に、和の物の価値体系に組み込まれ」ることを考察する場合、日本からだけ見た一方通行的な「東アジア」的視点ではなく、今後は双方向的な交流から見た「東アジア」的視点を持つことが必要である。なお、このような考え方は、近年の「東（部）ユーラシア」や「海域アジア」といったより広い歴史的な視野からの検証の必要性とも関連するが、この点については別稿（皆川雅樹［二〇一二］）で「唐物」贈与との関連で私見を述べたので、そちらを参照されたい。

おわりに

「東アジア」的視点とともに、平安期以降における「唐物」の価値観の歴史的変遷という視点も必要ではないか。古川元也［二〇〇七b］が、「室町時代後期社会における唐物を理解するために、（中略）近世初頭に著しく発達をみた茶の湯文化の価値観をひとたび消去して捉え直す必要もあるのではないかと考える」と指摘するように、室町後期と織豊期以降の価値観の変遷を比較史的に考察する必要性を感じさせる。

また、例えば、室町期を中心として議論されている「和漢」の入れ子構造を、平安前期ではどのように考えるか。「和漢」の入れ子構造について、島尾新［一九八九］は次のように指摘する。

　東アジア文化圏をおおう「漢」は日本文化にも通底する。ある時代の世界観を根底から覆すような総合的かつ体系的な哲学を生まなかった東アジアの周縁の文化にあって、ほとんどのものが中華に淵源をもち、その基底をなしてきたことは疑いない。この中心である〝そと〟を周縁にある〝うち〟へと取り込む巧妙な文化的装置が「和」「漢」であったと考えられる。「和」の中の「漢」は決して外在する異国の文化の写像ではなく、トータルな「和」の中の生成・再編されるものであり、この操作によって、日本文化はその内に東アジアを包摂しているがごとき幻想を獲得すると同時に、相対的に「和」を独自化し得たのである。

一方、千野香織［一九九四］は、九世紀における「やまと絵」の形成が、日本美術における「和」と「漢」の二重構造を生み出し、外国美術を摂取する仕掛けを作ったとし、「「唐」ではない自己」は、唐文化を完全に否定することによって生まれるのではなく、唐文化はそのまま残した上で、その裏面の、もう一つの選択肢として自己を位置づけることによって生み出され」、「「和」という器の最大の特徴は、時間の経過とともにすべてを自己の内へ取り込んで消化吸収し、「唐」であったものを「和」化してしまうというところにある」と指摘する。

島尾・千野両氏の見解は、一見同じように見えるが、「和」と「漢」の価値観は、「内」「外」の影響を受けて常に変化していることは間違いなく、両氏の見解を平安期以降の歴史的展開における「和漢」意識と「唐物」との関係でどのように意義づけるか、今後の「唐物」研究において重要な課題となろう。その際、同時に各時期における「東アジア」観も考慮する必要があり、ここでの「東アジア」的視点を学問的・学際的（歴史学・文学・美術史学・思想史学など）に鍛えていく必要がある。

さらに最近、シャルロッテ・フォン・ヴェアシュア［二〇一一］の大作・労作が翻訳されたが、同氏の研究をこれまでの「唐物」研究との関係でも通時代的に検証していく必要があろう。いずれにしても、本書「新装版　唐物と東アジア――舶載品をめぐる文化交流史――」が、これらの研究視角の端緒となることを期待し、ひとまず擱筆することとする。

【日本古代・中世史「唐物」関係文献目録（稿）】※貿易陶磁器に関わる論文は除く

家塚智子［二〇一〇］「室町時代における唐物の受容――同朋衆と唐物――」（『アジア遊学』一三四）

泉万里［二〇〇五］「外への視線――標の山・南蛮人・唐物――」（玉蟲敏子編『講座日本美術史5〈かざり〉と〈つくり〉の領分』東京大学出版会）

榎本淳一［二〇〇二］「「蕃国」から「異国」へ」（同『唐王朝と古代日本』吉川弘文館、二〇〇八年）

河添房江［一九九八］「交易史のなかの『源氏物語』」（同『性と文化の源氏物語』筑摩書房）

河添房江［二〇〇五］『源氏物語時空論』（東京大学出版会）

河添房江［二〇〇七ａ］『源氏物語と東アジア世界』（ＮＨＫブックス）

河添房江［二〇〇七ｂ］「『竹取物語』と東アジア世界」（永井和子編『源氏物語へ源氏物語から』笠間書院）

河添房江［二〇〇八］『光源氏が愛した王朝ブランド品』（角川選書）

河添房江［二〇〇九］「『うつほ物語』の異国意識と唐物」（『國語と國文学』二〇〇九年五月号）

河添房江［二〇一〇ａ］「遣唐使と唐物への憧憬」（遣唐使船再現シンポジウム編『遣唐使船の時代――時空を駆けた超人たち――』角川選書）

河添房江［二〇一〇ｂ］「梅枝巻の文化的権威と対外関係――嵯峨朝・仁明朝と『源氏物語』――」（仁平道明編『源氏物語と東アジア』新典社）

河添房江［二〇一〇ｃ］「平安文学と異国」（荒野泰典・石井正敏・村井章介編『日本の対外関係3通交・通商圏の拡大』吉川

弘文館）
河添房江［二〇一二］「アジアの中の源氏物語」（『国文学　解釈と鑑賞』七六―八）
久保智康［二〇一〇］「中世日本における倣古銅器の受用と模倣――唐物意識の内実――」（『アジア遊学』一三四）
桜井英治［二〇〇一］『日本の歴史12室町人の精神』（講談社学術文庫、二〇〇九年）
桜井英治［二〇〇二］「「御物」の経済――室町幕府財政における贈与と商業――」（『国立歴史民俗博物館研究報告』九二）
佐野みどり［一九九七］『風流　造形　物語――日本美術の構造と様態――』（スカイドア）
島尾新［一九八九］「十五世紀における中国絵画趣味」（『MUSEUM』四六三）
島尾新［一九九七ａ］「室町美術の「和」と「漢」」（『日本美術館』小学館）
島尾新［一九九七ｂ］「会所の美術――室町時代の唐物と「美術」システム――」（『国立歴史民俗博物館研究報告』七四）
島尾新［二〇〇六］「会所と唐物――室町時代前期の権力表象装置とその機能――」（鈴木博之・石山修武・伊藤毅・山岸常人編『シリーズ都市・建築・歴史4中世の文化と場』東京大学出版会）
正道寺康子［二〇一一］「『うつほ物語』とユーラシア文化」（『国文学　鑑賞と解釈』七六―八）
新川登亀男［一九八八］「調（物産）の意味」同『日本古代の対外交渉と仏教』（吉川弘文館、一九九九年）
関周一［一九九二］「香料の道と日本・朝鮮」（荒野泰典・石井正敏・村井章介編『アジアのなかの日本史Ⅲ海上の道』東京大学出版会）
関周一［二〇〇二］「唐物の流通と消費」（『国立歴史民俗博物館研究報告』九二）
関周一［二〇〇六］「香料の道再考」（科学研究費補助金（基盤研究Ａ（２））研究成果報告書「前近代の東アジア海域における唐物と南蛮物の交易とその意義」）
竹本千鶴［二〇〇六］『織豊期の茶会と政治』（思文閣出版）
田中史生［二〇〇五］「承和期前後の国際交易――張宝高・文室宮田麻呂・円仁とその周辺――」（科学研究費補助金（基盤研究Ｃ（２））研究成果報告書『『入唐求法巡礼行記』に関する文献校定および基礎的研究』）
田中史生［二〇〇九］『越境の古代史――倭と日本をめぐるアジアンネットワーク――』（ちくま新書）
田中史生［二〇一一ａ］「最後の遣唐使と円仁の入唐求法」（遣唐使船再現シンポジウム編『遣唐使船の時代――時空を駆けた超人たち――』角川撰書）
田中史生［二〇一一ｂ］「対外交流の進展と国際交易」（荒野泰典・石井正敏・村井章介編『日本の対外関係二　律令国家と東アジア』吉川弘文館）
千野香織［一九九四］「やまと絵の形成とその意味」同著・千野香織著作集編集委員会編『千野香織著作集』ブリュッケ、二〇一〇年）
東野治之［一九九二］『遣唐使と正倉院』（岩波書店）
東野治之［一九九九］『遣唐使船――東アジアのなかで――』（朝日選書）
東野治之［二〇〇七］『遣唐使』（岩波新書）
橋本雄［二〇〇〇］「室町幕府外交は王権論といかに関わるか?」（『人民の歴史学』一四五）
橋本雄［二〇〇八］「室町殿の《中華幻想》――足利義満・義持

期を中心に――」（同『中華幻想――唐物と外交の室町時代史――』勉誠出版、二〇一一年）
橋本雄［二〇〇九］「皇帝へのあこがれ――室町殿コレクションと《皇帝の絵画》――」（同『中華幻想――唐物と外交の室町時代史――』勉誠出版、二〇一一年）
橋本雄［二〇一〇］「大内氏の唐物贈与と遣明船」（同『中華幻想――唐物と外交の室町時代史――』勉誠出版、二〇一一年）
羽田聡［二〇一〇］「中世史料研究と唐物」（『アジア遊学』一三四）
畑靖紀［二〇〇四］「室町時代の南宋院大画に対する認識をめぐって――足利将軍家の夏珪と梁楷の画巻を中心に――」（『美術史』一五六）
シャルロッテ・フォン・ヴェアシュア［二〇一一］「鑑真と香薬」（『水門』二三）
シャルロッテ・フォン・ヴェアシュア［二〇一一］『モノが語る日本対外交易史――七～一六世紀――』（河内春人訳、藤原書店）
古川元也［二〇〇七a］「唐物考――『仏日庵公物目録』を中心に――」（『年報三田中世史研究』一四）
古川元也［二〇〇七b］「唐物の請来と価値の創出」（神奈川県立博物館編『宋元仏画』）
保立道久［一九九三］「虎・鬼ヶ島と日本海海域史」（同『物語の中世――神話・説話・民話の歴史学――』東京大学出版会、一九九八年）
保立道久［二〇〇四］『黄金国家――東アジアと平安日本――』（青木書店）
皆川雅樹［二〇〇三］「九世紀日本における「唐物」の史的意義」（『専修史学』三四）
皆川雅樹［二〇〇五］「九～十世紀の「唐物」と東アジア――香料を中心として――」（『人民の歴史学』一六六）
皆川雅樹［二〇〇六a］「平安期の「唐物」研究と「東アジア」」（『歴史評論』六八〇）
皆川雅樹［二〇〇六b］「孔雀の贈答――日本古代対外関係史研究の一齣――」（『専修史学』四一）
皆川雅樹［二〇〇七］「鸚鵡の贈答――日本古代対外関係史研究の一齣――」（矢野建一・李浩編『長安都市文化と朝鮮・日本』汲古書院）
皆川雅樹［二〇〇九］「「琴」の贈答――仁明天皇の算賀を手がかりとして――」（『アジア遊学』一二六）
皆川雅樹［二〇一一］「日本古代の対外交易と「東部ユーラシア」」（『歴史学研究』八八五）
森公章［二〇一〇］『遣唐使の光芒――東アジアの歴史の使者――』（角川選書）
山内晋次［一九九三］「中国海商と王朝国家」（同『奈良平安期の日本とアジア』吉川弘文館、二〇〇三年）
山内晋次［二〇〇九］『日宋貿易と「硫黄の道」』（山川出版社）
山口博［二〇〇六］『平安貴族のシルクロード』（角川選書）
山里純一［一九九五］「南島赤木の貢進・交易」（同『古代日本と南島の交流』吉川弘文館、一九九九年）
山里純一［二〇〇八］「日本古代国家と南島、琉球――赤木を中心に――」（池田榮史編『古代中世の境界領域――キカイガシマの世界――』高志書院）

付記　本稿作成にあたり、関周一氏の口頭報告「中世の唐物を考える視点」（二〇一一年四月十七日、歴史学研究会古代史部会大会援助報告）に多くのことを学ばせて頂いた。記して謝辞に代えたい。

日本美術としての「唐物」

島尾　新

「唐物」＝大陸産の美術工芸品は、ほとんどの時代と多くのジャンルで、日本の美術と大きく関わってきた。それら自体の発する、またそれらに貼り付けられたイメージの機能も、「美」から「経済」「政治」に至るまで多様である。本稿では、そのような唐物と日本美術との関係について、大まかな全体の素描を試みた。

はじめに

「日本美術史と唐物」あるいは「日本美術史における唐物」というテーマを頂いたのだが、この小論が相手にするにはいかにも大きい。日本美術の歴史に「外からの取り込み」が、大きな位置を占めることはいうまでもない。自らを世界の中心とは見なかった東アジアの辺境の文化は、さまざまなものを貪欲に取り込んでは、独特の流儀で新たな姿に変えてきた。その熱意に時代による強弱はあれ、このプロセスは不断になされてきたといっていい。

そして、その供給源が江戸時代までは圧倒的に中国・朝鮮であり、やってきた「唐物」が、日本美術史の深部へ入り込み、極めて多くの事象に関係していることも、いまさら指摘するまでもない。こうして根付いてきた「唐物」は、単なる「異国の文物」ではない。それに対するまなざしも、異文化の産物として対象化するものから、完全に取り込んでほとんど「我がもの」と見るものまで多岐に渉る。

与えられた紙数でその全体を纏める力はない。ここでは本書のタイトルにある「東アジア」を少々意識しながら、ごく大まかな像を描いて責を塞ごうと思う。美術史の世界では常識的な事柄の反復を含むこと、専攻分野の関係で室町時代の例示が多くなること、膨大な先行研究の引用の余裕のないことを御了承頂きたい。尚、ここでの「唐物」の範囲はいま「美術」と呼ばれているものを漠然と指し、また中国・朝鮮・日本といった地域名も厳密に定義したものではないことをお断りしておく。

一、唐物は日本美術である

「日本の美術館なのに、日本の美術はどこにあるのですか」唐物のコレクションで知られる美術館の館長が、欧米からの賓客からまま聞かれることがあるという。たしかにギャラリーに並んでいるのが、ほとんど「中国美術」という展覧会はある。典型はいうまでもなく茶道具。唐物茶入に天目と呼ばれる茶碗、青磁の花入に屈輪の盆…という唐物のラインアップは、たとえ備前に楽に織部が付け加えられていたにしても圧倒的な存在感をもつ。

しかし、これらに向けられるまなざしは「異国の美術」に対するものではない。鎌倉後期の禅僧が持って来たものであれば、すでにこちらにあること七〇〇年。禅寺の中国風の宗教生活のなかにあったものが、「唐物飾」として俗の世界に取り込まれて、室町時代には将軍・大名の屋敷を飾り、さらにそれが茶の湯へと受け継がれリアレンジされる。茶の湯を嗜む人々にとっては――もう美術館におさまって実際に使われることはまずないにしても――「私たちのお道具」として手の内にあったモノたちなのである。

これに限らず、こちらへ来て長い時がたち、こちらのコンテクストへと取り込まれた唐物は数多い。こうなると、私たちが作ったものではなくとも「私たちの美術」と言いたくもなる。件の欧米からの訪問者に語って通じるかどうかは分からないが。

しかし、これを「私たちの中国美術」と言ってしまうことは、とりあえず止めておこう。美術における「原産地主義」、そしてその単位が近代出来の国民国家であることは、本書の趣旨にもある「東アジア」の問題とも関係する。それを別にしても、美術史の記述は「作ること」に重きが置かれがちだ。しかし「作品」が生きる時間は、制作の刹那よりも、受容される歴史の方がずっと長い。「唐物」は、受容史のパラダイムそのものなのだが、東アジアのなかで「制作の美術史」と「受容の美術史」とを分離するのも好ましくはないだろう。これを統一して語ろうという議論が、以前に勤めていた東京文化財研究所であり、そこから「作品の生命誌」というのを提起したことがあるのだが、この問題にはまた最後に触れよう。

二、日本美術は唐物である

いまの言い方を逆にしたものも――かなり強引ではあるが――成り立たないわけでもない。誤解を恐れずにいえば「日本美術」はある種の変換装置である。冒頭で触れたことと重複するが、仏像にしても大和絵にしても、いま「日本美術」と呼ばれるもので、この島に起源をもつものはほとんどない。縄文土器や土偶そして埴輪などは措くとして、奈良時代以降は特にそうである。多くのものは「外」から取り込まれ、「日本美術」の卓抜した変換能力によって、アレンジされトランスフォームされて、オリジナルブランド化するものも多く出る。日本美術史にあっては、出来上がったモノの分析もさりながら、このシステムというかプログラムの解析が重要となる。

そして江戸時代より前、このシステムにインプットされるデータとして、最重要のアイテムが大陸からやってきた「唐物」だった。この「入力」が極めて広範に行われたのが奈良時代。「日本美術」は劇的な変化の時期を迎える。都のかたちから法令までを唐に倣うなか、仏像も法具も仏画も写経の書体も、すべてに唐の様式が取り込まれて、都の中枢部は唐風一色といった趣になる。もっともこれは日本に限ったことではない。圧倒的な先進性を誇った唐の文化は、美術にあっても「大唐国際様式」とも呼び得るものをうみだした。それに伴って、中国美術のうちの仏教美術を中心とした枠組みが、日本の中心にも成立したことになる。もちろんそれが限定的なハイカルチャーの範囲におけるものであることには注意する必要があるが、しかし彫刻・絵画・書・工芸など、いま「日本美術」と呼ばれるものの一揃いが、ここを起点として語り得ることも確かだろう。

絵画の世界で一例のみ挙げれば、法隆寺金堂や高松塚古墳の壁画に用いられた顔料は、それまでの装飾古墳などに見られる黄土など、ほぼそのまま自然に存在するものとは異って、群青・緑青などの岩絵具になり、高松塚の青にはアフガニスタン原産のラピスラズリまでが使われている。これが現在に至る日本画のもととなる、圧倒的な「技術革新」であったことはいうまでもない。これに類することが様々な分野で起きて、いわば先端的な場の全体が「唐物」と「唐物風」だらけになるのである。

このプロセスを経たことは、その後の「唐物」の美術史を特徴づけることとなる。もとからあった日本＝「和」に、唐物＝「漢」が加わるのではなく、いったん世の中を覆った完成度の高い「漢」の中から、「和」が再生しまた再創造され

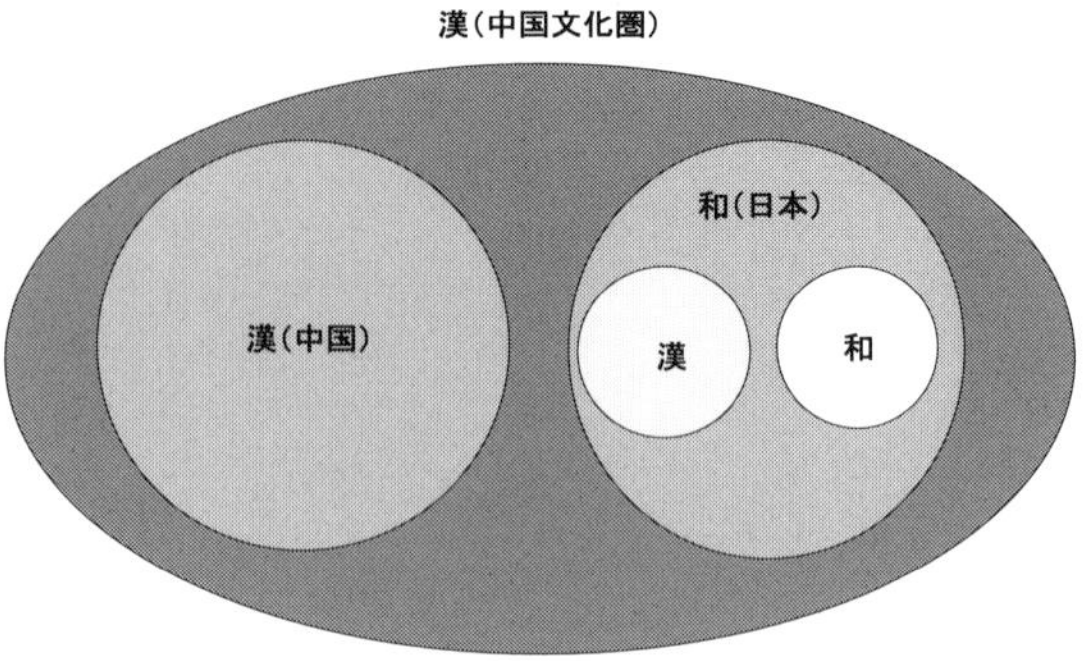

図1　和漢の構図（基本型）

てくるのである。変体仮名は漢字を取り込みアレンジしたもので、それが洗練されて平安後期の美しい連綿体の書となる。大和絵は唐代の著色の絵画をもとにしたもので、やはり画巻という「漢」の形式を発展させた絵巻は、まさしく「和」によってオリジナル化されたといっていい。これまた比喩的にいえば、「唐物」が「和物」と化してゆくプロセスは、日本美術史の重要な一部を占めている。それと同時に「和」と「漢」が対となる「和漢の構図」（**図1**）が成立してくるのである。

三、日本製の「唐物」——唐物の生成機能

そのようなかで「日本製の唐物」と呼び得るものも現れる。「唐紙」や「唐絵」などは、ふつうに見れば「唐物」の一部を指す用語だが、こちらで作られたものにも同じ名付けが与えられている。「唐絵」を例にとれば、平安時代には中国を主題とした絵を指したというが、室町時代には前の時代から新たに齎らされた中国・朝鮮の絵画（「水墨画」と言い換えるのは不正確だが、それも大きな部分ではある）、またその画風で描かれた日本の絵画を指すようになる。江戸時代には黄檗のもたらした新たな唐絵が登場し、来朝僧・逸然が「唐絵の祖」と呼ばれるが、これも日本人によっても描かれる。

詩画軸や如拙・雪舟・雪村らの絵を思い浮かべれば分かるように、それらは単なる中国絵画のイミテーションではない。独特の展開を見せて「こちらの絵画」の一ジャンルともなってゆく。その感覚は、近代の「洋画」を思い浮かべた方が分かりやすいかも知れない。明治維新以降に大々的に取り込まれた「洋画」は「西洋画」の略だが、日本人によっても描かれて、「日本絵画」の大きな部分を占めるようになる。それを描く人は——この頃あまり聞かないが——「洋画家」と呼

ばれ、「日本画家」とともに画家の二大分類項目となる。しかし描かれたものを見れば、西洋の「洋画」か日本の「洋画」かは大概すぐに判別できる。唐絵についても概ね同じことが起きていた。

これが示すのは「唐物」はただモノではない、ということだ。「唐絵」（≒洋画）の場合には、画技や主題を含むジャンルの総体が取り込まれている。もちろんそれは「あちらそのまま」ではなく、要素の欠落や変質を含むが、描くという営為を含めての「唐絵」（≒洋画）であることに間違いはない。そして室町の画師たちが「唐絵」を描く感覚は、いってみれば平安の貴族が「漢詩」を作るのと同じこと。そこには中国における「詩書画文化」の反映がある。漢詩をも「唐物」と呼ぶかどうかは別として、「唐物」はある種の生成機能も持っていた。

そこにも様々なレヴェルがあって、まずはこちらでも作られた「唐物」と、そうでないものがある。龍泉窯の青磁などは、技術的にも真似ようはなかった。国産の天目と呼ばれる茶碗である瀬戸天目には、優品もあるがイミテーションの色彩が濃い。彫漆を真似た鎌倉彫は技法的にも隔たりが大きい。一方「唐紙」のデザインや具引きの色の美しさは、とてもイミテーションの範囲に収まるものではなく、「唐絵」はいま見たようにジャンルごと取り込まれている。これらについては、絵画・陶磁・塗…といった領域別の記述はあるが、全体の構造が描き出されているとは言い難い。視野を広げての課題となるだろう。

四、和漢の構図

いったん話を単純化すれば、「唐物」には三つのもの――異国の美術としての唐物、「和」の世界に取り込まれた「唐物」、そして日本で作られる唐物――があった。絵画を例に図示すれば（**図2**）のようになるだろう。「和漢の構図」の基本型（**図1**）を一段階複雑なネストにした状態である。

先に見た日本製の「唐絵」は「和」のなかに取り込まれたもので、外在する「中国・朝鮮絵画」とイコールな関係にあるわけではない。そのニュアンスについて、再度「洋画」を引けば、黒田清輝は洋行帰りの「洋画家」である。しかし「レンブラントは洋画家ですよね」と言われると、何となくの違和感がある。これはレンブラントが「和」に外在する「洋」であるのに対して、「洋画家」が「和の中の洋の中の和」のニュアンスを持っているからだ。この「人」における「のと同様に、唐物は居場所によってさまざまに在りようを変える。

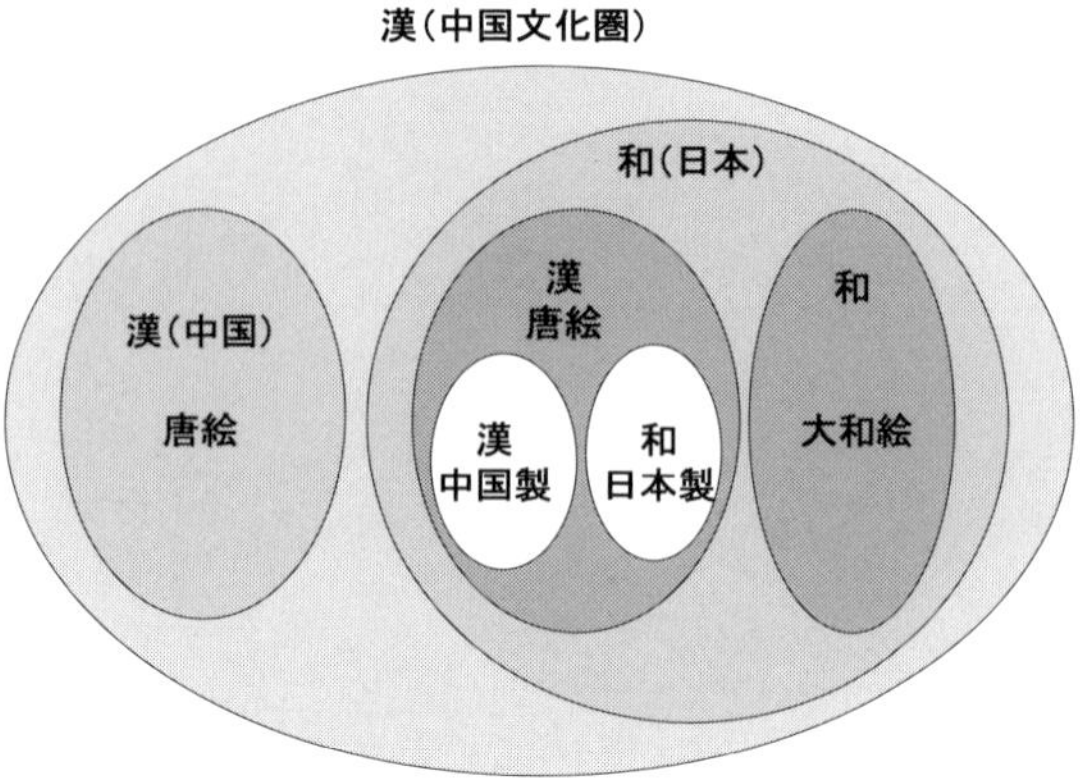

図2　和漢の構図（絵画）

その諸相を略述する前に「和漢の構図」について確認しておけば、この構図の特徴は、外在する先進的な文化である「漢」＝中国を、「和」＝日本の中へと取り込むこと。それが「和」＝日本の中でさらに「和」と対になることによって、中国文化圏を構成する「和」「漢」と、日本をかたちづくる「和」「漢」とが相似形をなすことになる。その象徴機能の最たるものは、外在する「漢」＝中国を含む「世界の構造」の写像が、あたかも「和」＝日本に内在するかのようなイメージを生成することである。「和漢の構図」は、東アジアの周縁の文化が、その内に東アジアを包み込むが如き幻想を生み出すための装置だった。

この部分が全体を包摂するセミラティス的な構造は、いうまでもなく論理的な矛盾を含み、また「和」と「漢」の二項対立の入れ子構造は、両者を止揚する論理を不要にあるいは弱体化するもので、日本文化の論理的な曖昧さ——たとえば「非軸文明」と呼ばれるような——とも繋がっている。単純な二項対立は「象徴の体系」を組み上げる機能は持たないが、いくらでも多重の入れ子にすることができる。複雑な入れ子の中のどの位置にある「和」「漢」なのかという示差性によって、例えば「洋画家」に見たようなニュアンスや意味の違いを示すことができるのである。

これを利用したものは、いくらもあって、例えば『和漢朗詠集』は、詩に白居易らの外在する「漢」と、源順ら内在する「和の中の漢」を並列し、歌の「和」と合わせて、より大きな「和」のなかに包み込む。「和」のアンソロジーの中に「日本の詩歌」ではなく、詩歌の「世界」が表現されているわけだ。足利将軍邸の飾りにおける、会所＝唐物と寝殿・常御所＝和物という、和漢のセットもこの構図をヴィジュアルに提示するもの。大げさにいえば、将軍邸が東アジアを内包するがごとき幻想を作り出すためのものだった。ただし、先の「洋画家」に見たように、白居易と源順が等質あるいは対等な関係になるわけではない。「唐物飾」についても、それが「和の中の漢」であることは自覚されており、将軍邸のそれも「東アジア支配のイメージ」などへと単純に横滑りさせることはできない。微妙な「内と外」の感覚を伴いつつの「取り込み」ではあった。

いずれにしても、このような場において「唐物」はとても便利な存在である。それは物理的に存在するモノとして「所有」され、抽象的なシンボルとは異なるリアリティをもつ。そしてモノには、本来にはない様々な属性・イメージを貼り付けることができる。先に触れた「唐物茶入」が「茶入」になるのは「和」のなかでのこと。容器という属性がまったく無視されたわけではないが、用途は新たに貼り付けられている。さらに「唐物飾」というコンテクストが付与されて、モノは中国で作られた時には予想もしなかった「人生」を歩むことになる。しかし「唐物茶入」が高い価値を持つのは、あくまでも「唐物」だからであり、この点では中国製であるというオリジナルの属性は生きているのである。

このように、唐物には「和の外の漢」と「和の中の漢」がともに貼り付いていることが多い。それは外在するイメージと内在するイメージをともに持つものであり、異文化に属すモノであると同時に自文化に属すモノでもある。これを両義性と呼びたいところなのだが、そもそも論理的には矛盾をもつ構図のなかでの話である。外在する「漢」と「和の中の漢」とは対等ではなく、かつきれいに切り分けられないこと、属性が多面的に貼り付けられていることも多い。どう整理するかは措いて、それらの織りなす様相を一瞥しておこう。

五、唐物の諸相

一方の極には、異国のモノを見るふつうの見方——情報不足や誤解があるにしろ——「唐」のコンテクストで見られ、またそれを維持しているモノたちがある。趙孟頫などの文人の、また虚堂智愚などの名僧の書は、まさしく中国の著名人のものであることによって高い価値をもつ。やや特殊な例としては、蘇軾と黄庭堅の銘の彫られた銅雀硯。濃密な中国のコンテクストがモノ自体に刻まれていることもある。

「唐絵」はさまざまで、牧溪の人気には彼の師が無準師範という、日本の禅僧たちも多く参じた中国禅宗界のスーパースターであることが関係している。一方で、この嗣法関係は日本に伝わる『仏祖正伝宗派図』によって知られるもの。「粗悪にして古法なし」という中国で記された牧溪批判が、逆に彼の地における人気を証明しているという見方は定着しているが、唐絵の世界で「和尚」といえば彼を指し、数多くの画家が彼の絵を規範とするほどに祭り上げて、生国では失われた彼の絵を保存してきたのは日本である。

徽宗の絵も、北宋最後の風流の皇帝であり、壮大な宮廷コレクションの主としてのイメージを背負っていた。一方で、馬遠や夏珪などについては、その絵が唐絵の名品として珍重はされたが、「どんな人だったのか」については、ほとんど興味は持たれていない。中国の宮廷コレクションを漠然とながらイミテートしようとした足利将軍家コレクションにあって[1]、画院の画家というイメージはあっただろうが、例えば『君台観左右帳記』の中国画家のリスト、いわゆる「画人録」の注記には、画院待詔となったことも記されていない。この情報は、注記の情報源となった『図絵宝鑑』などの中国の画史から写されてはいないのだ。取り込まれたのは、ほとんどモノと画家の名のみ、ということになるだろうか。そして真筆とは思えない彼らの伝承作に、その名が冠された事情については、はっきりしないことが多い。

先に見た茶入のように、モノの属性・その置かれるコンテクストが変えられてしまったものもある。朝鮮の日用の器であったものを、茶の湯に取り込んだ「高麗茶碗」が、その意識的な例であることはいうまでもない。文房四宝をはじめとする中国製の文房具を付書院に並べる「書院飾」は、漠然たる「漢」イメージから新たなコンテクストを作り出した例。朝鮮の影響ともいうが、「漢」の文人の書斎と比べると、「似て非なる」とも言い難い。

このように「取り込み」の際に起きる変移・変位・変異の様相は多様で、単純に纏められるものではない。そうなったあるいはそうした理由のひとつに、取り込みのシステムがある。唐物という異国のものを扱うのには、その方面の専門家が出てくるのがふつうだろう。室町時代でいえば中国通の禅僧たち。しかし将軍家コレクションの唐物の実務を担ったのは、能阿弥・相阿弥らの同朋だった。いってみれば「和」の人々である。こう言っては単純に過ぎるが、禅僧たちにやらせたのでは「あちらのように」なってしまう。それに対して将軍家の権力構造に唐物を「取り込む」ための、コンテクスト変換・転換のシステムを作るには、「和」の専門家を育てることが必要・有効だったのである。

その典型的な営為のひとつに「名付け」がある。茶入についての「肩衝」「大海」といった形状による名称と分類は、いま見たシステムが編み出したもの。モノの分節はこちら流になり、さらに「松島」「初花」「捨子」などと個体に銘が付いてゆく。「私たちの唐物」へと変えてゆく営為は、さながらにセントバーナードのポチである。そこでは和歌などの様々なイメージが「唐物」に貼り付けられ、たとえば茶壺の「捨子」は、足利義政と能阿弥との逸話に由来する。いま見た同朋という「和」のシステムのなかでの物語も貼り付けられてゆくわけだ。

　一方で、禅僧もコンサルタントとして同朋のシステムと接続しており、両者は広い接触面と連続性を持っていた。そのなかで生成される重層化したイメージは、語り尽くせぬほどに多彩である。

六、情報システムとしての唐物

　さらに日本に存在しなければ、あるいは日本人によって見られたことがなければ唐物とは言えないか、というと必ずしもそうではない。「まったく未知の唐物」というのは自己矛盾だが、モノ自体を知らずとも、情報のみが伝わった「まだ見ぬ唐物」もあった。先に触れた『君台観左右帳記』の「画人録」には、実際の絵が日本へは入ってきていない画家も多く記されている。なかには「名前だけ」の人々がいる一方で、それなりのイメージをもたれていた画家もいた。たとえば北宋を代表する画家である郭熙の山水が、室町時代に日本へもたらされることはなかったが、禅僧たちは蘇軾らの詩を通じてそれを知り、「郭熙の秋山平遠」は詩の題となっていた。

　江戸時代の南画家たちが憧れ、しかし見ることのなかった元末四大家の絵なども同じである。すでに董其昌の画論など、明末以降の文人画の価値観・歴史観は輸入された書物で知っていた。絵の視覚情報も、一部は画譜のような木版のメディアで伝わっていたが、いわゆる「鎖国」のなか入ってくる絵画は極めて限られていた。しかし重要なのは、それらが生成機能を持ったことで、南画家たちは乏しい情報をもとに元末四大家風の絵を描いたりするのである。これも「唐物」にまつわる情報システムの問題という、東アジア的な視点へと連なるものだろう。

　漠たる議論に終始したので、最後にごく簡単なケーススタディをしておけば、池大雅筆の「比叡山真景図」（練馬区立美術館）（**図3**）は、最近になって衆目に触れるようになったものである。[2] 描かれたのは宝暦十二年（一七八二）の四月。儒者・三上孝軒とともに、比叡山に登ったときのイメージを描いたもので、左上が比叡山の山頂、その右に琵琶湖が広がる。「石山」「瀬田」「中堂」（延暦寺根本中堂）「雲母坂」など地名や寺名の書き込みがあり、大まかな位置関係は実際と符号するが、「真景図」とはいえ同じ大雅の「浅間山真景

図3　池大雅筆「比叡山真景図」（練馬区立美術館所蔵）

図」のようなリアルに実景の視覚を感じさせるものではない。「児島湾真景図」にも通じる、いわば「山水画モード」の真景図である。

本稿との絡みで注目されるのは、画面左下に「擬李営丘筆意」つまり李成に倣ったと記されていることである。李成は五代から北宋にかけての大画家で、次代の山水画の基調を作った人として知られている。しかしこの絵の画風は、いま私たちの知る李成のものとはまったく似ていない。当時の日本に李成の絵は無く、『顧氏画譜』のような版本に収められたものも李成風とは言い難い。一方、李成は「平遠」の山水を描くことで知られていた。比叡山上から広がる琵琶湖の景に、大雅は李成風を思いついたのだろう。画風に似たところはなくとも、のびやかでとても気分のいい絵である。逆に大雅が本当の李成を知っていたら、あの構築的な水墨山水を見ていたら、とてもこのような「倣李成」は描けなかっただろう。

「東アジア」の視座を取るとき、まずは「唐物」というモノが移動するさま、そしてそれに付随して様々な「情報」――市場的また象徴的価値などを含めて――が移動するさまが思い浮かぶ。しかしこの絵のように「まだ見ぬ唐物」への願望と幻想が生み出すものもあった。問題はモノの外延にありつつ、しかしモノ自体に纏わるものにはとどまらない。江戸時代の南画（文人画）は、それが豊かな生成機能を持った一例であり、情報の限定が逆に創造の力を刺激し引き出した面がある。それは先に見た室町時代の「唐絵」と同様に、詩書画文化の日本への拡張なのだが、南画の場合には――その代表的な画家の一人・与謝蕪村が詩人ではなく俳諧師であるように――詩書画のジャンル自体をも拡張してゆくのである。

　このような現象を含めて、美術史における「唐物」の問題空間はきりがなく豊かなのだが、紙数も尽きつつある。このあたりで筆をおさめ、最後に本書のテーマの一つである「東アジア」に触れておきたい。

七、「東アジア美術史」へ

　歴史学の諸分野でながらく言われていた「東アジア（史）的視点」は、「東アジア××史」というようなかたちで、より積極的に提起されつつある。私の分野でいえば「東アジア美術史」についての議論が始まっている。(3) これが、国民国家という枠組みによって世界を分割し、それを前提とした一国史的な歴史記述に対する批判、いわゆるモダニズム批判に始まることは言うまでもない。それが「グローバル・ヒストリー」、美術史でいえば「ワールド・アート・ヒストリー」を究極とする対象範囲の拡大へと繋がっている。そのなかで、とりあえず「東アジア」という地域を想定することは、例えばブローデルによる地中海のような、含まれる諸地域が密接に接続された領域として、ごく自然なものであり、その有効性を疑う向きはないだろう。

　一方で、これをもたらしたモダニズム批判は、近代科学こそが「世界」の分析を可能にし、また「世界」を俯瞰してその歴史を統一的に語り得るという幻想を打ち砕くものでもあった。いかなる歴史語りもひとつのパラダイムに過ぎず、また視座によって描き出される風景が異なるのは当然で、いま問題となる地域の大小についても、「ミクロストリア」が、すべて「グローバル・ヒストリー」あるいは「ワールド・アート・ヒストリー」へと吸収されるわけではない。

　このあたりの理論的な問題は――そもそもの可能性を含めて――さまざまに議論を呼んでいるが、「唐物」がこのような領域を考えるのに恰好の材料であることは間違いない。もちろん「東アジア唐物史」は成り立ちようがない。「唐物」はあくまでも「和」からする認識なのだから。しかしそれはミクロストリア的アプローチの対象というには、あまりにも大きすぎる事象であり、同一のモノに対する「地域」による認識の差異を含む豊かな問題空間を提供することは、ここまで略述してきたとおりである。

最初からその総体を相手にするのは難しいが、新たな「世界史」「広域史」のキーワードが、「俯観」ではなく地域間の「接続」の様態にあるとすれば、自然に浮かび上がるのは、東アジアのなかでの諸地域――地理的なものにしろ概念的なものにしろ――をノードとし、それらの間の接続をパスとするネットワークモデルだろう。(4) もちろんノードにもパスにも消長があるから、ダイナミックなモデルでなければならない。

そもそもダイナミックなネットワークモデルを、従来の「論文」のようなリニアーな言語メディアで語るのは不可能ではないか、というような話が出るのは当然だが、しかしそのような議論は措いて具体的な問題に戻れば、「唐物」については既に研究の蓄積があり、不足する部分を指摘することは、さして難しくはない。一例を見れば、たとえば根津美術館で催された「南宋絵画」展（二〇〇四年）と徳川美術館での「室町将軍家の至宝を探る」展（二〇〇八年）には、共通する「日本にある南宋の絵画」が出陳されている。前者は中国絵画史の文脈での南宋の展示であり、後者は室町時代における受容の視点からするものだ。問題なのは、二つが「一国史」の態度によって分裂しており、どちらが「唐物」の展示かといえば後者に決まっている、というような見方だろう。

これを継時的に統合して語るのはそれほど難しいことではない。南宋に描かれた牧谿や梁楷の絵が海を渡り、日本の禅寺から足利将軍家に入り、さらに東山御物として珍重される……。冒頭で触れたように、このような生命誌的な記述も重要で、これを単純に「中国から日本へ」というのではなく、地域についてはより細やかに、モノの生き様についてはよりしなやかに語る必要があるだろう。しかしそれだけでは目的は達せられない。例えば、足利義満が主に「接続」していたのは明初の南京であって遙かなる南宋ではない。南画家たちがその絵を見ることのなかった元末四大家の時代には、実はかなりの禅僧が彼の地へ渡っていた。四大家が知られなかったことには、一方では彼らとの人的な、またその絵や情報との接続がなかったということがあるが、他方では「四大家」が有名画家となるのが、明代の歴史意識によってであることにも留意せねばならない。もちろんこちらの唐物趣味にも、宋代にひとつの理想型を見る歴史意識が反映している。このような「認識」の問題を含めると作業は簡単ではないが、同時代における接続／非接続を見ながら、東アジア諸地域の同じ期間の絵画史・美術史を連動させてゆく必要があるだろう。

おわりに

先ほど触れた池大雅は京都にいた。彼がしきりに参照した『八種画譜』は、「長崎」というノードから入ってきた。運んできたのは福建の商人たち。この「福建」も重要なノードで、商人のなかには絵を能くする者もおり、いわゆる「黄檗文化」を運んできた僧たちも、ここからやってきた。そこから江南への回路があり、さらにその彼方に「唐物」にならなかった、まさしく「異国の美術」としての中国絵画の世界が広がっていた。例えば清の宮廷画家・袁江の山水画のような。そんな風景が徐々に描きあげられてゆくのが楽しみである。

注

(1) このあたりの議論について橋本雄氏に御批判を頂いた（「皇帝への憧れ」『中華幻想』勉誠出版、二〇一一年、九一～一〇四頁）。引用の余裕はないが、簡単にコメントしておけば象徴論についての基本的な認識が異なるように思える。そもそも幻想領域に属す象徴性についての議論のなかで、遙か昔に描かれた数点の唐絵のシンボリズムが「突然、現実の中華国際秩序とリンクする」（一〇三頁）ことはありようがない。そのような読みを生じさせているのは、むしろシンプルな「王権論」のイメージなのではないだろうか。

(2) 佐藤康宏「池大雅筆比叡山真景図」（『國華』一二八〇、二〇一〇年）。

(3) 直近の纏まったものとしては、『美術史論壇』三〇に特集がある。佐藤道信「近代の超克」、小川裕充「東アジア美術史の可能性」、洪善杓「アジア統合美術史の構想と課題――「東洋美術論」と「東洋美術史」を越えて――」（『美術史論壇』三〇、二〇一〇年）。

(4) 東アジア全域ではないが、仏画における一つのモデルが、井手誠之輔氏によって示されている。井手誠之輔『日本の宋元仏画』（『日本の美術』四一八、至文堂、二〇〇一年）。

参考文献抄

秋山光和『平安時代世俗画の研究』（吉川弘文館、一九六四年）
荒川浩和・佐藤豊三・品川文彦・西田宏子・灰野昭郎『彫漆』（徳川美術館・根津美術館、一九八四年）
板倉聖哲編『朝鮮王朝の絵画――東アジアの視点から――』（「アジア遊学」一二〇号、勉誠出版、二〇〇九年）
奥田直栄・林左馬衛・佐藤豊三・安藤綾信『天目』徳川美術館・根津美術館、一九七九年）
小野正敏「城下町、館・屋敷の空間と権力表現」（『国立歴史民俗博物館研究報告』七四、一九九七年）
川上貢「中世の会所をめぐる諸問題」（『日本中世住宅の研究（新訂）』中央公論美術出版、二〇〇二年）
河添房江『源氏物語と東アジア世界』（日本放送出版協会、二〇〇七年）
河野元昭「日本文人画試論」（『国華』一二〇七、一九九六年）
斎藤英俊「会所の成立とその建築的特色」（『茶道聚錦』二、小学館、一九八四年）
桜井英治「「御物」の経済――室町幕府財政における贈与と商業――」（『国立歴史民俗博物館研究報告』九二、二〇〇二年）
佐藤豊三「将軍家御成について（一）」（『金鯱叢書』一、一九七

四年）
佐藤豊三「室町殿行幸御飾記」と雑華室印」（『東山御物』根津美術館・徳川美術館、一九七六年）
佐藤豊三「座敷に飾られた彫漆器」（『彫漆』徳川美術館・根津美術館、一九八四年）
シャルロッテ・フォン・ヴェシュア『モノが語る日本対外交易史──七～一六世紀──』（藤原書店、二〇一一年）
砂沢祐子「伝世品の唐物茶入と和物茶入の窯分けの歴史について」『野村美術館研究紀要』一三（二〇〇四年）
関周一「唐物の流通と消費」（『国立歴史民俗博物館研究報告』九二、二〇〇二年）
谷信一「船載支那画の性質と価格」（『室町時代美術史論』東京堂、一九四二年）
千野香織「信貴山の成立──風景表現の日本化について──」（『名宝日本の美術一一・信貴山縁起絵巻』小学館、一九八二年）
中村秀男「「御物御画目録」の撰者能阿弥に関する一考察」（『東京国立博物館紀要』七、一九六二年）
中村利則『町家の茶室』（淡交社、一九八一年）
西田宏子・井上喜久男・鈴木裕子『唐物茶入』（根津美術館、二〇〇五年）
西山美香編『日本と《宋元》の邂逅』（『アジア遊学』一二二号、勉誠出版、二〇〇九年）
西山美香編『東アジアを結ぶモノ・場』（『アジア遊学』一三二号、勉誠出版、二〇一〇年）
橋本雄『中華幻想』（勉誠出版、二〇一一年）
畑靖紀「室町時代の南宋院体画に対する認識をめぐって──足利将軍家の夏珪と梁楷の画巻を中心に──」（『美術史』一五六、二〇〇四年）
林屋晴三・曾凡・栗建安・高橋忠彦・筒井紘一・赤沼多佳・今井敦・森本朝子・手塚直樹・伊藤嘉章『唐物天目──福建省建窯出土天目と日本伝世の天目──』（茶道資料館・MOA美術館、一九九四年）
日高薫「中世漆工芸における「和」と「漢」」（『鹿島美術財団年報』一一、一九九四年）
二木謙一『中世武家儀礼の研究』（吉川弘文館、一九八五年）
水尾比呂志「「唐物数寄」の美意識」（『國華』一二九二、二〇〇三年）
宮上茂隆「会所から茶湯座敷へ」（『茶道聚錦』七、小学館、一九八四年）
宮上茂隆「会所と飾り」（『茶道聚錦』一二、小学館、一九八五年）
山下裕二「能阿弥伝の再検証（一）～（八）」（『芸術学研究』一～八、一九九一～九八年）
芳澤忠『日本南画論攷』（講談社、一九七七年）

拙稿

『能阿弥から狩野派へ（日本の美術三三八）』至文堂、一九九四年
「十五世紀における中国絵画趣味」（『MUSEUM』四六三、一九八九年）
「会所の美術──室町時代の「美術」システム──」（『国立歴史民俗博物館研究報告』七五、一九九七年）
「「東山御物」随想──イメージのなかの中国画人たち──」（『南宋絵画──才情雅致の世界──』根津美術館、二〇〇四年）
「会所と唐物──室町時代前期の権力表象装置とその機能──」（『シリーズ都市・建築・歴史』四、東京大学出版会、二〇〇六年）

コラム

唐物と日本の古代中世

五味文彦

一

大陸から渡ってきた文物が日本の社会に大きな影響を及ぼしてきたことは、ここで改めて指摘するまでもないが、その始まりは宝物としての機能にあった。

『魏志』倭人伝は、景初二年（二三八）六月に「倭の女王、大夫難升米等を遣わし郡に詣り、天子に詣りて朝献せんことを求む」と、倭の女王が中国に使者を派遣し、通交を結ぶにいたったことを記し、このときに生口と班布を献じたところ、「親魏倭王」になされ、金印と紫綬が与えられ、そのほかに「紺地句文錦三匹・細班華五張・白絹五十匹・金八両・五尺刀二口・銅鏡百枚・真珠・鉛丹各、五十斤」なども与えられたという。

ここに倭国は冊封体制下に入り、正始元年（二四〇）には、魏から使者が派遣され、詔書・印綬のほか、金帛や錦・刀・鏡・采物が倭王にあたえられている。その卑弥呼の跡を継承して女王となった台与も、「倭の大夫率善中郎将掖邪狗等二十人」を遣わし、白珠五千孔・青大句珠二枚を貢いだが、その時には魏から「紺地句文錦三匹・細班華五張・白絹五十匹・金八両・五尺刀二口・銅鏡百枚・真珠・鉛丹各、五十斤」などの宝物が与えられ、その上で魏王からは「還り到らば悉く録受し、もって汝が国中の人に示し、国家汝を哀れむを知らしむべし」と、王の威信財としてそれらを示すようにとの要請があったとしている。

ここに認められるごとく、宝物をもって王権を荘厳する機能を担った唐物であるが、やがて王の倉に納められ後世に伝えられていった。それは東大寺の正倉院に始まり、摂関時代には宇治の平等院の宝蔵がその機能を担った。

院政期になると、鳥羽院は、平等院の宝蔵や比叡山の延暦寺前唐院の宝蔵に倣って、鳥羽殿の勝光明院に付属して宝蔵を建て、そこに宝物を納めている。そして後白河院も、蓮華王院の宝蔵をこれらに倣って建てると、武具や琵琶・琴・箏・笙・笛などの楽器、帯などの衣装、仏像や典籍などの国内外の宝物を納めたのである。『古今目録抄紙背』には、次のような今様が見える。

もろこし唐なる笛竹は
　いかでかここまではゆられこし
ことよき風にさそはれて
　おほくの波をこそわけしか

二

広く薬や書物などの文物が唐物としてもたらされるようになったのは、律令制の仕組みの導入とともにであった。唐物は律令制とは切っても切り離せないものとして、様々な方面で一貫して輸入されてきたのである。

その唐物がさらに広く定着したのは摂関時代である。十一世紀に成った『新猿楽記』に描かれている商人の主領は、取引する「唐物」は沈や麝香など四十五種類に、「本朝の物」は緋襟・象眼など三十種類に及んでいて、その活動の場は「東は俘囚の地にいたり、西は貴界が島に渡る」ものであったという。

『枕草子』や『源氏物語』を生んだこの摂関時代は、大陸文化の直接の影響を脱した「国風化」の時代と称されるが、その「国風化」の傾向とは、実は中国の周辺諸国と同様な動きとともにあって、圧倒的な中国文明の直接の影響から抜け出し、独自に作り上げられてきた。

中国風のものを「唐風」「唐様」と見なし、それに対する「倭風」「和風」「和様」を対置させて文化を解釈し、演出する試みがなされるようになり、そこに唐物は定着した。いわば唐物の定着とともに「国風文化」が成長したのである。

その典型が藤原公任の『和漢朗詠集』であって、漢詩と和歌とを朗詠として謡うことが広く行なわれ、それはさらに今様としても広まった。『梁塵秘抄』には次のような今様が見える。

狂言綺語のあやまちは　仏を讃むる種
　としてあらき言葉も如何なるも　第一
　義とかにぞ帰るなる

（道理にあわぬ言葉や巧みに飾った言葉は誤ちではあるが、仏法を賛嘆する機縁となるもので、荒々しい言葉もどんな言葉でも、完全な真理に帰一するということだ）

これは唐の詩人白居易の『白氏文集』の「香山寺白氏洛中集記」に見える「願はくは今生世俗文字の業を以て、狂言綺語の過、転じて将来世々讃仏乗の因、転法輪の縁と為らん」という句が朗詠に詠まれ、さらに今様に謡われたものである。そしてここに見える歌や文学を狂言綺語と見做す考えは中世を通じて広がっていった。

三

唐物の流入がさらに広がったのは、十二世紀後半に平清盛が積極的に日宋貿易を行なうようになってからで、時の流行病が、輸入された羊や銭に因んで、「羊の病」「銭の病」などとも称された。そして唐物が爆発的に増えたのは鎌倉中期以降である。

北宋の太宗の命でなった事典『太平御覧』は、平清盛が十二世紀末に初めて入手し、高倉天皇に献上されたが、以後、次々と輸入されてゆき、十三世紀半ばを過ぎた頃には数十部にも及んでいたという(『妙槐記』)。

鎌倉幕府の北条氏の一門金沢氏が設けた金沢文庫に所蔵される文書には、「唐物」を積んだ船が到着したのでそれを見たという内容の書状がいくつも残されている。

鎌倉の大仏や建長寺の再建のために元に派遣された建長寺船のような存在も知られている。一九七六年に韓国の新安沖で発見された沈没船には、「至治三年」という中国年号の木簡や、「東福寺」と書かれた荷札、また「慶元路」と記された秤、さらに銅銭が二八トン、陶磁器二万余点が積まれていた。

日本列島の各地にはこの頃には尾道などの湊町が生まれていたが、そこからは大量の貿易陶磁が出土している。こうした唐物嗜好の風潮を兼好は『徒然草』一二〇段で次のように語っている。

唐の物は、薬の外は、みななくとも事欠くまじ。書物は、この国に多く広まりぬれば、書きも写してん。唐土舟の、たやすからぬ道に、無用の物どものみ取り積みて、所狭く渡しもて来る、いと愚かなり

兼好は、薬以外の唐物は必要ないと断言しているが、それは大陸から唐物が大量に流入していることへの強い反発であった。兼好は中国の古典を尊重していたのにもかかわらず、その書物さえもこの国に多く広まっているので、もう必要はないとまで言っているのである。

こうした唐物の氾濫の時代とともに、やがて唐物でその身と空間を飾る婆娑羅の文化が到来し、日本列島を席巻してゆくことになる。

奈良時代と「唐物」

森　公章

「唐物」という語の史料上の初見は大同三年（八〇八）である。では、奈良時代の「唐物」はどのように考察できるのか。ここでは「唐物」を唐文化移入のあり方の全体像ととらえ、遣唐使の実相や特色を明らかにする。またモノとしての「唐物」が新羅・渤海など朝鮮諸国との交流によって獲得されていた点も指摘したい。

一、奈良時代の「唐物」

奈良時代史へのまなざし

「こういうときはこうするんだ、という基準は、やはり九世紀の末あたりからのものしか念頭にないでしょう」「院政期には、おしなべていえば奈良時代などより遙かにぜいたくだと思いますね。それだけの力は、崩れた崩れたということだけからは出てこないのですがね」。これらは故土田直鎮氏の座談会での発言である（土田直鎮・永井路子・早川庄八「座談会律令と日本人」『日本の歴史月報』四、小学館、一九七四年）。

かつては六四五年の乙巳《いっし》の変（「大化改新」）を起点にして七〇一年大宝律令の制定によって日本の律令国家が完成すると考えられており、遣唐使による唐文化の将来、天平文化の国際性を評価し、ここに爛熟があると見て、七四三年墾田永年私財法は律令体制の原則である公地公民に変容を呈するものであって、九世紀初期の桓武朝の再建の動きにもかかわらず、十世紀以降には律令国家は衰退していくという理解が一般的だった。

しかし、墾田永年私財法は大宝律令では不充分だった墾田に関する規定を定めたもので、むしろ律令体制の整備につながることが指摘されている。近年では律令体制は大宝律令で完成したというよりは、むしろ奈良時代を通じて整備・定着が進められた、唐・長安城をコピーしようとした平城宮に象徴されるように、唐を手本として国家体制を構築する模索の時期、過渡期としての奈良時代という位置づけが有力であるように思われる（吉田孝『律令国家の諸段階』『律令国家と古代の社会』岩波書店、一九八三年。渡辺晃宏『平城京一三〇〇年「全検証」』柏書房、二〇一〇年など）。

これにより平安時代史の理解も大きく進展しているが、本稿の課題である「唐物」という言葉は史料上では『日本後紀』大同三年（八〇八）十一月戊子条、

勅す。聞くならく、大嘗会の雑楽の伎人《きじん》等、専ら朝憲に乖《そむ》き、唐物を以て飾《かざり》と為す、と。令の行われざるは、往古より譏《そし》るところなり。宜《よろ》しく重ねて禁断を加え、許容することを得ざるべし。

が初見であり、延暦度遣唐使の帰朝以後に表出するということになる。

「唐物」の盛行期

ここでは唐物が奢侈品として禁止されているのだが、遣唐使の歴史を通覧すると、むしろ実質上の最後の遣唐使派遣となった承和度遣唐使において唐物獲得重視の姿勢が前面に出てくると考えられる（森公章『遣唐使の光芒』角川学芸出版、二〇一〇年）。既に指摘されているように、遣唐使事業が終了する十世紀以降にこそ、唐・宋商人（海商）の来航が頻繁になり、貴族たちは唐物にかこまれた生活を謳歌していた（河添房江『源氏物語と東アジア世界』日本放送出版協会、二〇〇七年。『光源氏が愛した王朝ブランド品』角川学芸出版、二〇〇八年など）。吉田兼好が『徒然草』第一二〇段に、

唐の物は、薬の外は、みななくとも事欠くまじ。書《ふみ》どもは、この国に多く広まりぬれば、書きも写してん。唐土《もろこし》舟の、たやすからぬ道に、無用の物どものみ取り積みて、所狭く渡しもて来る。いと愚かなり。遠き物を宝とせずとも、また得難き貨を貴まずとも、文に侍るとかや。

と述べているように、禅宗の導入もあって、鎌倉時代後期には唐物の流入が食文化から社会・生活様式全般に大きな変化をもたらすと展望することができる。

では、遣唐使による日唐通交が行われていた奈良時代はどうだったのか。上述のように、物実（モノ）としての「唐物」の語は奈良時代には見られないので、ここでは「唐物」をモノとのみ理解するのではなく、生活様式や文化移入全般のあり方にもおよぶ概念と広くとらえて、遣唐使の実像や「唐物」の内容・歴史的変化の過程などを検討してみたい。

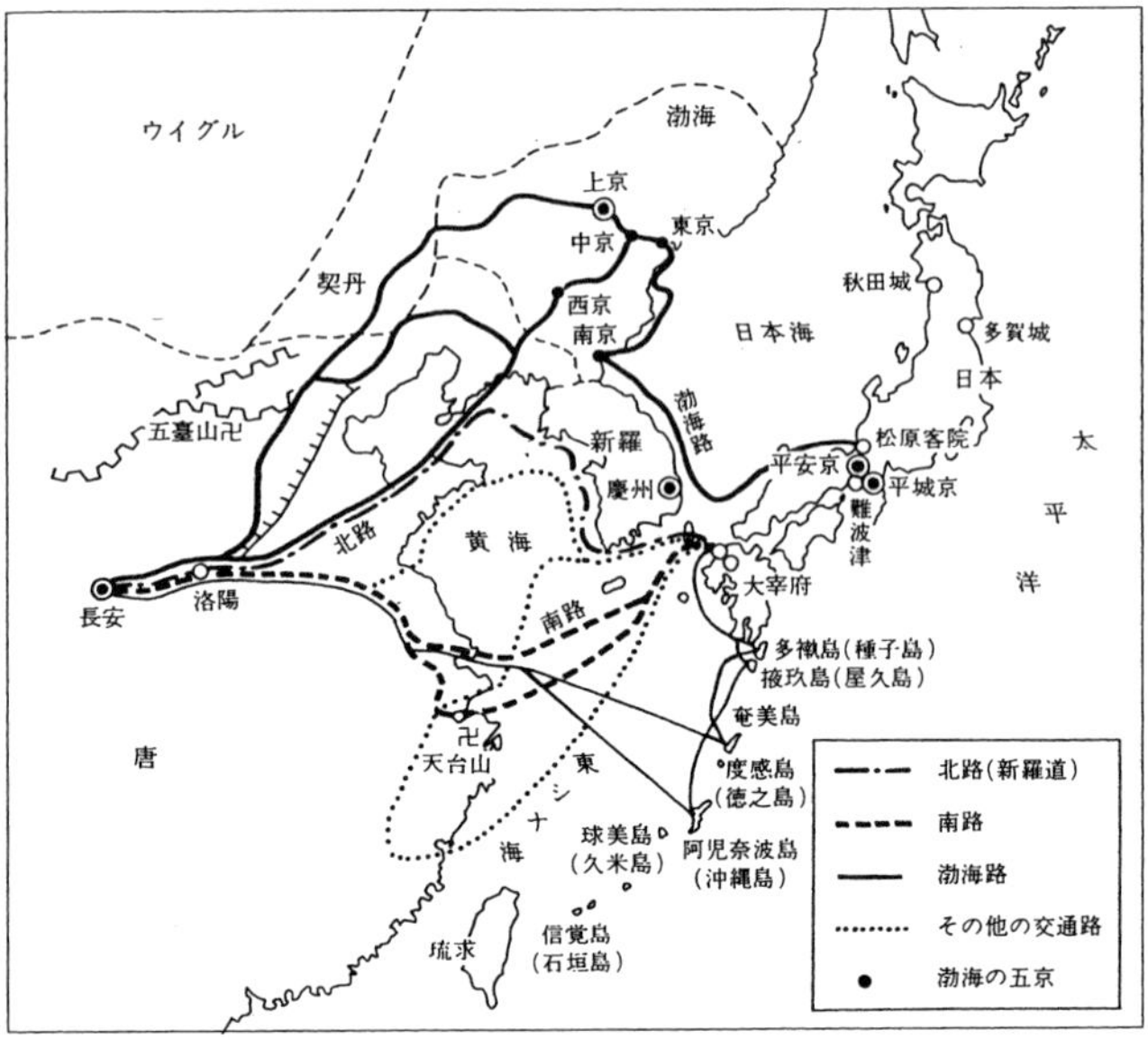

図1　8世紀の東アジアと遣唐使の航路
（出典：森公章『遣唐使の光芒』角川学芸出版、2010年）

二、遣唐使の歴史

遣唐使の次数

遣唐使の派遣回数・次数は論者によって異なるが、私は遣唐使の次数を次のように数え（次数、任命・出発年月）、全十八次、十五回渡海と理解している。

（1）舒明二年（六三〇）八月、（2）白雉四年（六五三）五月、（3）白雉五年（六五四）二月、（4）斉明五年（六五九）七月、（5）天智四年（六六五）、（6）天智八年（六六九）、（7）大宝元年（七〇一）正月任↓同二年六月、（8）霊亀二年（七一六）八月任↓養老元年三月、（9）天平四年（七三二）八月任↓同五年四月、（10）天平十八年↓中止（11）勝宝二年（七五〇）九月任↓同四年閏三月、（12）宝字三年（七五九）正月任↓同三年二月、（13）宝字五年十月任↓同六年四月再編↓中止、（14）宝亀六年（七七五）六月任↓同八年六月、（15）同九年十二月任↓同十年五月、（16）延暦二十年（八〇一）八月任↓同二十二年四月↓同二十三年三月、（17）承和元年（八三四）正月任↓同三年五月↓同四年七月↓同五年七月、（18）寛平六年（八九四）八月任↓中止

このように論者によって遣唐使の次数は齟齬する恐れがあるので、以下、（7）を大宝度の如くに称し、（12）・（13）は宝字度①・②、（14）・（15）は宝亀度①・②として区別する。また（8）は養老の遣唐使と称されることも多いが、村上天皇の皇子具平《ともひら》親王の『弘決外典鈔《ぐけつげてんしょう》』（正暦二年（九九一）成立）巻一には「天平勝宝二年遣唐記」が見え、これは勝宝二年任命で、実際には勝宝四年に渡海した勝宝度の遣唐使が呈

した正式の入唐記録を指しているので、遣唐使は任命時点を起算とするのがよいと思われ、霊亀二年任命で、実際には養老元年に渡海した（8）は霊亀度遣唐使と称すべきであろう。

前期遣唐使の様相

遣唐使の時期区分も前・中・後期の三区分と前期・後期の二区分があるが、私は後者の立場を支持する。七世紀の遣唐使を前期遣唐使とし、三時期区分説では八世紀を中期、宝亀度または延暦度以降を後期とするが、八世紀以降は基本的には二十年一貢の原則に依拠した遣使であり、これを後期遣唐使として一括したい。

七世紀は朝鮮三国の抗争の最終段階と隋・唐の介入の中で、六六〇年百済《くだら》滅亡、六六三年白村江戦で日本（倭国）は百済復興運動に加担して唐・新羅連合軍に大敗、百済の完全滅亡と六六八年高句麗滅亡、と推移し、六七〇年頃から新羅と唐の戦争が始まり、六七六年統一新羅の成立に帰結する激動の時代であった。日本が唐との通交を開始するのは六三〇年で、東アジアでは最も遅く（高句麗は六一九年、百済・新羅は六二一年）、第一回遣唐使では唐使高表仁が日本に派遣されるが、おそらく唐の冊封を拒否したために紛擾が起こり、高表仁は使命を果たすことなく帰唐したことが伝えられている（『旧唐書』倭国伝）。

したがって第二回の遣使までには約四半世紀の間隔があり、当該期の東アジアの動乱、唐との戦争の中では、結局のところ、前期遣唐使の段階では安定した関係の確立は難しかったと思われる。多くの留学者が派遣されているが、遣隋使の段階と同様、僧侶が大半を占め、仏教を中心とする先進文明の継授・国家体制構築を模索したものだった。隋・唐を模した律令国家の構築は白村江戦以後に切実な課題となったが、さりとて、唐との直接通交は難しく、新羅の方式なども参酌して、後期遣唐使開始までの三十余年間の中断の間に律令体制が形成される。

大宝度遣唐使の画期性

後期遣唐使の開幕を告げる大宝度遣唐使では、倭国から日本への国号変更承認や白村江戦の戦後処理を果たし、二十年一貢を約して、ここに日唐関係が確立する。唐の日本に対する賓礼の先例形成、国書の書式など、日唐間の交流原則も定立され、遣唐使による唐文化の移入、日本の律令国家の整備・完成が可能になるのである。

また大宝度の留学僧弁正は唐で還俗・妻帯し、二子を儲け、ついに帰国しなかったが、囲碁を通じて即位前の玄宗と親しくなった（『懐風藻』釈弁正）。次男の秦忌寸《はたのいみき》朝元《ちょうげん》は次の霊亀度遣唐使に随伴して帰朝し、天平度に遣唐使の一員として入唐した時、弁正との関係で玄宗から賞賜されたといい、こうした人脈形成も日唐関係の維持に寄与する。霊亀度の阿倍仲麻呂や井真成《せいしんせい》が唐で優待され、勝宝度の遣唐使が玄宗に歓待されたのも（『東大寺要録』巻一所引延暦僧録第二勝宝感神聖武皇帝菩薩伝）、この弁正が築いた玄宗との信頼関係が作用したところが大きかったと思われる。

　遣唐使に随伴する留学生派遣は、霊亀度から本格的になり、留学生の入唐や唐文化の移入・唐風化の推進、また鑑真に代表される唐人・唐僧の来日などは、いずれも勝宝度くらいまでが最も熱心に推進される。玄宗末期には安史の乱（七五五〜七六三年）が勃発、唐はなお一五〇年間存続するが、政治・社会の混乱は収束しなかった。日本が依拠した安定情勢が崩れた段階でも、宝亀度には唐使が来日するなど、唐側からの国際関係維持の努力もあり、延暦度、承和度と通交を重ねる原動力になったのである。

三、遣唐使の献上品と将来品

遣唐使の献上品

　奈良時代の唐文化移入では遣唐使の役割が大きかったことが喧伝されるが、新羅の遣唐使は一八〇回くらい、時には一年に三回派遣という年もあり、唐の冊封を受け、唐使の到来も頻繁であった状況に比べると、日本は十五〜二十年に一度で、意外に疎遠な関係だったと言わざるを得ない。では、日唐間ではどのような物実の授受や文化交流が行われていたのだろうか。

　まず日本側の携行品を見ると、延喜大蔵式には「入諸蕃使」として遣唐使など遣外使節に給付される物実が記されており、これは旅資や唐での物品購入に充てられたと思われる。その品目は絁《あしぎぬ》・綿・布・彩帛《さいはく》など繊維製品であった。実例としては霊亀度遣唐使が儒学の伝習を依頼した際に、唐側では四門助教趙玄黙《ちょうげんぼく》に命じて鴻臚寺で教授させたところ、日本側は束修料として「白亀（霊亀カ）元年調布」と記された潤幅布を出したので、日本の律令体制施行など知らなかった唐側は、「人、またそれこの題を偽れるを疑うなり」という評言を示したというエピソードがある（『旧唐書』日本国伝）。

　次に日本の遣唐使の献上品を見ると、白雉四年の遣使は大きな琥珀《こはく》・瑪瑙《めのう》、また宝亀度②では繭のように光沢のある紙を貢納したことが特記されている（『新唐書』日本伝）。その他、天平度には美濃絁・水織絁を献上したという（『冊府元亀』巻九七一）。この点に関連して、延喜大蔵式「賜蕃客例」には外国使節来日に対する日本側の給付品目が規定されているのが注目される。唐に関しては実際には唐使来日が殆どないので、遣唐使が唐に持参したものではないかと解されていたが、判官・行使と使丁・水手に対する綵帛・細布給付が規定され、「大使・副使は臨時に准量して給え」となっているのは、宝亀度①の帰朝に随伴した唐使来日と唐側の大使らの漂没、判官以下の入京に対応しており、法源はこの頃のものと指摘される所以である（酒井健治「『延喜大蔵式』賜蕃客例の性格と成立時期について」『日本古代の王権と社会』塙書房、二〇一〇年）。

但し、大唐皇への給付物、銀・水織絁・美濃絁・細絁・黄絁・黄糸・細屯綿・綵帛・畳綿・屯綿・紵布・望絁布・木綿・出火水精・瑪瑙・出火鐵・海石榴油・甘葛汁・金漆は、上記の遣唐使の実際の献上品と合致するものもあり、ここにはやはり日本の遣唐使の献上品を知る材料があると思われる。その多くは繊維製品・鉱物・原料品であった。

遣唐使の将来品

では、遣唐使が唐から将来した物品はどうだろうか。遣唐使には次回の使者到来まで十五〜二十年間唐に滞在する長期の留学生・僧と、その回の遣唐使とともに帰朝する短期滞在の請益生・僧があった。霊亀度の留学生吉備真備《きびのまきび》が天平度に帰朝した時の様子は、次のように記されている（『続日本紀』天平七年四月辛亥条）。

入唐留学生従八位下下道朝臣真備、唐礼一百卅巻、太衍暦経一巻・太衍暦立成十二巻、測影鉄尺一枚、銅律管一部、鉄如方響写律管声十二条、楽書要録十巻、絃纏漆角弓一張・馬上飲水漆角弓一張・露面漆四節角弓一張、射甲箭廿隻・平射箭十隻を献ず。

真備は唐礼、暦法、測量道具、音楽関係の呂律や楽書、工芸品的な弓や様々な箭など幅広い分野の唐文化関連品を将来したことが知られる。その他、『日本国見在書目録』（寛平三年（八九一）成立）には真備将来の書籍が多く掲載されており、真備はまた、軍事分野での知識にも通暁していたことで著名である。真備が参加した霊亀度遣唐使は、「得る所の錫賚、盡く文籍を市《か》い、海に泛べて還る」と評されており（『旧唐書』日本国伝）、日本の遣唐使の目的にはまず唐文化の総体的移入、特に律令国家の充実に関わる学芸・技能面が重視された。今、遣唐使の将来品・知識を整理すると、次のようになる。

仏教関係…教学の伝授、経典、仏像・図像、寺院の図、僧侶招聘

儒教関係…教学の教授、孔子廟の見学、唐礼、公羊・穀梁伝、その他の書籍

その他の学芸…律令・陰陽・医学関係の難義を尋ねる、香道・舞楽・囲碁・琵琶の伝授、暦の知識、関連の書籍

その他の将来品…水臬《みずばかり》・測影などの技術品、仏足石図、呂律《りょりつ》の道具、弓・箭《や》、工芸品

唐の風俗・慣習…服制・儀礼、長安の実見

大宝度遣唐使の将来品と目されるものに鳳凰鏡・窠子錦《かしのにしき》があり（『続日本紀』慶雲元年十一月庚寅条）、帰朝した遣唐使が唐の朝服を着用して拝見することもあった（養老三年正月乙亥条）。後者は唐での官賞を報告する意味もあったのだろうが、この時には把笏《はしゃく》の導入（中国的な服装をした官人が威儀を正すために笏を持つこと）や婦女の衣服の「様《ためし》」（サンプル・規格品）が定められており（同年二月己亥条・十二月戊子条）、また少し時間がかかったものの、天皇の冕服《べんぷく》着用の初例も知られるので（天平四年正月乙巳条）、唐の服装・風俗を視覚的に示すという意味合いもあったと考えられる。

唐文化移入の特色

真備が将来した書籍はこれを藍本として書写を重ね、広く流布させるべきもので、正倉院文書の中にかいまみられるように、実際に奈良時代には多くの書籍や経典の書写が行われていた。遣唐使の派遣間隔の問題、また唐人からの直接伝授が期待できない状況では、日本の唐文化移入はまず遣唐使の成果を最大限に活用すること、書籍を通じた学習、自国内での学芸再生産の体制作りが主要な課題となる。

『類聚国史』巻一三七延暦二十二年三月己未条行賀伝には、勝宝度の遣唐使で留学し、在唐三十一年の後に帰朝した行賀が東大寺僧明一の「難問宗義」に答えることができず、「粮を両国に費やし、学植庸浅なり。何ぞ朝寄に違いて、実帰せざるや」と罵倒されて、涕泣したという話が見える。ここでは「久しく他郷に在りて、頻りに言語を忘るるか」と弁護されているが、行賀が帰朝を華々しく飾ることができなかったことは事実である。

行賀は唐での活動・肩書や将来した経典などにより、一応評価すべき成果を上げたと認定され、日本でも宗業伝授に資したという。ただ、新帰朝者本人が大いに活躍することも重要だが、上述のような遣唐使の課題から見て、日本の朝廷や仏教界としては、本人の学識もさることながら、新しい経典の将来という物実の獲得の方に重点を置いていたので、行賀が咎められることはなかったとも考えられる。

ここには人の交流よりも、物実としての唐文化の獲得に傾斜する日本の特色が看取される。上述のように、僧侶の渡海は長く維持されるが、俗人の長期留学生の派遣は勝宝度くらいをピークに、あとは短期の請益生派遣が主流になる。そこには唐文化全体の体系的移入の時代は終わり、あとは個別的な習得でよい、もはや唐に追いついたという「誤解」が生じ、

ますます物実獲得のみに傾倒する時代の到来が予想される。

四、正倉院宝物と「唐物」

将来された「唐物」

では、奈良時代の鏡・錦や服など工芸品の将来が、後代のように「唐物」として珍重されたのかと言うと、書籍・経典の藍本的性格と同様、これらはあくまでも「様」としての持ち帰りであったと思われる。『唐大和上東征伝《とうだいわじょうとうせいでん》』によると、鑑真は最初の渡海を試みた際に、様々な仏像・経典・仏具の他に、各種の香薬や蜜・甘庶など多数の品々を勝載《しょうさい》したといい、それらは日本での仏教儀礼に必要な当座の携行品、やはり「様」的なものであろう。何度かの渡海失敗の後、来日を遂げた鑑真は失明していたが、経典をすべて暗誦しており、字句の訂正を行ったこと、また薬物の知識に豊富で、いちいち鼻でかぎ分けて真偽を定めたことは著名であるが（『続日本紀』宝字七年五月戊申条）、薬学の流布は副次的なものであった。

但し、勝宝度遣唐使の帰朝に随伴して来日した時には、鑑真は経典・仏具の他に、王右軍真跡行書一帖・小王真跡三帖・天竺末和等雑書五十帖を将来し、それらを朝廷に献上したとあり、ここには日本側が唐に求めた物品嗜好の一端が反映されていると思われる。周知のように、正倉院宝物の中にはいくつかの「唐物」が見えており、奈良時代の「唐物」の具体的なあり方を教えてくれる。

東大寺献物帳と「唐物」

正倉院宝物形成の中心になったのは、勝宝八歳（七五六）六月二十一日に聖武太上天皇の七七（四十九日）忌を機に、光明皇太后が先帝の冥福を祈って、東大寺大仏に奉献した品々である。生前愛用の六百数十点は国家珍宝帳と称される文書に掲載されており、同日には薬物六十種も献上された（種々薬帳）。これを皮切りに、同年七月二十六日には欧陽詢《おうようじゅん》真蹟の書屏風や花氈《かせん》など八十点、宝字二年（七五八）六月十日には「大小王真跡書一巻」が献納され、そして同年十月一日には、光明皇太后が亡父藤原不比等追善のために、「妾の珍財、これに過ぐるは無し」という不比等真筆の書屏風を奉献する。以上の五つの献納文書が東大寺献物帳と総称されるものである。

これらのうち、王羲之《おうぎし》・王献之《おうけんし》の書は「右の書法は奕世の伝珍なり。先帝の玩好にして、遺して篋笥に在り」と説明されており、鑑真将来品、また国家珍宝帳にも「書法」として王羲之の草・行書や扇書が見える。『万葉集』巻三―三九四番歌などでは「てし」（手師）を「羲之」「大王」と書くほど

図2　唐の墨（正倉院宝物）
（出典：橋本義彦『正倉院の歴史』吉川弘文館、1997年）

に、王羲之は書の代名詞的存在だった（東野治之「王羲之の手本」『正倉院文書と木簡の研究』塙書房、一九七七年）。欧陽詢の書はともかく、唐でも殆ど真筆が流布していない王羲之の書が本物だったかどうかは疑問もあるが、文化財クラスの品として珍重されたのだろう。国家珍宝帳には天皇・皇后が書写した漢籍も含まれており、そのうちの光明皇后筆『楽毅論』は王羲之の書の中でも正書（楷書）の第一に推される名筆であり、王羲之の書ないしは模本は単なる鑑賞品ではなく、実際の手本として実用されたことを窺わせる。

　国家珍宝帳にはまた、「唐」「唐様」が冠称される刀子・大刀、「大唐勤政楼前観楽図」「大唐古様宮殿画」などの屏風が見える。その他、「唐」「唐風」の冠称はないが、犀角や象牙など日本には自生しない材料が使用されている刀子、鏡、琵琶などの楽器、棊局も散見し、種々薬帳の薬物にはやはり日本産品以外の品々も多い。正倉院には香料の名前・重量を記した裹・袋もあり、これらもまた海外からの到来品であろう。

　では、こうした物品はどのようにした到来したのだろうか。正倉院宝物の中には「貞家墨」の陽刻文を持つ墨があり（**図2**）、その背朱書には「開元四年丙辰秋作貞□□□」と記されている（松嶋順正編『正倉院寶物銘文集成』吉川弘文館、一九七八年）。開元四年は霊亀二年（七一六）で、可能性としては霊亀度遣唐使が将来した物品と見ることができよう。とすると、遣唐使は書籍だけを購入していたのではなく、こうした物品入手にも努めていたという情景を想定しなければならない。ただ、上述の奈良時代の遣唐使のあり方を見ると、物品移入が主流であったとは考えられない側面もある。

新羅製品、南海産の物品

　一方、正倉院宝物の銘文品には「新羅楊家上墨」「新羅武家上墨」と記された物品、明らかに新羅製品と目されるものも散見する（鈴木靖民『古代対外関係史の研究』吉川弘文館、一九八五年）。朝鮮諸国からの到来品としては、国家珍宝帳に百済の義慈王が藤原鎌足に贈ったという赤漆槻木厨子、また新羅琴（加耶琴）、「高麗様」の大刀があり、種々薬帳には新羅羊脂が見える。その他、佐波理《さはり》と呼ばれる金銅製の器は新羅産品であり、これには新羅の文書が付属している。新羅の古文書と言えば、「新羅村落文書」（華厳経論帙内貼文書）が著名であり、新羅からの経典将来が知られる。また「念物《ねんもつ》」は新羅物を示す用語であり、「念物」と記された花氈・色氈も存する。

上述のように、薬物・香料は東南アジア産と目されるものが多い。また法隆寺献納宝物の香木（白檀）にはパフラヴィー文字の刻銘とソグド文字の焼印があり（東野治之「香木の銘文と古代の香料貿易」『遣唐使と正倉院』岩波書店、一九九二年）、ペルシャ人・ソグド人の交易活動を経て、遠く日本にまで到来した中継貿易のあり方が窺われる。これにはいくつかの墨書銘があるが、最古のものは宝字五年（七六一）なので、それ以前に舶載されていたものと考えられる。

では、こうした新羅製品、南海産の中継貿易品はどのようにして入手可能だったのか。ここには遣唐使だけでなく、物実獲得の別ルートとして朝鮮諸国との通交にも注目したい。

五、物実としての「唐物」の到来

新羅王子金泰廉の来日と買新羅物解

八世紀の日本と新羅の関係は、新羅の朝貢姿勢から亢礼（対等外交）姿勢への変化により円滑さを欠いていき、天平六年（七三四）来日の新羅使以降は毎回紛擾が起きていた。こうした中、勝宝四年（七五二）には王子金泰廉、貢調使、送王子使ら、計七〇〇人・船七艘の大使節団が来航する。日本側は今回の王子来朝を新羅の服属姿勢を示すものと評価したので、一行は新羅使としては久方ぶりの京上を許され、開眼供養されたばかりの東大寺大仏を礼拝するなど、日羅関係の維持に資した。

この一行が平城京に滞在中、舶載した物品を日本の王貴族と交易した様子が、正倉院に残る鳥毛立女屏風下貼文書《とりげりゅうじょびょうぶしたばりもんじょ》（図3）によって判明する。鳥毛立女屏風は唐からの舶載品か、日本での制作か議論があったが、山鳥の羽は日本原産のもので、下貼用（正確には裏打紙）の反故文書に今回の新羅使が齎した物品の購入願い（買新羅物解《ばいしらぎもつげ》）が用いられているので、日本で作られたことが確定した。買新羅物解の一例を示すと、次の通りである。

念物黄金

價絲壹伯斤　綿□伯参拾斤

天平勝寶四年六月廿六日従八位上行少書吏丹比連

正六位上行家令大田臣廣人　正六位下行家従秦伊美吉

買新羅物解の日付はいずれも新羅使が平城京滞在中の短期間に集中している（東野治之「鳥毛立女屏風下貼文書の研究」

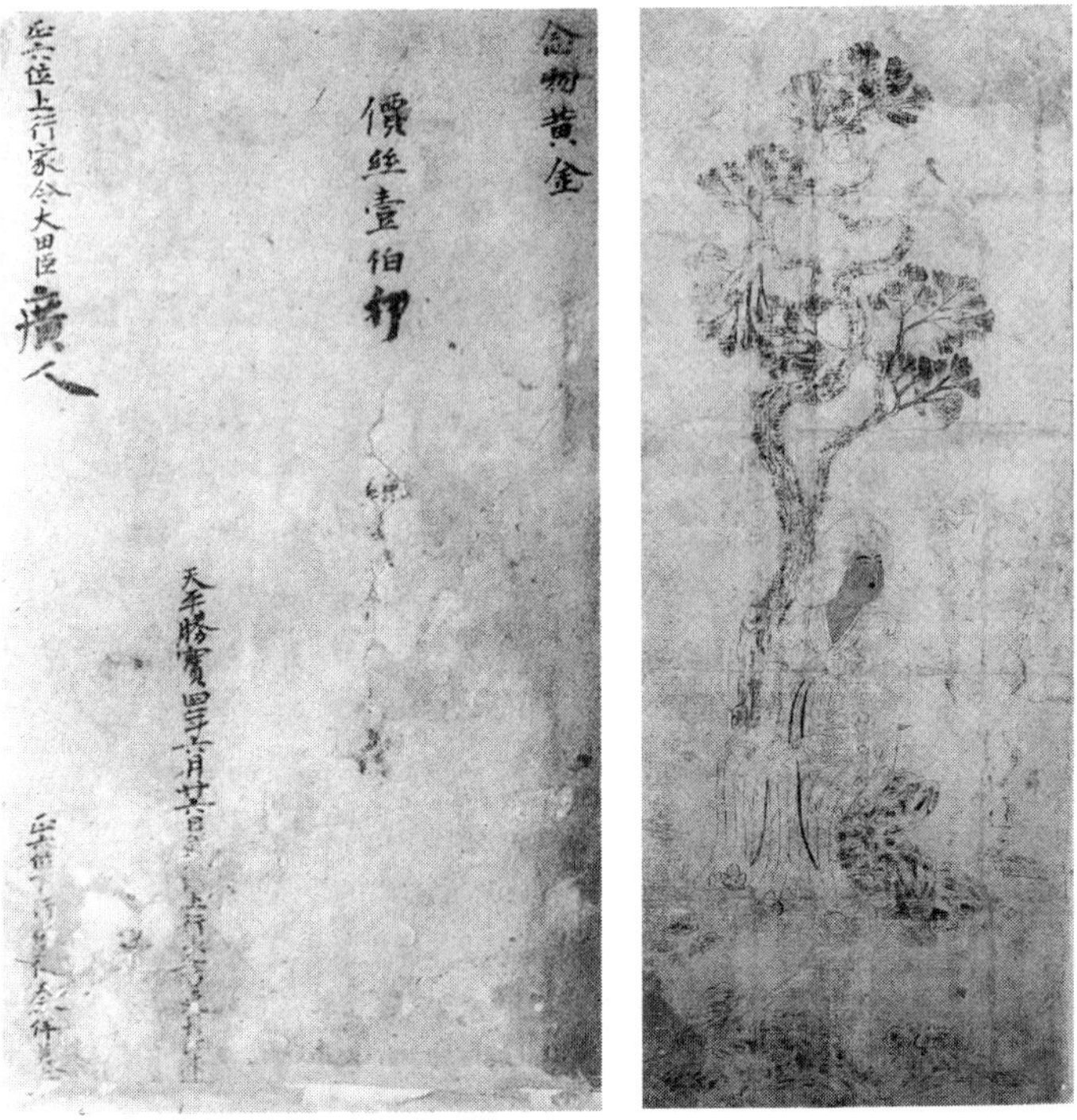

図3　鳥毛立女屏風第五扇の唐風美人図と買新羅物解（正倉院宝物）
（出典：橋本義彦『正倉院の歴史』吉川弘文館、1997年）

『正倉院文書と木簡の研究』塙書房、一九七七年。皆川完一「買新羅物解 拾遺」『正倉院文書研究』二、一九九四年）。外交権は国家に帰属しており、律令の規定では外国使節との自由な交流は禁止され、交易にも官司先買権が設定されていたから、新羅使との交易も内蔵寮や大蔵省などの管理下に実施され、各王臣家は家司などが作成した文書を提出し、そこには購入希望品目と価直物が記されていた。右の事例では黄金を購入予定で、代金として糸・綿などの繊維製品が準備されていたことがわかる。その他の事例では、鏡などに希望の寸法が記されているものもあり、現物を前にした取引とは異なる方式だったようだ。

新羅との交易品、新羅交関物《こうげんもつ》には顔料、香料、薬物、染料、金・鉄精などの金属、鏡や香炉、佐波理と称される金銅製の器、金銅製の箸・匙、牙製の梳《くし》・笄子《かんざし》・笏、また如意・蝿払・念数、氈、屏風、帯など各種の器物・調度、その他にも羊脂、松子、蜜汁、熟布など様々な物品が含まれていた。これらには正倉院宝物と共通するものがあり、顔料・香料・薬物は南海産のものが多く、日本とは比較にならない頻度の遣唐使派遣と新羅中代の政治安定の中で、新羅が中継貿易で入手した物品を日本に搬入し、また新羅自身の手工業発展を背景に生産された品々を齎し、対日交易振興を企図した様子が反映されている。

新羅商人の来航

新羅使の人数は八世紀の前半までは四十人程度だったが、

天平十年に一四七人、同十四年に一八七人と、人数が増加しており、今回の七〇〇人という膨大な員数も交易を主として、

図４　西大寺旧境内跡出土のイスラーム陶器破片と神護景雲２年３月５日の木簡
（撮影：奈良文化財研究所中村一郎　提供：奈良市教育委員会）

商人などが多く参加しているためと考えられる。同様に、渤海も八世紀後半から来日人数を増大させており、新羅と同様の状況を背景に、これも交易を主眼にした通交に転換したことを示す（濱田耕策『渤海国興亡史』吉川弘文館、二〇〇〇年）。

その後の日羅関係は必ずしも円滑ではなく、正規の国交は宝亀十年（七七九）の新羅使来航で終わる。しかし、公的通交以外のルート、大宰府周辺における新羅人の到来は増加していくものと考えられる。神護景雲二年（七六八）には新羅交関物を購入するために、当時の最高位の王貴族に二万屯〜一〇〇〇屯までの大宰府綿を賜与した記事があるが（『続日本紀』同年十月甲子条）、新羅使の来日は記録されていない。近年、平城京の西大寺旧境内跡の発掘調査で、神護景雲二年三月五日の年紀を持つ木簡などとともに、高さ四〇〜五〇センチメートルの青緑色釉大壺（香料やナツメヤシの実などを入れたものか）の破片と目されるイスラーム陶器片が見つかっており（図４）、あるいは今回の入手品の一部かとも思われる。

国際関係の推移と「唐物」

観世音寺文書宝字二年（七五八）十二月二十一日・二十二

日三家連《みやけのむらじ》豊継解《とよつぐげ》、同三年八月五日国政所牒によると、筑前国早良《さわら》郡の郡領氏族三家連・早良勝《すぐり》を父母に持つ豊継は、亡父の観世音寺に対する稲の負債を奴婢進上で代納しようとし、奴婢が負稲何束にあたるかを記すとともに、それが銀何両かも付記している。国内では金・砂金が重要視されており、銀はむしろ国際交易の手段として国外で通用していた（田中史生「「帰化」と「流来」と「商賈之輩」」『日本古代国家の民族支配と渡来人』校倉書房、一九九七年）。筑前国の豪族が銀を地金で保有、あるいはその換算に慣れていたのは、当該地域における決済手段としての銀の有効性、国際交易への従事を推察させる事象となろう。

上述のように、東アジアは政治の時代から交易の時代に移行しており、大宰府周辺では新羅人入境者も常態化しつつあった。宝亀五年（七七四）には流来新羅人への対処として充粮放還の方策を決定している（『続日本紀』同年五月乙卯条）。但し、こうした新羅人の来航、舶載品の到来はやむことなく、天長十年（八三三）から六年間大宰府講師・筑前国講師を務めた恵運は、新羅商人がしばしば来航し、銅鋺や畳子《じょうし》を齎す光景を目にし、自らも将来の寺院建立に備えて舶載品を購入したという（『安祥寺伽藍縁起資財帳』）。

九世紀前半には新羅の張宝高《ちょうほうこう》による唐―新羅―日本の交易ルート把握があり、この体制崩壊後には在唐新羅人を含む唐商人の活動が活発化し、大量の「唐物」が流入、日本側でも人々が「唐物」獲得に狂奔する姿が現出するのだが、ここではその前史としての奈良時代の様相、底流としての「唐物」へのまなざしを検討したものとして、擱筆したい。

上代の舶載品をめぐる文化史

河添房江

上代の舶載品は、正倉院宝物に明らかなように、まずは天皇を中心とした王権に吸収され、そこから臣下へ再分配されるという構造をとっていた。また奢侈品や威信財というばかりでなく、書籍や仏典をはじめ、まさに文物とよぶべき異国文化の摂取の糧となるものが多いのも特徴である。そこに輸入された文物を媒介に異国の文化をたくみに摂取するという日本文化の特質もあらわれているのである。

一、『万葉集』における舶載品

はじめに

上代の舶載品をめぐる日本文化史について、ここでは考察をめぐらしていきたい。舶載品とは異国からもたらされた品であり、後代ではいわゆる「唐物」とよばれる品々である。

しかし「唐物」の語が記録に残る嚆矢は、『日本後記』大同三年（八〇八）十一月十一日条で、[1]それまで遣唐使がもたらした外来品は、記録の上では「信物」、あるいは「国信物」「唐国信物」と記されていた（『続日本紀』『日本後紀』）。[2]また新羅や渤海からの外来品は「遠物」とよばれることもあるので、信物・国信物・唐国信物・遠物などを含めて、本稿では舶載品として一括して扱うことにする。以下、上代の舶載品の文化史を『万葉集』、正倉院宝物、聖武朝、鑑真などを中心に見ていくことにする。

「から」と「こま」

『万葉集』の中で舶載品はどのように登場しているだろうか。『万葉集』の中には、「から」が付いた歌ことばとして、「からあゐ」「からおび」「からくに」「からころも」「からたま」などがある。しかし、「から」の語源は、もともと朝鮮半島の南にあった小国「加羅」に由来する。「加羅」は、日本と最初に交流のあった海外の国である。そのため外国という意味ともなり、次第に拡大して、それぞれの時点で最も接触の深い国を意識して、「から」で呼んだとされる。つまり「から」「からくに」は、「加羅」をさすところから、朝鮮全体（特に半島統一後の新羅）、さらに八世紀となり遣唐使が再開されると、中国の意味へ拡大し転用されたと考えられる。(3)

しかも、ことが複雑なのは、モノに「から」が付くからといって、海彼からの舶載品と断定できない点である。『万葉集』の巻十六に竹取の翁の長歌があり、竹取の翁が若かりし頃、着飾り、宮女を振り返らせた姿は次のように詠まれている。

紫の　大綾の衣　住吉の　遠里小野の　ま榛もち　にほし衣に　高麗錦《こまにしき》　紐に縫ひ付け　刺部重部　なみ重ね着て　打麻やし　麻績の子ら　あり衣の　宝の子らが　うつたへは　経て織る布　日さらしの　麻手作りを　（中略）禁め娘子が　ほの聞きて　我れにおこせし　水縹の　絹の帯を　引き帯なす　韓帯《からおび》に取らせ（以下略）

（巻十六・三七九一）(4)

ここでは「韓帯《からおび》」が出でくるが、これは朝鮮半島からの舶載品か、それとも中国からの舶載品なのか、あるいは朝鮮半島からの渡来人が製作した帯の意味なのか、判別しがたいのである。

同じ長歌に出てくる「高麗錦《こまにしき》」も、同様に高麗（＝高句麗）産の錦なのか、高句麗から渡来人が織り上げた錦なのか、問題が残るのである。高句麗は唐と新羅の攻撃により、天智七年（六六八）に滅亡したが、この時の乱を逃れた高句麗国の貴族や僧侶などが多数日本に渡り、主に東国に住んだ。霊亀二年（七一六）には、そのうちの一七九九人が武蔵国にうつされ、新しく高麗郷が設置された。高麗錦はここで織られたとする説があり、無視できない。

枕詞となった「からころも」も、朝鮮系の「韓衣」を指すのか、中国系の「唐衣」なのか、舶載品なのか、渡来系の人々が製作した衣なのか、判断に迷うところである。『万葉集』の中では、聖武朝に活躍した笠金村の歌にも出てくるが、東歌や防人歌にも「からころも」はあるので、歌により意味するものが異なる可能性もある。「からころも」といっても、その実態は多種多様であり、それを包括するものとして、「からころも」の表現があるというべきかもしれない。

したがって『万葉集』の「から」「こま」をめぐる表現から、明らかに唐や新羅からの舶載品である表現を抽出することは難しい。(5)『万葉集』では遣唐使や遣新羅使の派遣に関わる歌も多いが、残念ながら、そこには外来のモノに関わる表現は直接にはみられないのである。『万葉集』で、題詞や左注を含めて、確実に海彼からの舶載品に言及したと思われるのは、二つの例にすぎない。一つは巻五の山上憶良の長歌である。

　世の中の　すべなきものは　年月は　流るるごとし　とり続き　追ひ来るものは　百種に　せめ寄り来る　娘子らが　娘子さびすと　韓玉《からたま》を　手本に巻かし　同年児らと　手携はりて　遊びけむ　時の盛りを（以下略）　（巻五・八〇四）

盛りの乙女たちが女らしく振舞おうと、「韓玉《からたま》」を腕に巻いたとあり、この「韓玉」は舶載品であるとされる。もう一例は、巻十七・三九四八の歌の左注に、左大臣の橘諸兄が秦忌寸朝元に、歌が詠めないのならば、「麝を以てこれを贖へ」（その代償に麝香を差し出しなさい）と迫ったという、香料の麝香がみえるばかりである。[6]これも橘諸兄の言葉の上だけのことで、実態としての麝香が存在するわけではない。

二、正倉院宝物の錦

経錦から緯錦へ

　それでは海彼からの舶載品と確定されるものについて、上代では何を手がかりに見ていけばよいのか。やはり手っ取り早いのは、正倉院に残された舶載品に注目することである。ひとくちに舶載品といっても種類は多岐にわたるが、『万葉集』の「からおび」「からころも」の縁で、外来の錦からみていきたい。

　正倉院宝物の錦をみていく場合、しばしば指摘されるのが、経錦《たてにしき》から緯錦《よこにしき》へという技術の進化である。[7]その変化については、唐代に古代ペルシアの緯錦の技術が伝わり、漢代以来の経錦を席巻したという説もあれば、中国国内で自然に緯錦へ転換したとする説もある。

　正倉院の染織物全般の特徴は、多種多様で数量が多いことである。ほとんどが八世紀の品と考えられ、その種類は、錦、綾、羅、紗、刺繡、綴れ、風通《ふうつう》、平絹《ひらぎぬ》、麻布、組紐、夾纈《きょうけち》、臈纈《ろうけち》、絞纈《こうけち》、摺絵《すりえ》、彩絵と多様である。その文様も、ギリシアのロータス（蓮花）文・パルメット（忍冬）文・葡萄唐草文、ペルシアの連珠円文・樹下動物文、インドの蓮花文、中国固有の霊之雲文・神山文・鳳凰文・獅子文・龍文などがあり、世界性があることが明らかになった。[8]

　さらに、天平勝宝四年（七五二）四月の東大寺大仏開眼供養会に使われた楽舞装束や、同九年五月の一周忌斎会に用いられた大灌頂幡・錦や羅の道場幡などに遺品が集中していることも、その特徴といえる。ちなみに経錦から緯錦へという変化でいえば、大仏開眼会では経錦六種・緯錦十六種、一周忌斎会では経錦十種・緯錦四十九種である。[9]

その中にあって、服飾の錦の例として注目されるのが、大仏開眼会の呉女の楽舞装束である。これは背子とよばれる楽舞用の上着で、女性用で丈が短く、今のベストのようなものであり、二〇〇九年の正倉院展にも出品された。表地と襟は赤地唐花文様の緯綿で、据まわりには紫地唐草円文様の緯錦をバイアスに使って縁取りがされ、裏地には浅緑の絁が用いられている。

縹地大唐花文錦の琵琶袋

さて、正倉院宝物における錦を代表するものとしては、やはり二〇〇九年の正倉院展に出品された琵琶袋残欠、縹地《はなだじ》大唐花文錦《だいからはなもんにしき》（**図1**）がある。この錦は盛唐時代を代表する緯綿で、縹色の地に直径が五十三センチもあるような雄大な唐花を表したものである。

図1　縹地大唐花文錦の琵琶袋残欠　正倉院南倉　文様の直径が53センチもあり、正倉院の唐花文錦でも最大級の優品（出典：『すぐわかる正倉院の美術』東京美術、2002年）

盛唐時代の唐花文錦の逸品で、緯糸を白・黄・緑・赤・紫など地色と合わせて九色も使った豪華なものであり、[10]中国本土でもこれほど見事な錦は残っていない。経錦から緯錦への変化を如実にものがたる逸品である。

この袋は、絃覆いの部分が天保四年（一八三三）の開封の折に屛風に貼りつけられて、東大寺屛風として北倉に納められた。それ以外の部分は南倉に納められ、現在に至っている。形状を復元すると四絃琵琶の袋に当たるが、宝庫には四絃琵琶が五面あり、そのうち北倉の一面については『国家珍宝帳』に「紫綾袋」の注記があるので、そちらが聖武天皇の遺愛の品である可能性が高い。

縹地大唐花文錦の袋は、それ以外の南倉の琵琶四面のうちの一つの袋であったと推測される。とはいえ、この琵琶袋が舶載品であることは動かないし、その復元品が九州国立博物館の「遣唐使とシルクロード」の関連展示室に展示されている。遣唐使船の積荷模型の舶載品のコーナーに、この縹地大唐花文錦の復元品があるということは、遣唐使がもたらした唐物という位置づけである。

正倉院宝物における錦は、大仏開眼供養会や、聖武天皇の一周忌斎会といった儀式に大量の需要があったため、ほとんどは国産であったという説(11)もあるが、その中でも縹地大唐花文錦のような逸品はやはり舶載品であり、唐物中の唐物というべきであろう。

三、聖武天皇の遺品

正倉院北倉の舶載品

ここでは舶載の錦を先にみてきたが、正倉院宝物といえば、何といっても聖武天皇ゆかりの品々が思い浮かぶ。上代の舶載品を見渡す際に、キーパーソンはやはり聖武天皇である。

正倉院宝物はよく知られるように、天平勝宝八年（七五二）六月二十一日、光明皇后が、夫聖武天皇の七七忌に、そのゆかりの品の約六五〇点と、約六十種の薬物を東大寺の盧舎那仏に奉献したことにはじまる。前者の目録が『国家珍宝帳』、後者が『種々薬帳』である。『国家珍宝帳』によれば、聖武ゆかりの品とは、帯・牙笏《げしゃく》・弓箭《きゅうせん》・刀剣・書巻・鏡・遊戯具・楽器などである。その目録の品がすべて残っているわけではないが、現存するものは正倉院の北倉に収められている。以下、その中から代表的な舶載品を示すと、

帯―斑犀偃鼠皮御帯《はんさいえんそひのおんおび》（現在はその一部が残存）
尺―紅牙撥鏤尺《こうげばちるのしゃく》
　　緑牙撥縷尺《りょくげばちるのしゃく》
刀剣―金銀鈿荘唐大刀《きんぎんでんそうのからたち》
鏡―平螺鈿背八角鏡《へいらでんはいのはっかくきょう》
　　平螺鈿花鳥背八角鏡《へいらでんかちょうはいのはっかくきょう》
遊戯具―木画紫檀碁局《もくがしたんのききょく》
　　木画紫檀双六局《もくがしたんのすごろくきょく》
楽器―螺鈿紫檀五絃琵琶《らでんしたんのごげんびわ》
　　螺鈿紫檀琵琶《らでんしたんのびわ》
　　螺鈿紫檀阮咸《らでんしたんのげんかん》

などが名高い。また聖武天皇が愛用した唐太刀で、行方不明となっていた「陽寶劔《ようほうけん》」「陰寶劔《いんほうけん》」が、東大寺の大仏の真下に埋められていたことが二〇一〇年十月に判明し、ニュースとなったことは記憶に新しい。

螺鈿紫檀五絃琵琶の由来

ここでは、その中から、二〇一〇年の正倉院展に十九年ぶりに出品されて、装飾の美しさでも正倉院の楽器の一、二を争う逸品、螺鈿紫檀五絃琵琶（図2）に注目してみたい。この五絃琵琶は、南インド産の紫檀に、タイマイ（鼈甲）や夜光貝の螺鈿細工をほどこしたもので、インドから中央アジアの亀茲国経由で唐へ入り、日本にもたらされたとされる。撥受けの部分には駱駝に乗って琵琶を奏でるペルシア人の姿を、裏面は宝相華文とよばれる花文様と綬帯《じゅたい》をくわえた瑞鳥を、

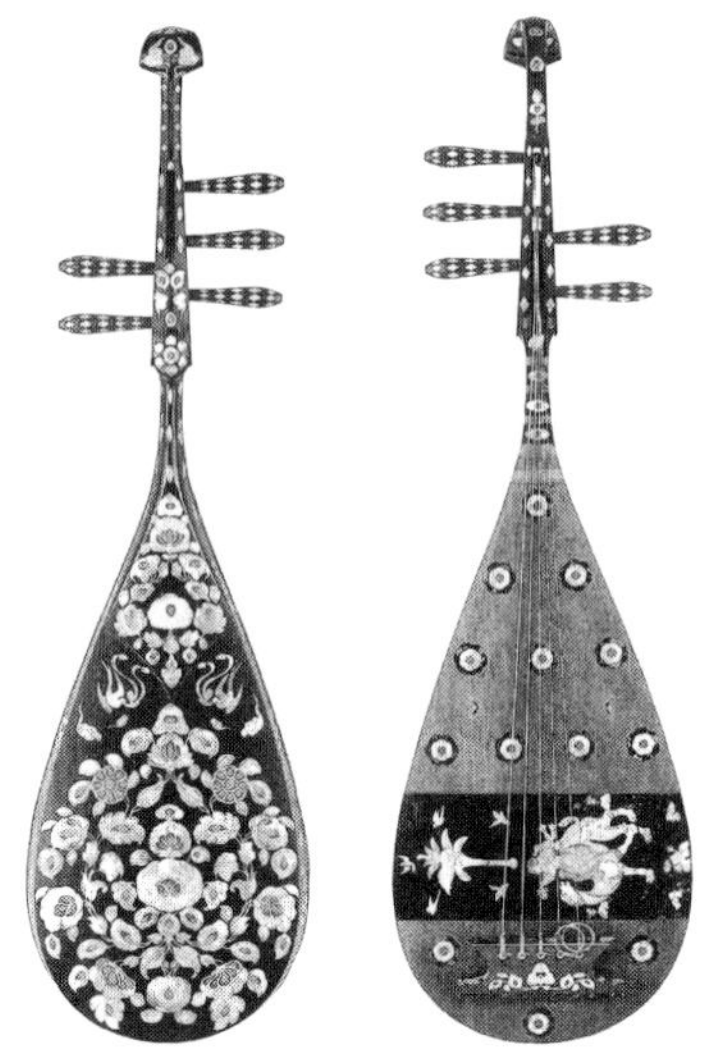

図2　螺鈿紫檀五絃琵琶　正倉院北倉　世界に残る唯一の五弦琵琶　その由緒と装飾美で正倉院宝物を代表する楽器（右：表、左：裏）（出典：『すぐわかる正倉院の美術』東京美術、2002年）

螺鈿を使って精緻にあらわした華麗な楽器である。しかも日本はおろか世界に残る唯一の古代の五弦琵琶で、その意味でもきわめて希少性の高い楽器である。五絃琵琶の遺品がほかに見当たらないのは、音域が四弦琵琶よりも狭く、演奏法も難しかったことによる。

この螺鈿紫檀五絃琵琶がどのようにして聖武天皇の許にもたらされたのか、「国家珍宝帳」は明らかにしないが、遣唐使であった吉備真備が伝えたものという説があるので、紹介しておきたい[12]。

吉備真備は、吉備地方の豪族の出身で下級武官であった父を持ち、霊亀三年（七一七）、遣唐使の一員として入唐した。遣唐留学生として十七年もとどまり、多方面の学問を学び、また唐の文物の蒐集に努めている。その学識により唐でも名を残し、かの阿倍仲麻呂と並び称されるほどであった。そして天平七年（七三五）、天平の遣唐使とともに平城京に戻り、収集した大量の文物を朝廷に献上した。そのリストは『続日本紀』に拠れば、「唐礼百三十巻・太衍暦経・太衍暦立成十二巻、楽書要録十巻、測影鉄尺《かげをはかるくろがねのしゃく》、銅律管、鉄如方《くろがねのごときほう》響写律管声《きょうりつかんのこえをうつすもの》・馬上飲水漆角弓《うまのうえにみずをのむうるしつのゆみ》、射甲箭《よろいをいるや》」である。

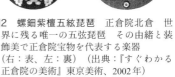

一留学生の吉備真備が十七年の歳月をかけたとはいえ、これだけのものを収集したとは信じがたいが、『続日本紀』のリストはその一部で、さらに他にも唐の文物を持ち帰ったともいわれる。その財源は日本から支給されたものばかりでなく、在唐中に皇帝からあたえられた回賜品さえも売って資金に充てたという。

吉備真備により唐の最新の典礼書や暦が伝えられた文化史的な意義は大きいが、この時、『楽書要録』といった礼楽にかかわる十巻の音楽書や、銅律管といった調律用の銅製の笛だけでなく、螺鈿紫檀五絃琵琶ももたらされたという説があるのである。その証左となるのは、吉備真備がこれらの品々を献上した数日後に、遣唐使と一緒に来日した唐人たちが、五月五日の「騎射《うまゆみ》」の儀式で、唐国・新羅の楽を奏したという記録である。袁晋卿《えんしんけい》、皇甫《こうほ》東朝、皇甫昇女といった人々の名が『続日本紀』に残っている。

　また、この時期、ほかにも唐僧の道璿《どうせん》、善意、天竺の波羅《ばら》門《もん》僧の菩提僊那《せんな》や波斯人の李密翳、林邑僧の仏哲《そんゆう》などが多く来日している。遣唐使の帰国とともに、これほど多くの外国人が一度に渡来してきた例はなく、平城京が国際都市として最も輝いた時代であった。螺鈿紫檀五弦琵琶についても、吉備真備だけでなく、これらの異国人のいずれかがもたらした可能性もあると考えられる。

四、聖武朝と東アジア

聖武天皇の舶来趣味

　それにしても聖武天皇の遺品にそもそもなぜ舶載品が多いのか。それは舶来趣味の人物であり、遣新羅使や遣唐使を派遣し、積極的に唐の文物や制度を採用した国際派の天皇であったからといえよう。その点に関わるいくつかのエピソードを拾ってみたい。

　聖武天皇は即位の翌年、神亀二年（七二五）十月に難波に行幸し、翌年十月にも訪れており、この辺から難波宮の整備に着手している。難波は異国への架け橋となる場所であり、シルクロードの終点であった。新羅使など異国の使者の出発・到着の地であり、遣唐使・遣新羅使の出発・到着の地でもあった。(13)唐や新羅との外交関係を重視する聖武天皇にとって、格別の意味をもった場所であり、ぜひとも立派な迎賓館が造営される必要があると考えたのであろう。

　そもそも難波宮は孝徳天皇の時代に造営されたが、その後は放置され、天武朝に再建されたが、朱鳥元年（六八六）には全焼してしまう。天武朝を理想とする聖武天皇は、藤原宇合を工事責任者として、難波宮の大がかりな整備を進めて、平城京の副都のような機能をもたせようとした。その工事は、天平四年（七三二）三月をもって、一区切りがついたようである。

　同じ年の正月、聖武天皇は天皇ではじめて中国の皇帝がかぶる冕冠《べんかん》を着用し、正月の朝賀をおこなっている。この年は在位して九年目、満を持して遣唐使を任命した記念すべき年でもあった。

　天平十年（七三八）七月、聖武天皇は相撲を見た後に、宮殿の前の梅樹を指して、吉備真備ら文人の三十人に「春の意を賦して、この梅樹を詠むべし」と命じた。梅は中国渡来の植物で、大伴旅人をはじめ当時の知識人たちに愛好されたが、七月という時期にあえて春の気持ちになって梅の漢詩を詠ませようというのは、聖武天皇の梅への愛玩の深さ、ひいては中国趣味を象徴するエピソードである。(14)

図3　四聖御影図《ししょうのみえいず》（重文）東大寺所蔵　永和3年（1377）　大仏造営に関わった聖武天皇、菩提遷那（右上）、行基（右下）、良弁（左下）を描く
（出典：別冊太陽『正倉院の世界』平凡社、2006年）

しかし前年には疫病が流行して、藤原四兄弟をはじめ、要職にあった貴族たちが死去し、聖武朝には暗雲がたれこめていた。その後も天平十二年（七四〇）に藤原広嗣が九州において大規模な反乱をおこしたため、聖武天皇は遷都をくり返し、仏教に深く帰依するようになる。特に僧の良弁《ろうべん》の導きで、唐や新羅で流行した新しい華厳宗を信仰し、そこから天平十五年（七四三）には盧遮那大仏の造立を発願する（**図3**）。天平勝宝四年（七五二）には盛大に開眼供養会を催し、二年後の四月には来日した鑑真から菩薩戒を受けている。

聖武天皇が崩御したのは、天平勝宝八年（七五六）八月のことであるが、晩年、難波宮に何度も足を運び、病も押して死の直前の二月から四月にかけて滞在している。つねに海彼に目を向けた国際派の聖武天皇にふさわしい遠出の場所だったといえるであろう。

聖武朝の対外関係

ここで聖武朝の対外関係について、少し詳しく見ておきたい。聖武天皇が即位したのは、神亀元年（七二四）二月だが、早速、半年後の八月に遣新羅使を派遣している。翌々年、新羅使がやってくるが、新羅からの朝貢の関係をいかに保つかが、聖武朝の焦眉の課題であったことをうかがわせる。唐に対しては朝貢した日本も、新羅に対しては逆に朝貢、つまり日本への従属の関係を求めたことである。

続いて、神亀四年（七二七）九月には渤海国の使節が初めて日本にやって来る。渤海国は中国の東北部、朝鮮半島よりさらに北の旧満州国の辺りにあって、新羅によって滅ぼされた高句麗の遺民により建国された国である。使節は出羽国に到着したものの、大使ら十六名は殺害され、八人が生存して、その年末に平城京に迎えられた。入京した使節は翌年の正月に、渤海郡王の大武芸の啓書（国書）を聖武天皇に差し出した。その際、啓書には、高句麗の再興をめざした王権であることと、日本と隣好の交流をもとめるとあり、あわせて貂皮三百張を献上した。貂皮は当時、最高級とされた黒テンの毛皮である。

隣国の新羅とは緊張関係にあった渤海は、日本との外交を積極的に展開することで、国家を維持しようとし、日本に対しても、高句麗の末裔として「高麗」を名乗ったのである。聖武天皇は、渤海が朝貢を求めたものとみなして、これを歓迎し、生き残った使節に引田虫麻呂を付けて本国に送り届けるとともに、武芸王に友好を約束した。翌年の神亀五年（七二八）九月に虫麻呂は帰国し、武芸王からの貢納品を聖武天皇にもたらした。

こうした対外関係の変化に応じるかのように、聖武天皇は天平時代に入ってから難波宮の整備にさらに力を入れている。天平四年（七三二）、聖武天皇がはじめて冕服を着用した同じ月に遣新羅使を任命し、また新羅使が来朝している。五月に四十名が入京し、鸚鵡・鵠《こく》などの珍鳥、驢《うさぎうま》・騾《つかれうま》など珍獣などを献上したのである。そして新羅側が来朝の時期について伺いを立てたので、詔により三年に一度の間隔と定めている。同じ天平四年の八月には遣唐使が任命され、翌年の四月に出航する。この年は、聖武天皇が東夷の小帝国の王として国際関係に積極的な姿勢をとった年といえるかもしれない。

しかし唐との関係も安定した新羅は、その後、日本に対して朝貢ではなく、対等な関係を求めるようになる。三年後の天平七年（七三五）二月にやってきた新羅使に対しては、新羅が無断で「王城国」と国号を変えたことから、使者を本国に追い返してしまう。そして三月に天平の遣唐使が平城京に戻り、四月に吉備真備が大量の文物を献上したことは先に述べた通りである。

その後、天平八年（七三六）には遣新羅使が新羅に受け入られず、帰国するという事件が起こり、朝廷では新羅に出兵し征伐せよといった強硬意見も出るほどであった。

その余波か、天平十年（七三八）と十四年（七四二）に来朝にした新羅使も入京させずに追い返してしまう。さらに十五年（七四三）に来朝した新羅使は、朝貢品の証である「調」という名の献上品を「土毛《どもう》」と改めたため、朝廷は新羅使を帰国させ、以後十年にわたり新羅との国交は断絶する。天平十一年（七三九）に二度目の来朝があった渤海国との関係は友好的であったのと対照的である。

新羅使がもたらした舶載品

新羅との関係が一時、融和するのは、聖武天皇が大仏を造営し、孝謙天皇に位を譲って上皇となった後、開眼供養会を盛大に催した天平勝宝四年（七五二）のことであった。一月にじつに十二年ぶりに遣新羅大使を任命したのである。開眼供養会に新羅王の参列をうながし、また大仏に塗金する金が不足していたため、その輸入を要請したものと推測される。

その結果、閏三月に新羅王子の金泰廉ら七百余名の新羅人が筑紫に到着した。しかし朝廷は六月に至るまで一行を大宰府に留め置き、開眼会への参列は許さなかった。新羅王の来日を要求し、これが拒否されたための処置と考えられる。ともあれ、六月半ばに使節の約半数が入京し、孝謙天皇に謁見した際には、新羅は長年、日本とは朝貢の関係にあり、新羅王みずから朝貢品を奉るべきところ、それもできないので王子を派遣したという旨の下手に出た上表文を差し出して、朝廷を喜ばせた。もっとも、この使節は香料・薬物・顔料・染料・金・調度など大量の船載品を携えて入京している。新羅側の真意は日本との国交の回復であり、また交易の利を優先させたという点で、まさに外交辞令であろう。

この使節が持ちこんだ船載品をさらに詳しく見ておきたい。正倉院宝物の中には、毛氈《もうせん》とよばれるフェルトの敷物（法会用の座具）が約五十あるが、そのうちの二つに麻布が付いており、そこに書かれた内容から、この天平勝宝四年（七五二）の新羅使がもたらした品であることがわかっている。それぞれの麻布には、売り主である新羅貴族の名や官位、交換を希望する品目（絹糸か真綿）、実際に交換した品（真綿）などが記され、交易の実態がうかがわれるのである。

ところで、正倉院宝物でかの有名な「鳥毛立女屏風」の下貼の紙には、「買新羅物解」とよばれる文書が使われていた。「買新羅物解」とは、今回の新羅使の来日に際して、朝廷が五位以上の貴族に対して、どういった船載品を購入したいかを申請させた文書である。文書には求める輸入品と、貴族が代価として支払う絹製品の種類、分量および提出の月日、提出者名がそれぞれ記されている。新羅の文物は朝貢品ばかりでなく、この文書にもとづき五位以上の貴族に再分配されたのであり、そのことは朝廷の権威を高め、君臣の関係を強化するという効果もあった。(15)

もっとも新羅からの外来品といっても、「買新羅物解」には新羅の特産品である金や人参や松の実、あるいは佐波利《さはり》とよばれる銅・錫・鉛の合金でできた食器類のほか、新羅では産出しない南方（東南アジア・インド）の香・薬・顔料がふくまれており、その需要も大きかったことがみてとれる。香料は具体的には、麝香・沈香・薫陸香・丁香・甘松香・龍脳香・安息香、薬物では可梨勒や桂心・甘草、顔料である朱沙・同黄・烟子（臙脂）・金青、染料としては人気のあった蘇芳などである。新羅でも唐でも産出しない品々のリストは、新羅が中継貿易を盛んに行い、利益をあげていた様子をうかがわせる。(16)

そのほかの船載品としては、調度品の鏡・香炉などがあり、使節が多種多彩な文物を持ちこんだことが判明する。こうした文物は、毛氈にかぎらず、佐波利の食器や調度品、香料・薬物など正倉院に伝来したものも少なくない。(17)正倉院宝物の舶載品といえば、ややもすれば唐の関係が取り沙汰されるが、新羅物、あるいは新羅を中継した品々の存在も重いというべきであろう。

五、鑑真の招来品

『唐大和上東征伝』のリスト

天平勝宝四年（七五二）に新羅を経由して舶載品がもたらされた経緯をみてきたが、その後も舶載品がもたらされた契機として、同じ年に派遣され、翌年に帰国した遣唐使の存在を忘れることはできない。

大仏開眼供養会が華々しく催された、その直前に藤原清河・大伴古麻呂らの遣唐使が出航している。そもそも、その任命は、二年前の九月であるが、この遣唐使が何を目的としたかについては、大仏に鋳金するには、陸奥から出た黄金では足らず、金を唐に求めたという説もあるが、どうだろうか。砂金が遣唐使の舶載品購入の財源であったことが思い合わされる。さきに述べたように天平勝宝四年の遣新羅使、さらに新羅王子の来日に明らかなように、新羅にこそ金の輸入を求めていたのではないか。天平勝宝の遣唐使が鑑真和上を連れて帰った点からすれば、大仏造営を唐に報告し、あわせて戒をさずける僧を招き寄せるというのが、主たる目的であったのであろう。

その発端は天平十四年（七四二）に遡る。天平の遣唐僧として唐に渡っていた栄叡と普照は、正式に戒を授けることができる僧を招くという任務を受けて、唐僧の道璿らを帰国する遣唐使船に乗せ、日本に招聘することに成功した。しかし授戒に必要な高僧の数は足りず、二人は唐にとどまり、揚州の大明寺で鑑真と出会ったのである。二人の要請に応えるため、鑑真は十年もの間に五度も渡航を企てたが失敗し、失明したことは周知のことであろう。六度目にして、遣唐使の第二船に乗って成功し、天平勝宝五年（七五三）に来日したが、その苦難の経緯は『唐大和上東征伝』に伝えられている。しかも『唐大和上東征伝』には日本に招来しようとした品々の記録が、第二回目（天平十二年）と第六回目にかぎって残され、舶載品の視点からも注目されるのである。

二回目の渡航の時に準備した品は大がかりなもので、食料のほか、経巻、仏像、仏具・調度、香料や薬などがあった。仏典や仏具が重視されたことはいうまでもないが、やや意外の感もある香薬について少し詳しくみておきたい。香薬は時代を超えて重要な舶載品であり続けたからである。
鑑真がもたらそうとしたのは「麝香廿、沈香・甲香・甘松香・龍脳香・膽唐香・安息香・桟香・零陵香・青木香・薫陸香総て六百余斤有り」という香料であった。この時代、香は仏教行事で供香として用いられていたので、その需要があったとはいえ、鑑真がこれほど種類も量も多い香料を日本にもたらそうとしたことが、一つの伝説を生むことにもなった。すなわち、平安時代に流行した薫物《たきもの》の日本での創始者は鑑真であるという伝説である。

薫物の製法が最初、中国からもたらされたことは間違いなく、『後漢書』の作者である范曄（三九八～四四五）の著述のなかには、現存はしないが『和香方』という合香の専門書があり、それ以降、隋や唐の時代にも香書は少なからずあった。特に七世紀の唐代では、煉香といって、日本の薫物の元祖となるような練り香が流行したという。

鑑真が薫物の始祖であるのか、真偽は定めがたいが、少なくともこれほど多種多量の香薬を日本にもたらそうとしたことは、当時の仏教儀礼や医学上の需要をうかがわせて、貴重な記録といえる。

もとより、鑑真はこの第二回目の渡航も失敗し、その招来品も海の藻屑と消え去ったわけである。しかし、その折のリストは鑑真の準備した品の典型であり、第六回目の招来品のリストになくとも、同様なものがもたらされたのではないか、とする東野治之氏の説もある。[18] 聖武天皇の母宮子皇太后が病気になったときも、医学・薬学の心得のあった鑑真が奉った薬が効き目があったと『続日本紀』にあるので、少なくとも香薬の一部はもたらされたのではないか。また病の床にあった聖武上皇の側らで法栄とともに看病に当たり、その功績により聖武の没後、「大僧都」に任じられたともいう。

平安時代の医学書である『医心方』にも鑑真の処方が医術に二つ、薬物に二つ伝えられ、鑑真が医療に優れていたことがうかがわれる。正倉院に献納した薬物の目録、『種々薬帳』の成立にも鑑真が関わったという説もある。[19]

一方、第六回目の招来品のリストにあるのは、仏像や経典の数々、そして「玉環水晶の手幡、西国瑠璃瓶、菩薩子の念珠、青蓮華、玳瑁《たいまい》（鼈甲）の畳子《じょうず》、天竺の草履、王羲之の真蹟行書一帖、王献之の真蹟行書、天竺朱和等の雑体書、水晶手幡」であり、これらは『東征伝』によると朝廷に献上されたという。その後、そのまま内裏に留めおかれて、光明皇太后による東大寺への献納の中にふくまれたとしても、おかしくはないのである。

招来品と正倉院宝物

特に第六回目の招来品で注目されるのは、「王羲之の真蹟行書一帖、王献之の真蹟行書」である。鑑真は、唐では高官に接する機会もあり、授戒をした折の謝礼にこうした王羲之親子の真筆を贈られる機会もあったであろう。しかし王羲之はその生存当時から模写がつくられ、現在、真筆といわれるものもすべて模写や拓本という説もある。鑑真の所持品が真筆とすれば、唐にあってもきわめて稀少な品といわざるをえない。

なお光明皇后が東大寺大仏に後から献納した目録に、天平宝字二年（七五八）六月の「大小王真跡帳」があり、それによれば、「大小王真跡書」とよばれる王羲之・王献之親子の書一巻が収められたという。それは後に嵯峨天皇に買い上げられ、現存してはいないが、この鑑真の招来品を巻物仕立てにしたものではないかという説もある。[20]「大小王真跡書」は、表に王羲之の書が九行七十七文字、裏に子の王献之の書が十行九十九字書かれており、両端は青褐色の紙で、軸は水晶であったという。「大小王真跡帳」によれば、この書法は歴代にわたって伝わり、聖武天皇が愛玩したとある。歴代にわたってというのが天皇家のことであれば、「大小王真跡書」と鑑真の招来品に直接の関連はないことになるが、鑑真が入手するまで、真筆が失われず世に長く伝えられてきたという意味とすれば、同一の品の可能性もあろう。

それはともかく、当時の日本でもいかに王羲之親子の書体が尊ばれていたか、鑑真は知悉していたからこそ、内裏に献上したのであろう。それが「大小王真跡書」となったのか、はたまた別に保存されたとしても「大小王真跡書」と並ぶ貴重な書であったことは疑いもない。王羲之親子の書の手本は、聖武天皇の自筆の書で『雑集』という、中国の詩集から仏教に関する詩文を抜き出した書体にも影響をあたえている。仏教の方面だけでなく、鑑真の招来品は当時の書道文化にも深く寄与したのである。

また鑑真は当初、東大寺の中に住まいを与えられていたので、献上品以外でも鑑真の身の回りの品が、東大寺に残され、正倉院の中倉や南倉に残った可能性も十分にある。正倉院宝物では、黒柿蘇芳染金銀山水絵箱《くろがきすおうそめきんぎんさんすいえのはこ》（南倉）（図4）、漆彩絵花形皿《うるしさいえのはながたさら》（南倉）、黒柿蘇芳染金絵長花形几《くろがきすおうそめきんのえちょうはながたき》（中倉）、刻彫梧桐金銀絵花形合子《こくちょうごとうきんぎんえのはながたごうす》（南倉）などが、鑑真がもたらした品、あるいは鑑真とともに来日した弟子たちが日本で製作した品とされる。[21]

『唐大和上東征伝』に拠ると、第二回の渡航の一行には玉作人・画師・彫刻家・刺繍工・石碑工など工人も含まれてい

図4　黒柿蘇芳染金銀山水絵箱
正倉院中倉　黒柿の素材を蘇芳で染め、蓋には金銀泥で山水画が描かれている
（出典：別冊太陽『正倉院の世界』平凡社、2006年）

たとある。第六回の渡航の際、そうした人々がいたかどうかは不明だが、鑑真は在唐時代から行く先で寺を建てたり塔の修繕をするなど、自らも造寺、造仏など技術的知識と経験を有し、来日した弟子たちの中にも、工芸に秀でて仏具を製作する技術をもった者がいてもおかしくはないのである。

鑑真についてまとめて言えば、もたらした海彼の文物ばかりでなく、文物をうみだす技術や知識までも日本への移入を試みて、医学・薬学、書道、工芸など諸方面で大きく貢献したといえるだろう。

おわりに

正倉院宝物に明らかなように、上代の舶載品はまずは天皇を中心とした王権に吸収され、そこから臣下へ再分配されるという構造をとっていた。そこでは、派遣された遣唐使・遣新羅使・遣渤海使の帰国により、また遣唐使とともに来日した鑑真のような人々によって、あるいは来朝する新羅使・渤海使により、朝貢を建前とする国家間の舶載品のやり取りが中心であった。

新羅使・渤海使の一部に交易の利を求めた商人が混じっていたにせよ、表向きはあくまで使節の一員としての来日であった。そして賓礼とよばれる外国使節の応接儀礼の一環に、舶載品をめぐる交易があった。上代の舶載品は朝廷がつねに管理し、統制下におこうとした貴重な舶来品であり、正倉院の北倉にある宝物とはそのような品々なのである。

また、海彼からもたらされた舶載品は、奢侈品や威信財（ステイタス・シンボル）といった珍奇な品ばかりでなく、書籍や仏典をはじめ、まさに文物とよぶべき異国文化の摂取の糧となるものが多いのも特徴である。そこに輸入された文物を媒介に異国の文化をたくみに摂取するという日本文化の特質もあらわれているのである。

注

（1）それは「勅、如聞、大嘗会之雑楽伎人等、専乖朝憲、以唐物為飾、令之不行、往古所譏、宜重加禁断、不得許容」で、大嘗会に奉仕する雑楽の伎人が、朝廷の禁制にしたがわず、唐物によって飾り立てたというものである。渡邊誠「日本古代の対外交易および渡海制について」(「東アジア世界史研究センター年報」3号、二〇〇九年十二月)参照。
(2)皆川雅樹「九世紀日本における「唐物」の史的意義」(『専修史学』34号、二〇〇三年)。
(3)河晶淑「『万葉集』の中の「カラ」」(河添房江編『交易史から見た上代文学と平安文学の諸相』平成12年度〜平成15年度科学研究費補助金研究成果報告書、二〇〇四年)。
(4)以下、『万葉集』の引用は、小学館の新編日本古典文学全集に拠る。
(5)もっとも、韓・唐・高麗を冠する品が舶載品であるにせよ、渡来人の製作した品であるにせよ、そこに韓・唐・高麗のイメージのブランド性といったものを看取することはできるであろう。
(6)右の件の王卿等、詔を応へて歌を作り、次に依りて之を奏す。登時記さずして、その歌漏り失せたり。但し秦忌寸朝元は、左大臣橘卿の謔れて云はく、歌を賦するに堪へずば、麝を以てこれを贖へといふ。これに因りて黙已り(巻一七・三九二六左注)。
(7)正倉院の錦にも、経錦がないわけではないが、綾地の経錦であれ、法隆寺の蜀江錦の平地経錦などと比べると、技術の時代的変遷がうかがえる。正倉院の経錦は盛唐期の技術の産物とされる。
(8)尾形充彦「正倉院の染織」『別冊太陽　正倉院の世界』(平凡社、二〇〇六年)。
(9)河上繁樹・藤井健三『織りと染めの歴史　日本編』(昭和堂、一九九九年)。
(10)当時、国産の錦は七色までの緯錦なので、舶載品であることは明らかである。
(11)長澤和俊・横張和子『絹の道　シルクロード染織史』「第11章　正倉院サミット」(講談社、二〇〇一年)。
(12)NHK・BS2で放映された番組「シリーズ正倉院・宝物が語る平城京　第2回　螺鈿紫檀五絃琵琶――天平のオーケストラの謎――」(二〇一〇年十月十二日午後一〇:三〇〜一一:〇〇)での西山厚氏による解説。
(13)瀧浪貞子『帝王聖武――天平の勁き皇帝――』(講談社選書メチエ、二〇〇〇年)。
(14)中西進『聖武天皇――巨大な夢を生きる――』(PHP新書、一九九八年)。
(15)李成市『東アジアの王権と交易』(青木書店、一九九七年)。
(16)東野治之『遣唐使と正倉院』(岩波書店、一九九二年)。
(17)東野治之『正倉院』(岩波新書、一九八八年)。
(18)東野治之『鑑真』(岩波新書、二〇〇九年)。
(19)鳥越泰義『正倉院薬物の世界』(平凡社新書、二〇〇五年)。
(20)神田喜一郎「鑑真和上と書道」(『芸林談叢』法蔵館、一九八一年)。
(21)三宅久雄「正倉院宝物と鑑真和上」(奈良国立博物館編『正倉院宝物に学ぶ』思文閣、二〇〇八年)。

『万葉集』と古代の遊戯——双六・打毬・かりうち

垣見修司

『万葉集』には「双六《すごろく》」を詠んだ歌や「打毬」についての記述がある。また「かりうち」という遊戯に関わる表記も見られ、これらの遊戯は官人層に広まり、相当に親しまれていた。大陸から伝来した「からもの」も、今のサッカーやトランプと同じように、古代の日本人の楽しむところとなっていたのである。

一、『万葉集』の「から」

「韓国」と「唐国」

唐の訓「から」が朝鮮半島南部の加羅（伽耶）の名に由来することは、古代日本において長いあいだ文化の流入経路が朝鮮半島にあって、外国に対する玄関口がもっぱら「から」であったことによる。「から」が朝鮮とも中国とも認識されていたことは、『万葉集』の歌からも知られる。

…足日女《たらしひめ》　神の尊《みこと》　可良久尓遠《からくにを》　向け平《たひ》らげて…
（5・八一三）[1]

息長足《おきながたらし》日女命《ひめのみこと》つまり神功皇后の征討する新羅を「からくに」と呼ぶのは、巻十五の遣新羅使人歌群に、

…大船に　ま梶しじ貫《ぬ》き　可良久尓々《からくにに》　渡り行かむと…
（15・三六二七）

のように、「からくに」（他に三六八八、三六九五）が用いられることと等しい。

ところが、天平勝宝度の遣唐使に際して、光明皇后が入唐大使である藤原清河にあたえた歌にも「からくに」の語が使われる。

大船にま梶しじ貫きこの我子《あご》を韓国《からくに》辺《へ》遣《や》る斎《いは》へ神たち

同じく副使である胡麻呂に贈られたはなむけの歌にも、

韓国《からくに》尓《に》行き足らはして帰り来《こ》むますら健男《たけを》に御酒《みき》奉《たてまつ》る

（19・四二六二）

と歌われる。どちらの題詞にも遣唐使に贈る歌であることが明記されながら、「からくに」には二首ともに「韓国」の表記さえ用いられており、「からくに」が一つの国に限定されない、海の向こうの国といった意味として把握されていたことが知られる。それゆえ「乞食人《ほかひ》が詠ふ」歌の

韓国《からくに》乃《の》　虎といふ神を　生《い》け捕《ど》りに…

（16・三八八五）

にあらわれる「からくに」もどちらの国とも決めがたい。

「漢」と「唐」

また、大伴家持は、

漢人《からひと》毛《も》筏浮べて遊ぶといふ今日そ我が背子《せこ》花縵《かづら》せよ

（19・四一五三）

と詠み、「からひと」を「漢人」と表記する。家持にとって表記は違っても、呼び方はやはり「から」であった。もっとも、先掲の「鎮懐石の歌」（八一三）の作者とされる山上憶良は、天平度の遣唐使に贈った「好去好来の歌」に、

…**唐《もろこし》能《の》**　遠き境《さかひ》に　遣はされ…

（5・八九四）

と詠んでおり、「から」と「もろこし」を区別していた可能性が高い。大宝度の遣唐使に少録として参加した憶良であれば当然のことで、このあたりが実際に海を渡った者と大陸を想うだけであった者との認識の差とも言えよう。

このように唐もまた「から」と呼ぶおおまかな把握のもとに、「唐物」すなわち「からもの」は中国由来に限らない舶来品全般をあらわす語として用いられるようになった。

二、『万葉集』に見える「からもの」

接頭語としての「から」

『万葉集』には「から」の名を冠したものとして、「からうす（辛碓）・かるうす（可流羽須）」（16・三八八六、三八一七）、「からころも（可良許呂毛、辛衣、韓衣）・からころむ（可良己呂武）」（6・九五二、14・三四八二等）、「からあゐ（韓藍、鷄冠草）」（3・三八四等）、「韓帯」（16・三七九一）、「からひと（辛人）」（4・五六九）があげられる。「からうす」は足で踏んで重石を上げ落とす構造の臼で

…さひづるや　**辛碓《からうす》尓《に》春《つき》**　庭に立つ　手臼《てうす》に搗《つ》き…

（16・三八八六）

のように手杵でつく「手臼」と列挙されており、大陸からもたらされた機械構造をもった臼を言う。「からころも」にしても、今の「和服」に対する「洋服」のような感覚で用いら

れており、「からおび」も「組み紐のような大陸伝来様式の帯をいうか。」（新編全集頭注）とされるように、これらは中国すなわち唐に限定できるものではない。「からもの」の語に「唐物」の字をあてることは、後代に「唐」がその王朝の繁栄と時代の長さによって、中国の代名詞として把握されるようになって固定化したにすぎない。

「から―」と「洋―」

このように「から」を冠する言葉は、すでに『万葉集』の時代から外来の品々をあらわす。また先に示した例からは、日本土着かあるいは日本に定着していた物と同じ機能を持つ伝来品について「から」を冠して呼んでいたことがわかる。それゆえ、外来の物であっても日本になかったものについて「から」を冠することはない。その意味でも、現在の「洋（風）―」といった接頭語と同様である。

しかし、古代において大陸から伝来したものは、むしろ日本にないものの方が多かったはずで、『万葉集』にもそうしたものは数多くあらわれる。とりわけ、舶来であることが明確なものの一群として遊戯があげられる。

三、双六

御物と禁制

双六《すぐろく》の頭《さえ》を詠む歌

一二の目のみにはあらず五六三四さへありけり双六の頭

（16・三八二七）

長忌寸意吉麻呂《ながのいみきおきまろ》の作で、双六に用いるさいころの目、一から六までをすべて詠み込んでいる。現在一般に行われている双六は絵双六といい、当時の双六は、いわゆる盤双六で遊び方は基本的にバックギャモンと同じとされる。正倉院宝物に「木画紫檀双六局《もくがしたんのすごろくきょく》」という双六盤が伝えられていることはよく知られており、象牙のさいころが六個と水晶、琥珀、黄瑠璃、浅緑瑠璃、緑瑠璃、藍瑠璃の双六子つまり双六の駒も多数残されている。双六局も双六子も『国家珍宝帳』に記されており、聖武天皇の遺愛の品と理解される。

ところが一方で、『日本書紀』持統三年の条には、

十二月の己酉の朔にして丙辰に、双六を禁断《いさめや》む。

とあり、双六が禁じられている。双六の禁止は『続日本紀』の天平勝宝六年にも実施されており、その記事にはより詳しい事情が語られる。

冬十月乙亥、勅《みことのり》したまはく、「官人百姓、憲法《のり》を畏《おそ》れず、

私《ひそか》に徒衆を聚《あつ》め、意に任せて双六して淫迷に至る。子は父に順《したが》ふこと無く、終に家業を亡《うしな》ひ、亦孝道を虧《か》く。斯《これ》に因《よ》りて遍く京畿と七道との諸国に仰せて、固く禁断せしむ。その六位已下は男女を論《あげつら》ふこと無く、決杖一百、蔭贖を須《もち》ゐず。但し五位は即ち見任を解き、及位禄・位田を奪へ。四位已上は封戸を給ふことを停《や》めよ。職・国郡司阿容して禁《いさ》めずは、亦皆解任せよ。若し廿人已上を糺《ただ》し告《まう》す者有らば、无位には位三階を叙し、有位には物賜ふこと絁《あしぎぬ》十疋、布十端」とのたまふ。

双六が賭博として流行していて親不孝や一家離散といった問題が絶えないために禁制となり、厳罰に処せられるに至ったと推定される。養老律の雑律にも「凡そ博戯、財物を賭ける者は、各杖一百。」と記され、文武天皇二年七月にも、

また、博戯遊手の徒《ともがら》を禁《いまし》む。その居停《ゐとど》めたる主人も亦与居同罪。

とあり、双六との限定はないものの賭博が禁止されている。こうした賭けを伴う遊戯が、たび重なる禁令にもかかわらず古代社会には広まっていたらしい。

賭け事としての双六

『万葉集』にはもう一つ「双六」の語が見いだされる。

無心所著《むしんしよぢやく》の歌二首

我妹子《わぎもこ》が額《ひたひ》に生《お》ふる双六の牡《ことひ》の牛の鞍《くら》の上の瘡《かさ》

(16・三八三八)

我が背子が犢鼻《たふさき》にする円石《つぶれいし》の吉野の山に氷魚《ひを》そ懸《さが》れる

(16・三八三九)

右の歌は、舎人親王、侍座《じざ》に令《おほ》せて曰く、「或《も》し、由る所無き歌を作る人あらば、賜ふに銭・帛を以てせむ」といふ。ここに大舎人安倍朝臣子祖父《こおほぢ》、乃ちこの歌を作り献上す。登時《そのとき》募《つの》る所の物銭二千文を以て給ふ、といふ。

左注には歌の由縁が載せられており、舎人親王が近侍する人々に対して、意味のとおらない歌を作れば賞品を与えようと言ったことに対し、安倍子祖父がこの歌をたてまつったという。『万葉集釈注』は、同時に献上された二首目「円石《つぶれいし》」すなわち「角のとれた丸石」が「双六の駒をたちどころに連想させる」ところから、この歌の場が、「舎人親王とその取り巻きたちが

図1 「双六頭」 象牙製。現在と同様、相対する面の目の和は七になっている。
(出典:『正倉院展』図録、1998年)

双六を興じたあとの宴であったであろう」と推測している。たしかに、即興の歌を作るにあたっては、目についたものを詠み込むことが十分に考えられる。そして、歌作りを懸賞にしていること自体、双六による賭博が行われていた背景が暗示されているように思われる。

中国の双六

双六は、中国では雙陸とも記され、唐代にはすでに盛んに行われていた。[2] 南宋の洪遵《こうじゅん》が記した『譜雙』には、

雙陸は近古に最たり。雅戯と号し、以って伝記之を考ふるに、握槊《あくさく》と曰ひ、長行《ちやうこう》と曰ひ、波羅塞戯《はらさいぎ》と曰ひ、雙陸と曰ふ四の名を獲たり。蓋《けだ》し西竺に始まり、曹魏に流れて梁陳魏斉隋唐の間に盛んなり。

としていて、雙陸が四つの名を持ち、西竺を起源として六朝から隋唐までの間に盛んになったと記される。また唐・李《り》肇《ちょう》の『唐国史補』には、

今の博戯には長行有りて最も盛んなり。其の具、局有り、子有り、子に黄黒各十五有り、擲采の骰《さい》二つ有り。其の法握槊に生じ、雙陸に変ず。

とあるように、他の三つも雙陸と同等の遊戯で、行われた土地や時代によってさまざまな名称やルールが生まれたり、伝えられたりしていたものと思われる。『譜雙』は各地の雙陸を紹介するなかで日本雙陸もとりあげている。六朝から唐にかけて流行した雙陸は、それが生活必需品でもなければ農業などの生産活動に寄与するものでもないにもかかわらず、賭博という欲望のための道具として飛鳥・奈良時代の日本にすでに伝わっていた。

現在のさいころは用途を双六に限らないが、先に掲げた万葉集の歌（16・三八二七）は、「双六の頭」としており、さいころは基本的に双六のための采として伝えられたと見られる。さいころの構造のおもしろさに興味を感じて「外来の遊戯の具を、一から六まで漢語をもって漏らすことなく列挙して見せた」（新大系脚注）技巧的な歌であり、そのおもしろさを他の人々と共有するような歌と言える。無心所著の歌とともに、双六やそれに用いられるさいころが官人の間にすっかり浸透していた実態を示している。

四、打毬

神亀四年の打毬

双六同様、『万葉集』にその名が確認できる遊戯に打毬がある。

四年丁卯の春正月、諸の王・諸の臣子等に勅して、授刀寮に散禁せしむる時に作る歌一首并せて短歌

ま葛延《くずは》ふ　春日の山は　うちなびく　春さり行くと　山《やま》峡《がひ》に　霞たなびき　高円に　うぐひす鳴きぬ　もののふの　八十伴《やそとも》の男《を》は　雁《かり》がねの　来継《きつ》ぐこのころ　かく継ぎて　常にありせば　友並《な》めて　遊ばむものを　馬並めて　行かまし里を　待ちかてに　我がせし春を　かけまくも　あやに恐《かしこ》く　言はまくも　ゆゆしくあらむと　あらかじめ　かねて知りせば　千鳥鳴く　その佐保川に　岩に生《お》ふる　菅《すが》の根取りて　しのふ草　祓《はら》へてましを　行く水に　みそぎてましを　大君の　命恐み　ももしきの　大宮人の　玉桙の　道にも出でず　恋ふるこのころ

（6・九四八）

反歌一首

梅柳過ぐらく惜しみ佐保の内に遊びしことを宮もとどろに

（6・九四九）

右、神亀四年正月に、数《あまた》の王子と諸の臣子等と、春日野に集ひて打毬の楽《あそび》をなす。その日忽ちに天陰《くも》り雨ふり雷電《いなびかり》す。この時に、宮の中《うち》に侍従と侍衛となし。勅して刑罰に行ひ、皆授刀寮に散禁せしめ、妄《みだ》りて道路に出づること得ざらしむ。ここに悒憤《いぶせ》みし、即ちこの歌を作る。作者未詳なり。

左注には長反歌が作られた経緯を語る。神亀四年正月に多数の皇子と貴族の子弟たちが春日野で打毬をしていたところ、天気が急変して雷雨となった。ところが、本来宮中にいるべき侍従と侍衛が打毬に参加していたために、授刀寮において謹慎処分となって外出を禁じられたというものである。謹慎させられた者の立場で、鶯も鳴きはじめた春の日に外出することもままならない不満を歌っており、反歌には雷雨くらいで大騒ぎすることもないのにといった批判の気持ちも込められているようである。

飛鳥寺での打毱

打毬はどのような競技であったかはっきりしない。馬に乗って杖で毬を打つ騎馬打毬でポロのようなものとも、馬に乗らない徒歩打毬つまりホッケーのような競技とも言われるが、一説には蹴鞠とも言われる。中大兄皇子と中臣鎌子が出会い、乙巳の変の契機になった法興寺での蹴鞠はよく知られているが、『日本書紀』には次のようにある。

（中臣鎌子連、）偶《たまさか》に中大兄の法興寺の槻樹《つきのき》の下《もと》に打毱の侶《ともがら》に預《くは》りて、皮鞋《みくつ》の毱《まり》の随《まにま》に脱《ぬ》け落つるを候《うかか》ひ、掌中《たなうら》に取り置《も》ち、前《すす》みて跪《ひざまづ》き恭《つつし》みて奉《たてまつ》る。中大兄対《むか》ひて跪き、敬《ゐや》びて執《と》りたまふ。玆《これ》より相善《むつ》びて倶《とも》に懐《おも》ふ所を述べ、既に匿《かく》るる所無し。（皇極紀三年正月）

毱と毬は通用するため、「打毱」と「打毬」は同義と見て良い。この「打毱」を蹴鞠とするのは、『藤氏家伝』に「蹴鞠」とあることによる。

儻《たまたま》、鞠を蹴《く》うる庭に遇《あ》ひしに、中大兄の皮鞋《かはくつ》、毬《まり》の随《まにま》に放れ落ちき。大臣取りて捧《ささ》げまつるに、中大兄敬《ゐやま》ひて受けたまひき。茲《これ》より相ひ善《よ》みして、倶に魚水とありき。

『日本書紀』の「打毱」も皮鞋が「毱の随に」脱げ落ちたとあるから、この競技は毬を皮鞋で蹴り上げる蹴鞠である可能性が高い。ただし『倭名類聚抄』には「打毬　唐韵云毬音求、打毬、内典或謂二之拍毱一、云、末利宇知、」とあり、「まりうち」という訓が「けまり」とは異なることもあって、新編全集『日本書紀』は、ポロやホッケーのような競技としている。

図2　花氈（人物と花文様の敷物）大陸からの舶載品。草花文様の毛氈の中央に、左手で打杖を持ち、毬を打つ人物が描かれている。（出典：『正倉院展』図録、2002年）

しかし、大系本『日本書紀』が指摘するように「打毬」には「蹴鞠」を意味する場合がある。『荊楚歳時記』では、立春の日の行事として「又た打毬・鞦韆《しゅうせん》の戯を為す。」とあり、隋の杜公瞻《とこうせん》は注に「劉向の『別録』を按ずるに曰く。寒食の蹴鞠は黄帝の造るところ、本《も》と兵勢なり。或いは云う。戦国より起ると。案ずるに、鞠と毬とは同じ。古人、蹋蹴《とうしゅう》して以て戯を為すなり。」と述べているから、打毬を蹴鞠と同一視していたと見られる。また、『史記正義』には「蹴踘」の語に「打毬を謂ふ。」（巻一〇五・扁鵲倉公列伝）とし、「蹋鞠」の語にも「蹵鞠書を按ずるに、域説篇に有り。即ち今の打毬なり。」（巻一一一・衛将軍驃騎列伝）とする。このように「打毬」の語には蹴鞠を意味する場合があり、『日本書紀』の記述も、こうした漢籍の例をもとに、蹴鞠を念頭になされた可能性がある。『藤氏家伝』の例はかえってその用法の傍証ともなる。

打毬か蹴鞠か

それゆえ『万葉集』に見える打毬もまた蹴鞠の可能性が否

定できない。正倉院宝物の花氈《かせん》（第三・四号）には、打毬の杖を持つ人が描かれているが、それは必ずしも日本での打毬の流行を意味するわけではない。『日本後紀』弘仁十三年（八二二）正月には、

戊申、天皇、豊楽殿に御《おはしま》して、五位已上及び蕃客を宴し、踏歌《とうか》を奏す。渤海国使王文矩《おうぶんく》等打毬し、綿二百屯を賜ひて賭《のり》を為す。所司楽を奏して、蕃客率ゐて舞ふ。禄を賜ふこと差有り。（巻三十・逸文）

とある。『経国集』巻十一に載せられる嵯峨天皇と滋野貞主のその時の詩(3)によれば、杖や馬を用いたポロのような競技であったことが知られるが、外国使節が披露しているのは、平安時代においてもまだめずらしさがあったためかもしれない。

『万葉集』巻六の歌は具体的な遊びの様子を語らない憾みがある。長歌に「馬並めて　行かまし里を」とある点で、騎馬打毬も不可能ではなかったと思われるが、たんに目的地までの交通手段を表したに過ぎないとも見られ、「馬並めて　遊ばむものを」ともなっていない。春日野あるいは佐保で行われたのは打毬か蹴鞠か、その風景はずいぶん異なるものの、いずれとも決めがたいのが実情である。

五、かりうち

「折木四」・「切木四」

ところで、先の歌には「雁がねの　来継ぐこのころ」の一節があり、春の風物として帰雁が飛来しては飛び立っていく様子が描かれている。「雁がね」は原文「折木四哭」で、この表記もまた「からもの」と関わりを持つ。「折木四」が「かり」の語に対応しており、他にも類似の例として、

さ雄《を》鹿の妻問《ど》ふ時に月を良《よ》み切木四之泣所聞《かりがねきこゆ》今し来《く》らしも　（巻十・二一三一）

の「切木四」がある。これらは「かりうち」という遊戯に用いる四本の木片を意味し、それを同音の鳥の名「雁」に宛てている。「折木四哭」はかつて「をりふしも」と訓まれていたのを、契沖『万葉代匠記』が右の二例について、

ともに四の字は意得かたけれと、折木切木はおなしく苅といふ心を、鴈に用たるへし。

と述べ、「かりかね」と訓じた。「折木」、「切木」を「苅」と同義の表記ととらえたが「四」の字がある理由については不明としたのである。「折木四」、「切木四」が「かり」という遊戯に関わることを明らかにしたのは喜多村節信（信節）で『折木四哭考』に、

今按ルニ折木四切木四〔二処マデカクアレバ字ノ誤ニハ非ルベシ〕ハトモニ樗蒲頭ヲ云フナルベシ

として、『倭名類聚抄』術芸部雑芸類の「樗蒲」と「樗蒲采」の項を引く。

樗蒲　兼名苑云、樗蒲一名九采、〔内典云樗蒲、賀利宇智〕

樗蒲采　陸詞曰、槔、〔音軒、和名加利〕槔子、樗蒲采名也

「うつ」は賭け事をすることなので「かりという賭博」といった意味である。現在、樗蒲を「かりうち」のこととするのはおおむねこの記述に拠っている。『倭名類聚抄』はさらにその采のことを「かり」としている。采とはさいころのように振ることで駒を進める数を決めるためのもので、『万葉集』に姿を見せる「かり（うち）」は四本の木片の采を振って出た目の数によって競うものであった。

「一伏三向」・「三伏一向」

おもしろいことに「折木四」、「切木四」が「かり」という采を表すことにくわえて、『万葉集』にはその采の目を意味する表記も存在する。

①梓弓《あづさゆみ》末中《すゑのなか》一伏三起《ごろ》淀《よど》めりし君には逢ひぬ嘆きは止《や》まむ　（12・二九八八）

②菅の根の根毛《ねも》一伏三向《ころ》凝呂尓《ごろに》…　（13・三二八四）

③春霞たなびく今日の暮《ゆふ》三伏一向《づく》夜《よ》清く照るらむ高松の野に　（11・一八七四）

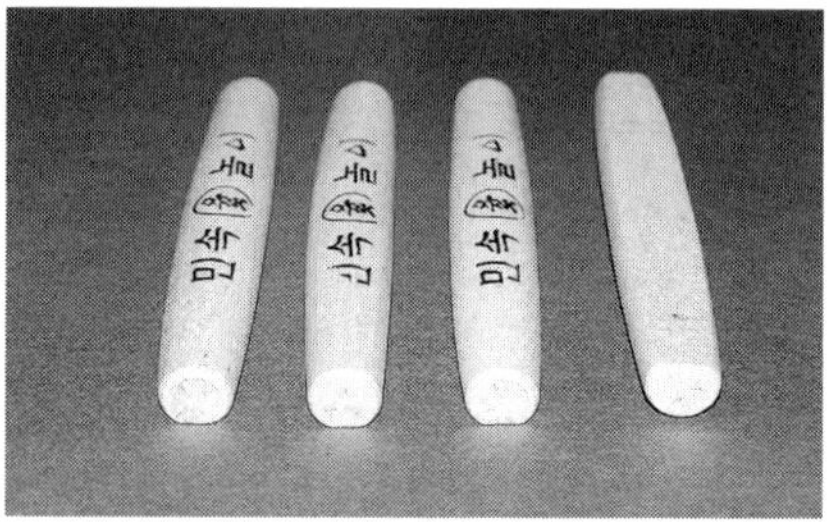

図3　「三伏一向」　徒・豚（ト）の目。1マスを進む。『万葉集』では「つく」と訓む。

①の一伏三起と②の一伏三向は「ころ」、③の「三伏一向」は「つく」と訓む。四本の采はすべてかまぼこのように丸木を縦に割った半円形の断面をしていて、一方が曲面、一方が平面となっている。それを投げることで曲面が上になる場合を「伏」、平面が上になる場合を「起」または「向」として、その組み合わせによって数を決める。つまり、四本のうち一本が「伏」、三本が「起（向）」になる采の目を「ころ」と呼び、三本が「伏」、一本が「向」の目を「つく」と呼んでいたのである（図3）。それが歌の表記に転用されたことによって、古代に四本の采を用いる「かりうち」という遊戯が存在したことと、采の目の呼称が伝えられて「かりうち」の遊び方が断片的にせよ残されたのは、まことに幸運なことであった。というのも、この遊戯は、朝鮮半島に今も伝えられている「ユンノリ」という遊戯と共通する点が多く、まさに古代の朝鮮から日本に伝えられたと見られるのである。

六、ユンノリ

遊び方

「ユンノリ」は「柶戯」と記され、四本の木片を采にして、駒を盤上に進めて遊ぶ遊戯で、現在も朝鮮半島では正月の遊戯としてひろく行われている（図４）。日本においても正月に今のすごろく（絵双六）を行うことに似ているが、さいころではなく四本の木片を用いる点が古代の「かりうち」に通じ、それらを擲《なげう》つところから「擲四」とも言われる。ルールは地域によって異なる部分もあるようだが、おおむね共通するところは次のようである。(4)

まずさいころ代わりの四本の木片は丸い木材を半分に切ってかまぼこ形にする。かつては檀木や山萩の木などを用いていたらしい。最低一対一からの二チームで対戦するため、駒は

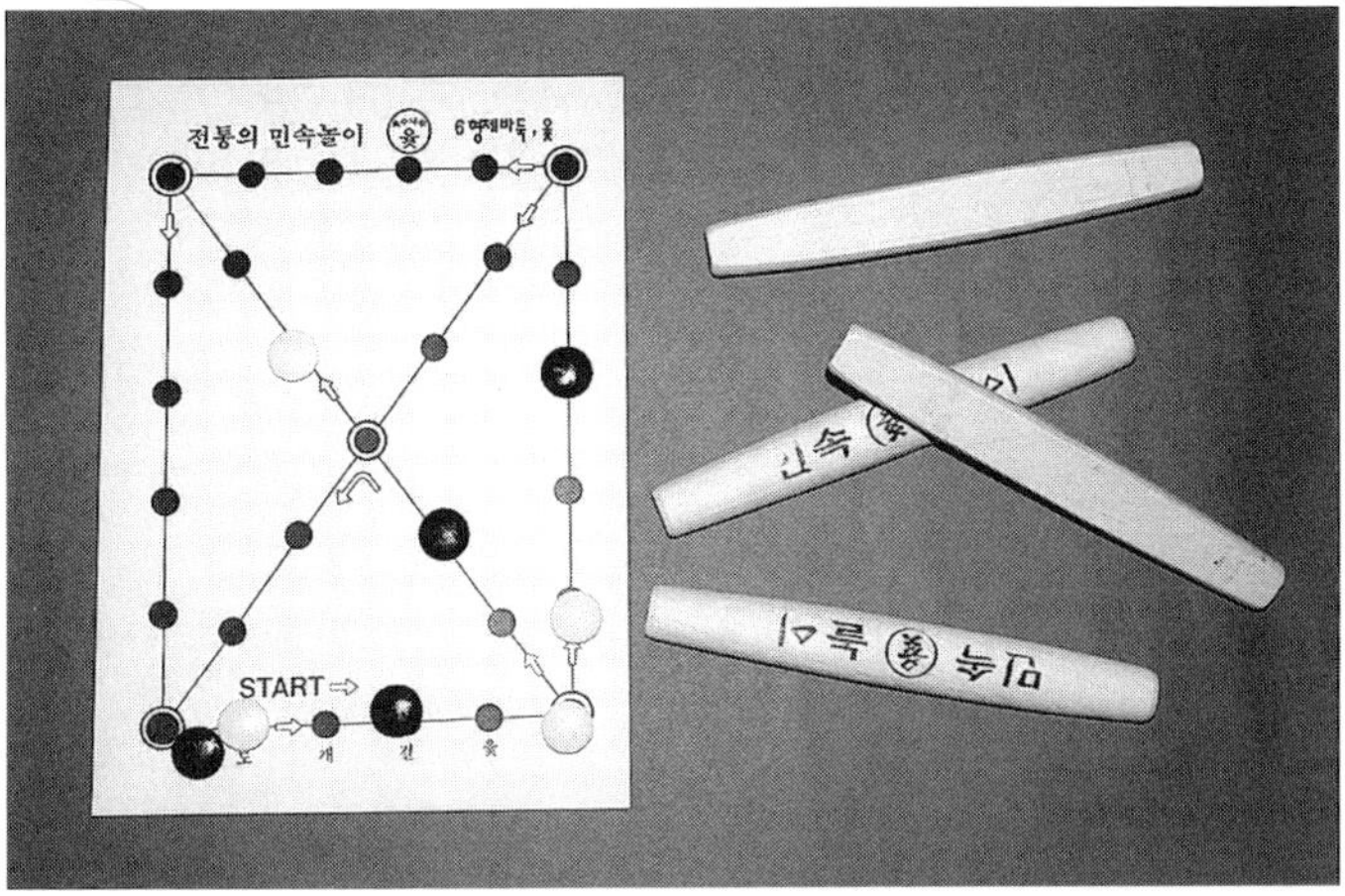

図４　「ユンノリ」韓国製　ユンノリ棒4本に紙製のユンノリ板と白黒各4個の駒が付属する。

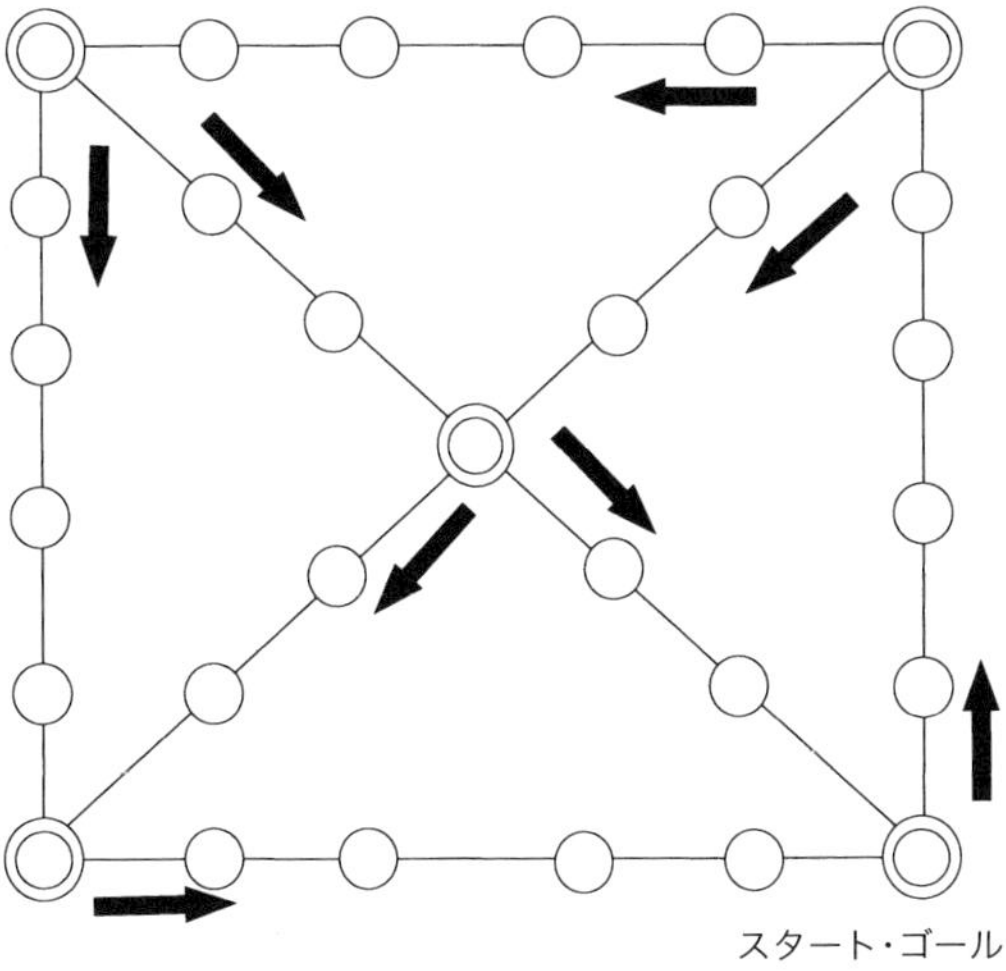

図５　ユンノリ板

図6　ユンノリの采の目

采の目	組み合わせ	マス	呼び方	『万葉集』の表記と訓み
●●●○	三伏一向	1	徒・豚（ト）	三伏一向（つく）
●●○○	二伏二向	2	開・犬（ケ・ク・カエ）	
●○○○	一伏三向	3	杰・鶏・鳥（コル）	一伏三向（ころ）
○○○○	すべて向	4	流・牛（リュッ・ユッ）	
●●●●	すべて伏	5	牟・馬（モ）	諸伏（まにまに）？

二種類のものを四個ずつ用意する。この駒を、盤となるユンノリ板のスタート地点からゴール地点まで進めて、四駒すべてがゴールした方が勝ちとなる。ユンノリ板は正方形の外周と二つの対角線上にコマの進むマスを設定する（**図5**）。外周には四隅と各辺四個の計二十マスを描き、対角線には交点の一マスと、それを中心として四本の線上に二マスずつ描く。正方形が円形や長方形の場合もあるがあわせて二十九のマスがあれば良いので、地面に描くことも容易である。隅の一箇所をスタートとし、反時計回りにコマを進めて一周すればゴールとなる。スタートがゴールから反時計回りに一マス進めたところに設定されることもある。また外周と対角線の交わる三隅と対角線の交わる中心に駒が止まれば近道を進むことができる。これらは手作りでも比較的簡単に作れるが、ゲーム一式として販売されておりインターネットでも入手が可能である。

かりうちとユンノリ

古代日本の「かりうち」との共通性が見いだされるのが采の目で、四本の采が曲面を上とする（伏）か、平面を上とする（向・起）かの組み合わせは五つのパターンがあることになり、それにより動かせるマスが決まる。

図6の呼び方には、朝鮮での表記と発音をカタカナで記しており、「徒・開・杰・流・牟」の漢字をあてる場合と、「豚・犬・鶏（鳥）・牛・馬」の動物名の漢字を宛てる場合がある。コルを「羊」とする場合もあるようだが、クェコリ（鶯）や、ウェガリ（青鷺）、タグタグリ（啄木鳥）などに見られる「コリ」「カリ」「クリ」は鳥の意味をもつ古語である[5]といわれるので、鳥類に解するのが良いであろう。

図6を一見してわかるのは、「ト」と「つく」、「コル」と「ころ」という『万葉集』の訓みと現在の朝鮮半島での発音の類似で、これにより古代日本の「かりうち」は朝鮮から伝えられた采の目の呼び方をほぼそのまま受け入れて用いていたと考えられる。また朝鮮においても、少なくとも「ト」「コル」という呼び方が古代からおおむねそのままの形で保存されているということを『万葉集』の表記が裏付けること

にもなる。じつのところ、古代の「かりうち」は「ユンノリ」の存在によって復元できるのであって、「一伏三向」などの訓みもこの発音の類似によって保証される。惜しむらくは「三伏二向」や「すべて向」の表記が見られないことであるが、「すべて伏」については「諸伏」の表記との関わりが説かれている。

「諸伏」

　我が恋は千引《ちび》きの石を七《なな》ばかり首に掛けむも神之《かみの》諸伏《まにまに》

（4・七四三）

結句は「かみのもろふし」などと訓まれていたが意味も通らず根拠も乏しかったため、井手至氏が「諸伏について」(6)において「すべて伏」の采が最高の目であって意のままになるというところから「諸伏」が「まにまに」の訓にあてられたとし、以後この遊戯に関わる表記とされている。ただ、「まにまに」は「モ」と同様のマ行でこそあるけれども、「一伏三向」や「三伏一向」のように発音をうつしたものではなく、意味を利用した義訓と見られる点に不安を残す。むしろ「む」や「も」と訓めれば「かりうち」と関わることは明白になるがそれだけでは意味が通らないし、「神の」に続く形ならば四音で訓まなければならない。伊丹末雄氏は『神之諸伏』の訓(7)において、「もろもろ伏す」が「すべての人が従ふ」という意味で「まにまに」と訓む説を提示している。井手氏は疑問を呈しているが、「伏」の字義からすればこの説は必ずしも否定できない。『篆隷万象名義』には、

　伏　浮腹反　匿也　隠也　微也　匍匐也　處也　覆也　伺也

とあり、「匍匐」と同義である。「匍匐」は、天武紀十一年九月に「跪礼」と「匍匐礼」を廃して立礼に改める詔が出されており、推古紀十二年九月にはその具体的な所作も示されている。『魏志』倭人伝に、

　大人の敬《うやま》う所に見《あ》うときは、但《た》だ手を搏《う》ちて以って跪拝《きはい》に当《あ》つ。

とされているところから、地面に跪いて頭を下げる所作は日本の伝統的儀礼であったと見られており、「伏」が服従の態度を意味することは容易に認められるところであったろう。慶雲元年正月にも「辛亥、始めて百官の跪伏の礼を停《や》む。」として禁令が出されている。(8)つまり、「匍匐」あるいは「跪伏」は服従を示す儀礼として古代日本に浸透していたのであり、「諸伏」についても「かりうち」の采の目によって説かずとも、「伏」が「匍匐」と同義であることによって、すべての人が服従する意味に理解することは可能である。七四三歌は、恋を千人力で引く大石を七つ首に掛ける苦しさにたと

えており、石の重みで頭が下がる「匍匐」の様子を表しているかのようでもある。

七、樗蒲

中国の樗蒲との関係

ところで、喜多村節信が『折木四哭考』に説いたのは「樗蒲」との関係であった。「樗蒲」が『倭名類聚抄』に「かりうち」の訓をもつところから、『万葉集』の「折木四」、「切木四」も「樗蒲」と見なされ、それゆえ「樗蒲」という遊戯が紹介されている。ところがそこに見える「樗蒲」は『五木経』や『唐国史補』、『五雑組』、『演繁露』などの中国の文献に確認することの出来る遊戯であって、「ユンノリ」とは異なる。

これらの文献に示される「樗蒲」は基本的には五本の采を用いる博戯で、その采は両端が尖り、中間がふくらんだ杏仁形をしている。片面が白色、片面が黒色で、さらにそのうちの二つの采には白い面に「雉」、黒い面に「犢」の字が刻まれている。それを投げて出た組み合わせによって点数を決めるというものである。

『倭名類聚抄』の狩谷棭斎箋注や、北慎言『梅園日記』にもこれらの文献に示される「樗蒲」の采が紹介されている。木村正辞『万葉集美夫君志』（巻二別記附録）は『五雑組』や、『演繁露』所引の「樗蒲経」に四本の采の場合があることが述べられることを参考にして、四本の采での「樗蒲」を復元しているが、杏仁形や黒と白の面、「雉」と「犢」の刻字は五木の場合と同じである。これらの「樗蒲」は、「ユンノリ」や古代日本の「かりうち」とは根本的に異なる。「ユンノリ」も「かりうち」も「伏」と「向」というように断面をかまぼこ形にすることで裏表を区別するが、「樗蒲」は黒色と白色によって裏表を区別する。裏表を塗り分けるのは、そうすることで裏表を判断しなくてはならないからであろう。「かりうち」の采の面は黒と白に塗り分ける必要はない。また「雉」と「犢」の文字が描かれている徴証も見られないことからすれば、古代の日本には五本の采による「樗蒲」は伝わっていなかったのではないか。五本の采によって説明される「樗蒲」の采の組み合わせは複雑で、「かりうち」や「ユンノリ」はもっと単純な遊戯である。にもかかわらず、「樗蒲」に「かりうち」の訓があったことは、朝鮮から「ユンノリ」がもたらされたときに「樗蒲」とも言われていたためであろう。[9]『隋書』倭国伝には、「棋博《きはく》・握槊・樗蒲の戯《ぎ》を好む。」と記され、百済伝にも、「鼓角《こかく》・箜篌《くご》・箏《そう》・竽《う》・篪《ち》・笛の楽、投壺《とうこ》・囲《い》碁《き》・樗蒲・握槊・弄珠《ろうしゅ》の戯有り。」とある。これらの「樗蒲」もまた「かりうち」あるいは「ユンノリ」と見て良い。

なお、「かりうち」と「ユンノリ」の采の関連は、葛城末治氏「萬葉集に出でたる三伏一向及び一伏三起の意義に就いて」[10]によってはじめて指摘され、さらに安藤正次氏「柶戯考説」および「続柶戯考説」[11]に詳しく論じられることになった。『万葉集』にかいま見える「かりうち」を「樗蒲」と説くのは無論あやまりではないが、「樗蒲」は采の形状や本数が一定せず、類似する遊戯の総称と捉えるべきで、より具体的には柶戯や擲柶の名を持つ「ユンノリ」と同様に四本の采を用いることを明示しておかなくては誤解が生じるおそれがある。

柶と馬田

ともあれ、「かりうち」の采の目は、現在朝鮮半島に行われている「ユンノリ」のそれに酷似する。このことから、古代日本においても「ユンノリ」が行われていた可能性はあるが、ユンノリ板に該当するものは伝えられていないため確証はない。今村鞆『朝鮮風俗集』には、「柶」という複数人で行う賭博が紹介されている。金銭を賭けて、ユンノリの采を投げて出た目によって勝負を競う、丁半ばくちにさいころの代わりとしてユンノリの采を用いるようなきわめて単純な賭博である。「農夫間に行はれ田畑の耕作に出て樹影等にて行ひ農具或は牛を失ふことあり」とあるように気軽に行うことができ、盤も必要ないため「ユンノリ」よりもやさしく、より射幸性の高い純粋な賭博である。あるいは古代日本で行われたのはこの賭博であったかもしれない。同書には「ユンノリ」は「馬田」という柶の一種として紹介されている。四本の采のみで遊ぶ「柶」と盤や駒をも用いる「ユンノリ」があり、また「柶占」あるいは「擲柶占い」も諸書に紹介されるように、同じ采を用いる遊戯が幾種類か存するのである。

付言すれば、「柶」の場合も「すべて伏」の牟は最上の采で、この目を出せば勝ちとなるから、賭けた金銭は思いのままになる。ただ、牟を出す者が二人以上いれば勝負は持ち越され、「まにまに」というわけにはいかない。ユンノリ板を用いる場合も今のルールでは五駒進ませることができるだけである。井手氏が指摘するように「樗蒲」の場合は続けて采を投げる連擲が許される特権もあるが、より単純な遊戯であったと見られる「かりうち」に「まにまに」と言えるほどの「最高の権益」があったと考えるのは難しい。

古代日本に伝わった「かりうち」が朝鮮から伝えられたのはその采の目の呼称が共通する点から見て間違いない。唐伝来ではないが、これもまた大陸伝来の「からもの」であり、その実態を明確に物語るものである。

おわりに

『万葉集』にあらわれる遊戯「双六」、「打毬」、「かりうち」はおそらくはやくから伝来していて、とくに官人層には相当に広まっていたと思われる。「双六」の歌を収める巻十六はあまり歌われることのない、官人たちに身近な日常の素材を詠み込んだ歌を多く載せる。「からうす」や「韓帯」など「から」のつく語が巻十六に多いのも、歌にはそぐわなくても身近なものであったからであろう。また、舎人親王と大舎人安倍子祖父らは「双六」で遊び、数《あまた》の王子《みこ》や諸の臣子《もろもろおみのこ》らは「打毬」を楽しみ、さらにその歌の原文には「かり（うち）」も見える。これらの遊戯は基本的には賭博であり禁じられるべきものであったが、皇族や貴族官人層にもかなり親しまれていたと思われる。

注

（1）以下、掲出した歌の太字部分は原文。
（2）寺田隆信「雙陸（双六）考——中国中世の遊戯と賭博——」（『月刊百科』三八六、一九九四年十二月）。
（3）小島憲之「経国集詩注」（『国風暗黒時代の文学　下Ⅰ——弘仁・天長期の文学を中心として——』塙書房、一九九一年、所収）。
（4）「ユンノリ」については主に次の文献を参考にした。今村鞆『朝鮮風俗集』（斯道舘、一九一四年）、洪錫謨『東国歳時記』（姜在彦『東洋文庫一九三 朝鮮歳時記』平凡社、一九七一年、所収）、朝鮮総督府『朝鮮の年中行事』（民俗苑、一九三一年）、許南麒『朝鮮歳時記』（同成社、一九八一年）、韓丘庸『朝鮮歳時の旅』（東方出版、一九九七年）、ヨコハマハギハッキョ実行委員会・山本すみ子『韓国・朝鮮と出会おう』（国土社、一九九九年）。
（5）『韓国文化シンボル事典』（平凡社、二〇〇六年）。
（6）『国語国文』二十七巻九号（一九五八年九月）所収。
（7）『萬葉』十七号（一九五五年十月）所収。
（8）新編全集『日本書紀（2）』五五〇頁頭注三および新大系『続日本紀』補注3四二。
（9）『朝鮮歳時記』に「安東地方では、擲柶のことを樗蒲と呼んでいるようだ。」とする。
（10）『国語と国文学』二巻九号（一九二五年九月）所収。
（11）『安藤正次著作集　第四巻　記・紀・万葉集論考』（雄山閣、一九七四年）所収。

平安時代と唐物

シャルロッテ・フォン・ヴェアシュア

平安時代の四〇〇年間、主に往来したのは宋海商であった。朝廷が輸入品に関する先買権を有していたが、貴族にも唐物に対する大きな需要があり、輸入品に殺到した。藤原道長や実資のような平安公卿は中国商人と交流し、例えば道長は曾令文に蘇芳、陶器、そして典籍を送ったもらっている。又朝廷では唐物を集積した「唐物御覧」を開催し、ある時に道長や皇族等に錦・綾・丁子・麝香・紺青・甘松等が授けられた。荘園や国府の官人たちも来日した商客との私的な交易を行なうようになり、巨万の富を蓄えた人物が現れた。公卿や地方官の間、平安時代を通じて一番、需要の多い唐物は、香薬と高級絹織物そして青磁だったであろう。

はじめに

平安時代において大陸の国々との公的な外交は終焉を迎えつつあった。新羅との使節の往来は九世紀初頭には途絶えた。唐とは八三六年に任命した遣唐使が実質的に最後となった。渤海だけは九世紀も外交使節を日本に送り続けたが、十世紀初頭に滅亡して日渤外交は消滅した。中国は唐の滅亡後分裂しており、九〇七年から九六〇年までの間に華北は五つの王朝が交替し江南は十の国が興亡しており、いわゆる五代十国の時代であった。呉越国は十国のひとつであり、長江河口付近の港を押さえており、日本や朝鮮半島との交渉を積極的に進めようとしていた。そして九六〇年に北宋初代皇帝の太祖が即位すると、太祖以来、宋時代を通じて商業の活性化が奨励し、国際貿易が栄えた。また、朝鮮半島で新羅が滅ぼされて、王建（太祖）が九一八年に高麗を建国して九三六年に分裂していた半島を統一、高麗は一三九二年まで続くことになる。日本では各国との外交関係がなくなった後は、貿易が日本と大陸を結ぶ唯一のつながりであった。

本稿では、平安時代の四〇〇年間に唐物はいつ、いかにして、そして誰によって日本に舶載されたのか、また国内における受け皿はどのように構成されていたかという問題について考察を加える。取り上げる内容は通史的アプローチを取り、ほぼ年代順に話を進めることにする。その史料データについては『対外関係史総合年表』(吉川弘文館、一九九九年)を参照されたい。

一、大陸との貿易の開幕

国際貿易においてまず現れたのが新羅人商人である。その最初の来日は八一〇年代であった。新羅人は漂流して日本に到ったと述べることが多かったが、それは貿易をするための口実に過ぎなかったと思われる。八一八年には驢馬四匹、八二〇年にも山羊を七匹と鵞鳥二羽をもたらした。一方、中国商人もやはり漂着と称して、八二〇年から現れる。

そのころの外国商人との間で行われた交渉はわからないところが多いが、彼等がもってきた物品は日本側の強い関心をひいた。それは八三一年に朝廷が、九州で大宰府の使者や富豪がお互いに先を争って新羅からもたらされる品物を高値で買うことを禁じたことからもわかる。実際、大宰府の役人さえも不法に外国の商人と私的取引をしたことがある。それは次の例からも読み取れる。八四〇年と八四二年に新羅の交易ネットワークを掌握した有力者の張宝高が使者を日本に派遣してきた。彼らは九州に到着した後、取引が終了次第帰国させるように朝廷から大宰府に命じられた。ただしその一方で筑前守文室宮田麻呂が個人的に使者に絹を渡してかわりに唐物を買い求めるように委託している。つまり大宰府の官人自身が朝廷の命令に反して個人的に交易を行ったことがあるように見える(張宝高については、李基東「張宝高とその海上王国」上下、『アジア遊学』二六・二七、二〇〇一年参照。文室宮田麻呂については、田中史生「承和期前後の国際貿易——張宝高・文室宮田麻呂・円仁とその周辺——」『『入唐求法巡礼行記』に関する文献校定および基礎的研究』科研費報告書、二〇〇五年参照)。

こうした私的な取引に対して公的に取引が行なわれた例もある。八五一年には大宰少弐であった藤原岳守は唐の有名な詩人白居易(七七二〜八四六)と元稹(七七九〜八三一)の詩集を中国から入手し朝廷に献上している。これによって岳守は位階の昇進に与っている。

ところが八四〇年代になると新羅人に対する警戒が強まる。新羅人は間諜ではないかと疑われ、日本では新羅の来襲が恐れられた。こうした不信は九世紀の初めから日本の沿岸を脅かした新羅の海賊行為によって引き起こされたものであった。八四二年に朝廷は、新羅商人は取引が終ったらすぐに帰国させることを定めている。その一方で中国商人は歓迎されたようであり大宰府で宿泊できるようにしている。そこで朝廷による新羅商人と唐の商人の待遇の差別化が始まったのである。

八七四年に朝廷は唐で香料や薬品を買い求めさせるために大神己井・多治安江の二人の下級役人を派遣した。彼らは外国商人の船に乗って唐に赴いた。この二人は平安時代初期に日本人が海外に行ったわずかな事例の一つである。この派遣は朝廷における輸入品、特に香薬の需要がいかに大きかったかを示している。

ところで、初期の海商はおおよそ十〜六十人で構成されており、九世紀の間に約三十五回の来着が史料に記されている。ただし、実際にはそれよりさらに多くが来朝していたであろう。こうした商人の中には日本の僧侶を同乗させた者もいた。また、国家が商人に対して寄港するよう指示した港は博多であり、対外交易は博多の南方にあった大宰府によって管理された。大宰府の官人は近くの筥崎に到来した場合も含めて入港する船の積荷を検査したが、交易に対して税を課すことはなかった。

二、大宰府による国際貿易の管理と商人の待遇

そもそも大宰府は七世紀に成立し、律令によると大宰府の職務は、第一に西海道の九国三島を管轄、第二に公的な遣外使節の出発や帰国を管理、そして第三に外国使節を迎接し鴻臚館という宿泊施設で滞在させることであった。

九世紀以降になると大宰府は対外交易における朝廷の代理機関の役割も果たすようになったのである。まず外国商人が博多に来着すると中央にそのことを報告する。中央の指示に従って商人の滞在期間中は客館において宿と食糧を供給した。このような待遇を見ると、外国商人が日本において実際には外交使節と同様に歓迎されたことになる。それは中国や新羅では外国の商人が滞在の費用を自身で負担させられたことと対照的である。唐・宋商人にとって日本ではこのような迎接を受け、貿易の際に関税も支払わないのであるから彼らにとって条件はきわめて恵まれていると感じたに違いない。一方、中国ではあらゆる港において官司の厳しい規制があり、関税の徴収を受け、そして常に数十を数える外国船がひしめきあっている有様であった。これに比べて平安中期の公卿の日記には、日本では平均して年に一回程度、九州に海

商の来着が報告されていることが記されている。そのことを考えると、博多には同時に他の商船がほとんどいないことになるが、宋商にしてみれば驚いたことであろう。平安中期の海商は五十〜一〇〇人に及び、日本に数ヶ月から一年以上滞在した。朝廷から食糧まで与えられたが、大宰府で「客館のための資糧」が不足していたということもたびたびあったようである（『雲州消息』巻下末）。

大宰府は貿易の取引にも責任を負っていた。朝廷が輸入品に関する先買権と価格の決定権を有していた。そこでまず大宰府が、朝廷が関心をもつ品物を選び取り、都に送ったのである。貿易の手順は、一般に大宰府が商人に砂金で支払い、その後朝廷が大宰府に砂金を充当した。例えば八七七年に来朝した崔鐸は、貿易の対価として三六一両の砂金を受け取っている。ちなみにこの砂金の量について考えると、過去には遣唐大使や副使が、唐に赴く際に各一〇〇〜二〇〇両の金を授かっていたが、総計すると約四〇〇両の金が一回の遣唐使に与えられたことになる。その量は、国家が遣唐使を派遣したり博多で崔鐸のような外国商人と交易することによって異国の品を購入する際に費やした総量と同じであった。九世紀後半以降、売買は朝廷から直接、九州に派遣される唐物使によって行なわれた。唐物使は通常、天皇直属の蔵人所から選ばれた。

しかし、貴族にも唐物に対する大きな需要があり、しばしば朝廷の交易が終わるのを待たずに、商人来着の報と同時に売買の使者を派遣した。貴族どうしの争いも激しくなり、価格がつり上がっていった。国家は八三一年に官符を出して、こうした違反を抑制しようとしており、八四一年・八八五年・八九五年・九〇三年にも同様の官符が出された。しかし、くり返し出されていることからすると、こうした処置は貴族に対して、あまり効果はなかったようである（大宰府における貿易の管理については、渡邉誠「平安中期貿易管理の基本構造」〔『日本史研究』四八九、二〇〇三年参照〕。

日本で九世紀以降、輸入が増大してそれを管理することが困難になると、国家はそれを解決する方法として三つの政策を編み出した。第一に、九一一年に商人の来航に三年間の間隔（年紀）を設けることを定めた。第二に、十世紀に朝廷は日本人の渡海禁制を定めた。第三には、国内つまり日本の港での日本人の中国・朝鮮商人との私的交易を禁制した。こうした処置を通じて朝廷は交易の量的制限とその独占管理を図った。このような政策は偏狭な排外意識に基づくのではなく、交易統制の徹底という政策的意図によるものであった。一見、制約的に見える三つの政策は、朝廷にとって過度の出費を避けると同時に唐物の入手を確保し、かつそれを独占して外部へ流れることを防ごうとしたものと見なすことができる。この頃、交易が民間レベルで私的に行なわれるのは朝廷の方針に反するとされていた。いわゆる国家貿易に相当するシステムであった。

三、海商と平安の公卿

十世紀の対外貿易はきわめて規制されながらも続いた。九〇三年、九〇九年、九一九年に九州にやって来た中国商人はそれぞれ羊・白鵝・孔雀などを朝廷に献上している。九〇九年の商人来朝の際には朝廷は経費の都合上、唐物使を派遣しなかったが、輸入について大宰府に指示をしている。九一九年の時には朝廷は唐物使を大宰府に派遣し、孔雀を都に持ち帰っている。これらの商人は現在の浙江にあった呉越国から到来してきた。

九二二年、九二九年に高麗王からの手紙と信物を託された商人が九州にやって来た。公的贈物である進物を通常、日本側は貢物と解釈してきた。しかしこの時は、朝廷はその受け入れを拒否し、食糧を与えた後に追い返すように大宰府に命じた。そして、大宰府の官人には対外交易を行ったり進物を受け取ることがないよう伝えている。九三九年と九四〇年には新たに高麗の使者が来朝した。朝鮮半島を再統一した後の派遣であった。しかし、使者は九二二年と同様の対応を受け、進物は受け取りを拒否され追い返された。

呉越国からは九三五年に商人蔣承勲が来朝して山羊を献上した。翌年にも再び大宰府に来航し、年紀を順守していなかったが入朝を認められた。この時に左大臣の藤原忠平（八八〇～九四九）は呉越王に宛てた書状を蔣承勲に託しており、おそらくそれは呉越王からの国書に対する返信であろう。承勲はさらにその二年後にも来朝している。その時は交易において大宰府側の責任者であった源興国が支払いをする前に死去したため、交易品の対価として砂金ではなく麻布を受け取っている。

中国商人は九四〇、九四五、九四七年にも到来して入朝を許可されている。そのうち九四〇年と九四七年には彼等を介して呉越王からの親書と贈物があった。日本側もそれに応じており、呉越王に宛てて藤原忠平から国書と金二〇〇両を贈っている。九五〇年代にも商人が三回派遣されており、そのうち一回は高級な錦を船載している。その時の商人も蔣承勲であり、呉越王への国書を預かっていた。このうち九四七年と九五三年の日本の国書が記録に残っている。ただし、それらは天皇の名ではなく大臣が出す形式であった。それは、国家としては原則的に外交関係を持たないが、呉越王の友好的な外交姿勢を考慮して状況に応じて贈物を受容するという方針であったことを示している。だが、このような特別な計らいは中国王朝から派遣されて贈物をもたらした中国商人に対して頻繁になされたようである。

結局のところ、十世紀初頭に定められた対外貿易に関する三つの政策は高麗に対してのみ適用された。中国に対しては年紀制の違反は容認されることがよくあり、そのなかで外交文書のやり取りも何回か交わされているのである。平安貴族の日記や十三世紀に編纂された『百錬抄』には、そうした交易に関する記事が多く載せられている。たとえば九七二年に高麗からの使者が来日したが、その時、高麗王から贈物と国書を託された商団が対馬にやって来ており、その贈物のうち斑灰の馬が平安京まで届けられた。しかし、この馬が一般の駄馬に似ており高麗王からの朝貢品と認められないとの朝廷の判断が下されている。

九六〇年に北宋初代皇帝の太祖が即位すると、海上交易を管轄する広州・杭州・明州の市舶司を復興させた。特に明州(現在の寧波)は対日交易の中核的役割を果した。こうしたことを背景として宋朝からの海商は九七〇年代には来航するようになり、日本で交易をしている。しかし、その取引手段についてはたびたび問題が生じた。例えば九八二年に宋商への支払いに充てる金の不足のため三年にわたって支払いが滞っていることが記されている。金は交易の支払いに充てられていたが、数少ない金の産出国である陸奥国は貢納を延滞するようになり、商人は窮乏するか、何も得ずに帰国せざるを得なかった。

数年後にも朝廷からの金の供給を待っている間、大宰府が宋商に支払いができず、同様の事件が起こっている。一〇〇〇年には宋商曾令文が来日したが、交易の支払いでもめている。大宰府は金の代わりに米で支払うこととして金と米の公的な換算レートを一両＝一石と定めた。これに対して曾令文は一両＝三石を請求した。この問題は朝廷に報告され、会議上の議題となり、藤原道長(九六六〜一〇二七)の判断で一両＝二石と定めた。最終的には米と絹によって支払われたのである。この時から道長は日宋貿易に積極的に関与するようになる。

一〇〇三年に宋商用銛が博多にやってくると、安置するか否か朝廷で会議が行なわれた。この時は用銛が前回の来朝から三年の年紀を守っていないため、朝廷は用銛を放還した。その翌年、朝廷は三〇〇両もの金で唐物と漢籍を購入して、『文選』や『白居易集』『元稹集』を得ている。これらの品をもたらしたのは再来日した曾令文であろう。曾令文が一〇〇五年にも三度目の来日を果たしている。こうした往来に対して平安朝の公卿の意見は、原則として年紀を守らない曾令文を放却すべきというものであったが、当時、内裏焼亡によって多数の唐物が焼失したことを考慮する意見もあり、藤原道長等は協議の結果、曾令文の安置を決定した。曾令文はそれを承けて道長に蘇芳、陶器（史料では「茶碗」とある）、そして典籍を贈っている。ここでは平安朝の公卿の現実主義に注目したい。交易が貴族等にとって好ましいものであれば、交易を規制する規定はしばしば無視されたのである。さらに曾令文は交易以外にも、たとえば一〇〇三年に入宋していた僧寂照の消息を道長に伝えてもいる。その後の道長と寂照の書状の遣り取りは数度に及んでいる。海を越えて書状を運んだのも宋商人であった。

宋商周文裔の場合は日宋交易の仲介的役割を果たした。周文裔は一〇一二年と一〇一三年の二度来日している。一〇一二年には周文裔も曾令文と同じように寂照からの書状をもたらし、寂照の弟子の僧念救を連れてきている。それゆえ大宰府によって安置され、錦や綾を売買している。一〇一三年にも周文裔は寂照からの手紙をもたらし、また孔雀を朝廷に贈っている。孔雀は道長の居宅の庭に放され十一個の卵を産んだが、一〇〇日経っても孵ることはなかった。寂照からの書状は、天台山の再建を伝え、それへの貢献を促すものであった。これをうけて道長は念珠（琥珀装束四連と水精装束二連）・螺鈿蒔絵厨子・蒔絵筥・蒔絵衣箱・屏風形軟障・奥州貂裘・七尺鬘・砂金一〇〇両・大真珠五顆等を中国の天台山に送った。この時の交易には藤原実資（九五七〜一〇四六）も関与している。彼は周文裔に螺鈿の鞍を送っている。なおこのような螺鈿蒔絵の工芸品は当時、平安における先端技術で造った最も価値の高い輸出品であった。

四、輸入された唐物

上記のように、藤原忠平、道長、実資のような平安公卿は中国商人とつながりを有していた。そして、彼等は蘇芳、「茶碗」、錦・綾、そして典籍を入手した。とりわけ注目したいのが「茶碗」である。それは、中国では茶を飲むのに使われた陶磁器であった。茶は、日本には九世紀初頭の嵯峨天皇の時に伝わり、その栽培が諸国に命令されている。九世紀の文学にも喫茶の風習について興味深い漢詩などが見える。しかし、その後、十三世紀まではその風習はあまり広まっていなかったようである。それゆえ「茶碗」ということばは、九三〇年代に源順（九一一〜九八三）が編纂した『倭名類聚抄』

巻十六器皿部には載っていない。同時期に編集された『延喜式』巻二十三民部下の年料雑器には「茶椀」の語が見えるが、それは尾張国と長門国で作られた、釉薬をかけた陶磁器のことである。その製産は、嵯峨天皇の時に唐の青磁に倣って始まったのである。「茶碗」ということばは、中国に求法・巡礼して喫茶の風習を知った日本僧によって紹介され、素焼きの土師器や須恵器と区別するために用いられた。そのため、当時において「茶碗」は青磁など陶磁器全般を意味したのであろう。なお、日本列島の各地の遺跡で数万の宋の陶磁器が発見されていることはよく知られている。

十一世紀になると、輸入品の詳細が史料から確認できるようになり、どのようなものが唐物であったか列挙できる。各時代に唐物は大宰府を通じて朝廷に送られたが、それ自体が重要な出来事であった。朝廷では唐物を集積して天皇がそれを見る儀式があり、「唐物御覧」と称された。一〇一三年の唐物御覧では、天皇の御覧の後、錦・綾・丁子・麝香・紺青・甘松等が道長や皇族等に授けられたことが『御堂関白記』『小右記』に記されている。同年には大宰大監藤原蔵規(生没年不詳)が、唐物として雄黄・甘松香・欝金香・金青・紫草を実資に送っている。唐物として、錦・綾や香料・薬物が挙げられている。そのうち紫草《むらさき》は輸入品ではなく日本産の古代の染料であり、紺青《こんじょう》は金青と同じくラピスラズリあるいは他の青色の輸入顔料である。二年後の一〇一五年には、大宰権帥藤原隆家(九七九～一〇四四)も同種の香薬を、道長を通して天皇に贈っている。

一〇一四年にはたいへん衝撃的な出来事があった。平安宮で大火が発生し、内裏が焼亡してしまったのである。火事の中、丁子・金青・麝香を取り出したが、今度は数日後にそれが盗まれてしまった。蔵人所小舎人等が犯人として取り調べを受けたが、香薬が貴重であったことが窺える。失われた唐物について、道長や実資は宋海商とのつながりを通して再び入手しようと試みた。そうした努力はその後も続き、藤原頼通や忠通、頼長にも引き継がれている。

一〇二六年には宋商の周良史が関白藤原頼通(九九〇～一〇七四)の信頼をかち得ている。周良史は、中国人の父と日本人の母の間に生まれたということを示す名籍を頼通に奉呈し位階を求めた。頼通への依頼にあたって絹三〇〇疋を贈り、さらに錦・香薬等を贈ることも約束している。これに対して頼通は砂金三十両を送った。周良史は宋に帰国すると日本の朝廷から宋朝宛の土産を大宰府を通じて持って来たと述べたが、宋の皇帝は日本からの外交文書が欠けているとしてこの信物を受け取らなかった。そのため、これらの物は結局、明州市舶司が対価で引き取ることになった。その後、周良史は再び来日したが、大宰府はそのことを朝廷に報告しなかった。この時の大宰府のトップは藤原惟憲（九六三〜一〇三三）であり、商人の唐物や任地の産物を搾取して任期の間にかなりの富を蓄えたことで知られていた。惟憲は周良史の博多到着を報告せずにその貨物を没収しており、周良史はそのことについて不満をもっていたようである。

さて一〇二八年に周文裔は三たび博多にやって来て、藤原実資のための進物として翠紋花錦一疋・小紋緑殊錦一疋・大紋白綾三疋という高級絹織物、麝香二臍・丁香・沈香・薫陸香・可梨勒・石金青・光明朱砂という香薬染料と色々餞紙と糸鞋三足を持って来た。ここでは錦一疋・綾三疋などのように量が少ないことに気付く。このような最高級絹織物は、おそらく衣服ではなく、座敷などの調度品の飾りに使われたのであろう。

この時にこれらの品々は直接、博多から平安京の実資のところに送られたわけではなく、博多湾の近くにある実資の所領を管理している宗像社の係累の宗像妙忠を通じて届けられた。妙忠は自らも蘇芳十斤・雄黄二両・紫金膏二両・緑青四十八両・金漆（こしあぶら）を実資に送っており、同日に薩摩守巨勢文任から絹十疋・蘇芳十斤・花（花蓆か）三帖・革十枚・小女志紛紙十帖・「茶垸」などの陶磁器・唐硯が、香椎宮司からは紫金膏二両・可梨勒三十果・檳榔子十五果が送られている。これらの品は、二、三を除いて、宋から船載されたものと見なすべきであり、宗像妙忠等は周文裔と直接交易していたのであろう。それ以前にも一〇一三年に実資は高田牧（荘園化した牧）から豹皮（黒貂か）や香料、船来の薬物、そして一〇二三年に蘇芳と白鑞を受け取っている。これらの品は以前には朝廷が禁制していた私的交易によって得られたと考えられる。この時がその初見であるが、こうした私的交易はその後さらに増加していったのである。商人にとって地域の荘園の荘官との直接的な取引は、より良い価格で迅速な支払いを受けることができて都合がよかったのであろう。

唐物の中でも、麝香は群を抜いて高価であった。麝香とは、チベット周辺に生息するジャコウジカから採れる香薬である。先述のように一〇一四年には、内裏には麝香二十臍が保有されていた。その後、一〇七九年には高麗王が病気のため日本から医師を求めて、麝香十臍を送ってきた。麝香は、他の香薬にもまして国家的な宝物と見なされたのである。それは、日本では香料の原料となる植物を産することがなく、完全に輸入に依存せざるを得なかったためであった（香薬の用途と価値については、拙稿「鑑真と香薬」『水門』二三号、二〇一一年参照）。

一方、混血の周良史は一〇三四年にも来日している。この時は運よく都まで行くことができ、のちに後朱雀天皇となる敦良親王と会見している。この会見は、大宰府で暴利を貪った先述の故藤原惟憲と摂関家との関係を背景に実現した可能性がある。この件について平安時代の日記等には記録が残されておらず、一九七〇年代に森克己氏が東京の中野重孝旧蔵コレクションにある敦良親王の手跡を発見したことによって判明した。

その後も宋商は九州にやって来て、朝廷から安置を許されたり、逆に宋に放却されたりしている。中には漂着と弁明して年紀違反によって放還されることを避けようとする者もいた。こうした商人のなかには博多の近くの筥崎宮と交易を行なった者もいる。これらの宋商たちは、平安時代の文学において様々な伝説を生み出したほど、貴族たちの関心を集めた。例えば『今昔物語集』巻二十六第十六話に宋人と商売をする筑前の貞重という者の話がある。

海商を通じて日本にもたらされた唐物について述べる最も価値の高い史料として、一〇五〇年頃に成立した藤原明衡『新猿楽記』がある。そのなかに交易に従事する八郎真人なる商人の活動が描かれている。そこに五十四種の唐物が列挙されている。さながら対外交易品の一覧であり、上述の一〇一三年や一〇二八年に日本にもたらされた唐物、特に錦・綾・茶碗・豹（貂）皮や十七種の香薬と一致することから、当時の実態を反映した記述であると見なされる。

そこで長くなるが、唐物というテーマの根本史料なので引用しておく。

唐物には、沈香、麝香（動物系香薬品）、衣比（乾燥された香の袋入りのミクス）、丁子香、甘松、薫陸香（乳香か）、青木香、龍脳、牛頭香、鶏舌（丁子の別種）、白檀、紫檀、赤木、蘇芳、陶砂（明礬）、紅雪、紫雪、金液丹、銀液丹（四種の丹薬）、紫金膏、巴豆（トウダイグサ科の熱帯植物）、雄黄、可梨勒、檳榔子、銅黄、紺青、臙脂（エンジ虫の粉末）、緑青、空青（銅性薬品）、丹、朱砂、胡粉、豹の皮・虎の皮、籐（竹かツル性の器具か）、茶碗（陶磁器か）、籠子、犀の角、水牛角の如意、瑪瑙、瑠璃（ガラス）の壺、綾、錦、緋襟（赤い絹糸か）、象眼（ダマスク形式の波状模の錦）、繧繝（花形・ひし形などの色模様を織り出した絹織物）、高麗（上品錦の一種）、軟錦（錦の一種）、東京錦（唐の上質錦、以上はいずれも調度のための装飾絹布）、浮線綾（浮織の綾）、羅、縠（織り目を透かした織目を透かした絹物）、呉竹（マダケか）、甘竹（同種の竹）、（ガラスの）吹玉がある。

（『新猿楽記』八郎真人条、この史料と唐物の平安文化における位置づけについては拙著『モノから見た東アジアの国際交易七―一六世紀』藤原書店、二〇一一年参照）

この頃、目立った活動をした渡宋僧が成尋（一〇一一～一〇八二）である。一〇七二年に宋に渡り、翌年、弟子の頼縁・快宗等五人が宋商孫忠とともに帰国している。帰国しなかった成尋の代わりに、頼縁等が宋からの外交文書や錦二十疋、新訳の金泥法華経を伝えている。なお成尋は宋の滞在中、当時の皇帝神宗（在位一〇六七～一〇八五）から派遣された使者と面会して「どのような中国の品物が日本で必要とされているのか」と尋ねられた際に、「香・薬・茶垸（陶磁器）・錦・蘇芳」と答えている。まさに、上述の公卿たちが輸入した舶来品と一致する。おそらく平安時代を通じて一番需要の多かった唐物は、香薬・高級絹織物・青磁だったであろう。

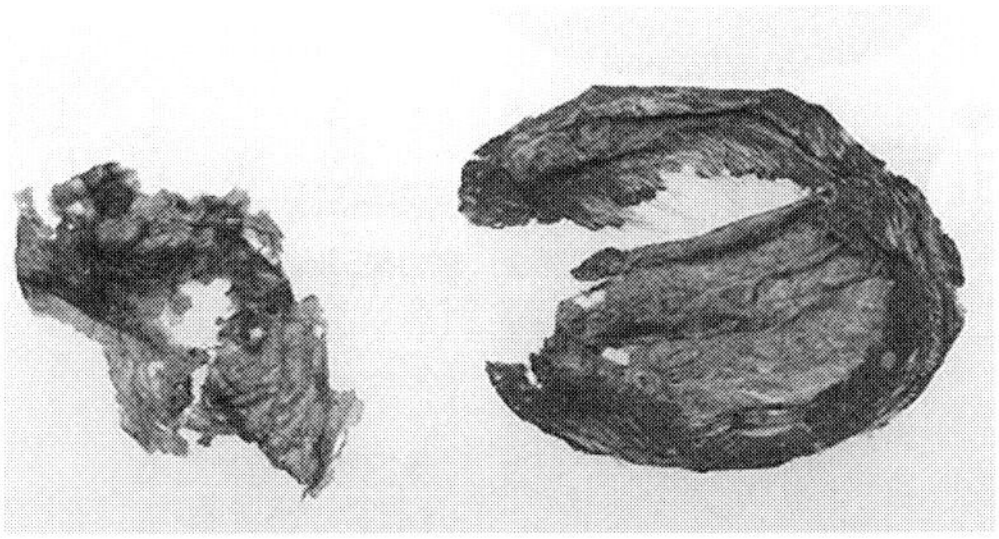

図1　麝香皮（正倉院宝物　北倉114）
（出典：『すぐわかる正倉院の美術　見方と歴史』東京美術、2002年）

図2　瑠璃壺（正倉院宝物　中倉71）
（出典：『すぐわかる正倉院の美術　見方と歴史』東京美術、2002年）

五、国家貿易から自由貿易へ

貿易管理について朝廷が各種統制の措置を取ったことは上述の通りである。基本的に博多港を来着の窓口に定め、外国商人の来航に三年間の年紀をかけ、日本人の渡海を禁制し、そして大宰府を通さない私的取引を禁じた。しかし、そうした禁制は早くからたびたび破られるようになった。例えば一〇四七年に肥前の住人清原守武が勝手に渡海した罪で捕まり処罰されその取引品は没収された。守武の行為はその地域の荘園や国府からの要請に応じたものと推測される。また、一〇六〇年には宋商林養が越前の敦賀湾に難破と称してやって来た。朝廷はその放還を定めたが、九九五年の朱仁聡の先例に従って良風が吹くまで滞在することが許されている。

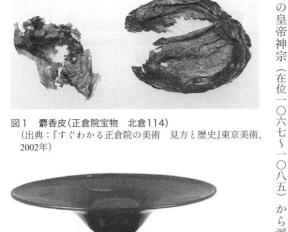

さて、『高麗史』によると一〇七三年に「日本国人王則貞・松永年」が高麗王への進物を持ってやって来たことが記されている。その進物は、螺鈿の装飾された鞍橋・刀・鏡匣・硯箱・櫛・書案・画屛・香炉・弓箭・水銀・螺甲の貝等だった。王則貞は一〇七九年にも高麗に渡ったが、その帰国の際に朝廷は大きな問題に直面することになる。それは、高麗王文宗からの書状と花錦・大綾・中綾各十疋・麝香十臍の贈物の受納についてである。文宗は病の治療のために日本に対して医師の派遣を要請した。同様の要請は宋朝にもなされており、宋からは三度その恩恵を受けた。その後も宋の医師が高麗を何度も赴いている。なお、日本では一〇五一年にも高麗から似たような要請があった。その時に医師要請に対して治療が失敗した際の不名誉を危惧して、医師は派遣しないこととなった。その返事では朝廷は高麗を臣下扱いする形式をとったのである。さらにもう一つ問題があった。高麗からの書状は日本商人の王則貞が帰国の際に託されてきたものであるが、その王則貞は密かに渡海したことであった。これに関して摂政藤原師実が他の日本商人も高麗へ行っているのか諮問したところ、きわめて頻繁に往来しているとの回答があった。これによって朝廷ははじめて日本と高麗の間における私的貿易を知ることとなった。結局、王則貞は処罰されなかったようである。

朝鮮の史料によるとこの頃、商人たちは対馬・壱岐・薩摩・筑前からやって来た。彼らは荘園や国府から派遣された人々と考えられる。一〇八七年にも対馬から元平という人物が到来し、真珠・水銀・宝刀・牛馬を高麗にもたらしている。その二年後にも別の商人が水銀・真珠・弓箭・刀剣を高麗に献じている。一〇九三年には高麗水軍が日本人の乗った不審船から硫黄・真珠等の品を没収しているが、日本側の史料ではこの事件について何も記していない。それは、彼らの出国禁止に対する違反が日本の朝廷に見つかっていなかったことの表れであろう。

王則貞のケースでは許されたようであるとはいえ、違法な取引は基本的には見つかると罰せられた。その一例が、一〇九三年に大宰権帥藤原伊房（一〇三〇〜一〇九六）が対馬の官人と結託して宋や高麗の北に隣接する遼（契丹）に僧侶の明範を派遣した事件である。明範は武器を売却して、異国の品を購入した。この事件で伊房はその職を解かれ、対馬守敦輔は位階を剝奪された。これらの処置は、朝廷が当時、渡海禁令の方針を堅持していたことを示している。

宋との交流にも問題が生じている。明州からの書状が一〇九七年と一一一六年にもたらされている。一通目は朝廷ではなく大宰府から返事が出され、二通目に対しては朝廷で五年間にわたって返事に関する討議が続いたが、結局、返事を出すかどうかさえ決まらないままとなった。

また、一一三三年に宋商の周新が博多にやってきた時には、肥前国にある鳥羽院領神崎荘の預所であった平忠盛（一〇九六〜一一五三）が交易のための使者を博多に遣わし、鳥羽院の立場で大宰府を通さずに交易した。この一件では、大宰府が事務を怠り私的な交易を許した罪で譴責されている。この事件の後、朝廷はあらゆる来朝者について問題が生じた時にその応対に関して報告するよう命じた。一方、忠盛は荘官としての地位を利用しているようにも見える。忠盛はその生涯で莫大な財を蓄えたといわれたが、それには荘園からの収入以外に、日宋貿易によるものであった。貿易同時期に他の九州の受領も富を蓄えた。筑後守であった中能なる者について「彼の蔵には金七瓶・銀七万両と無数の唐物・和物がある」（『長秋記』長承三年（一一三四）五月二日条）と記されている。一一四七年には摂政藤原忠通（一〇九七〜一一六四）に、孔雀と鸚鵡がその所領のひとつである薩摩の清水荘から献じられている。この荘園は坊津と関係が深く、その荘官は海商と交易していたに違いない。坊津は九州の南にあるが、このことは当時地方の荘官などが博多以外に海商とやり取りを行った例である。そして、この事例では孔雀と鸚鵡を平安へ送っているが、異国の鳥類を朝廷の貴族に贈ることは七世紀から十二世紀まで多々行なわれており、古代に特徴的な現象といえよう（鳥類の贈答については、皆川雅樹「鸚鵡の贈答」『長安都市文化と朝鮮・日本』汲古書院、二〇〇七年参照）。

十二世紀には多くの宋商が九州に在住していた。一一五〇年代に宋人が平戸から博多の西にかけて居住しており、宗像社や筥崎社と関係を持つ者もいた。『青方文書』（寿永二年三月二十二日）によると、博多から筥崎にかけておよそ一六〇〇戸にのぼる宋人居留者がおり、一一五一年に大宰府は密貿易に関わった廉でその資財を没収している（唐坊については、山内晋次「『香要抄』の宋海商史料をめぐって」『アジア遊学』一三二、二〇一〇年参照）。

一一五〇年に宋商劉文冲が二十以上の漢籍を左大臣藤原頼長に贈っている。母が日本人であることを示す名籍をもつ劉文冲は日本人として処遇されることを望んだ。これに対して頼長は一〇二六年の周良史の先例にふれて三十両の金を送り、さらに漢籍をもってくるように注文している。また、一一六八年に肥前国が大嘗会料として朝廷に唐錦一段と銀・蘇芳・陶砂（明礬《みょうばん》）を、肥後国が銀と紫檀・蘇芳を進上しており、これらの品はおそらく私的交易を通じて入手したものであろう。
一一七〇年になると特に注目すべき出来事が起こっている。宋人が平清盛（一一一八〜一一八一）と後白河法皇宛に明州からの文書と進物を持ってきたのである。清盛は当時、朝廷の重鎮であった。武家の出自ながら父忠盛から莫大な財物を受け継ぎ、一一五六年の保元の乱で天皇側について頭角を現した。そして九州に勢力を張り、兄弟や近親をその地域の役職につけて交易を行なわせている。さらに瀬戸内海沿いにいくつもの所領を有し、大輪田泊を修築した。また、貴族との婚姻を通じて朝廷における公卿たちとの関係を確立し、かつ天皇家と結びつき、一一六七年に太政大臣の位についた。翌年出家したが大輪田泊の近くの福原京の居宅においてその政治的・経済的活動を継続した。一一七〇年に受け取った書状と進物は、清盛が私的外交交易に手をつけたことの象徴であったといえる。清盛は明州から来た宋人を大輪田泊の近くの福原の居宅にまで招き、後白河院と会見させた。かかる所為は、天皇は外国人と直接会ってはならないという宇多天皇（在位八八七〜八九七）の寛平の御遺誡に反するものであり、清盛の行為に対する批判はすぐに現れた。九条兼実は「延喜以来未曾有の事なり。天魔の所為か」（『玉葉』嘉応二年九月二十日条）と評した。

その後、清盛は一一七三年に返事の書状と答進物を明州に送っている。その答信物は剣・手箱等の多彩な品であり、後白河院からも蒔絵厨子・蒔絵手箱及び砂金一〇〇両が贈られたのであった。これに対しても批判の声があった。武具を国外に贈ることは禁じられているにも拘らず、清盛は刀剣を宋への進物に加えたからである。

清盛が推し進めた日宋貿易は、公人が個人的にかつ直接に異国と交易する発端となった。清盛は法を変えることなく、対外交易を長いこと規定し続けてきた先例を打ち破ったのである。一一七五年以降、中国史料によると、漂着と称して日本から宋に到来する商団が現れるようになる。これはおそらくは日本の荘園や地方勢力から派遣された使者たちであろう。清盛が海商と私的交易を行なったこの事件は、貿易が自由に行われるようになる次の時代の開幕になったといえよう。

おわりに

本稿では平安時代の四〇〇年に及ぶ対外交易を概観した。この時期に主に往来したのは宋海商であった。おおまかに見ても文献史料だけで一〇〇人を数えることができる。比較的記録が残されている九八〇〜一〇二〇年の時期には例年のように宋商の来日が記録されている。それらの史料から考えると、平安時代を通じて一年に平均一回程度、宋商が来日していることとなり、あまり頻繁とはいえない。ただ、十二世紀になるとその数は増えていく。しかし、平安時代以前の一五〇年間で二十回前後の遣唐使派遣に比べれば平安時代の中国との交易は遥かに盛んだったといえる。一方で高麗からの来日は十世紀以降散発的になっていく。おそらく待遇がよくなかったからであろう。だがこの時期の高麗が対外的に受動的であったことは宋に対しても同様だった。外交使節は中国から高麗に大挙して押し寄せているが、高麗からはほとんど中国に向っていない。それはこの時代に北方の厖大な地域を占拠していた契丹族の遼王朝（九一六〜一一二五）や、続いて女真族の立てた金王朝（一一一五〜一二三四）の圧倒的な軍事力に対する危機感から、高麗はこの二国との関係に腐心していたからである。

さて日本において輸出入された品物の量について考えてみよう。この問題において当時を髣髴とさせるものは何も残っていないが、中国から来た宋代の交易船は一九七四年に泉州沖で発見された二〇〇トンの容積をもつジャンクと似ていたと考えてよい。積荷の量を想定するには、あるいは韓国の新安沖で一九七六年に発見された、泉州沈船より後代の十四世紀ものであるが保存状態がよかった、いわゆる新安沈船も参考になる。こちらも一五〇〜二〇〇トンと推定される容積量の船の中には二八トンの貨幣と二万点以上の貨物（主として陶磁器）が見つかった。残っている三つの箱がおおよそ七〇×五〇×五〇センチメートルで、それぞれに一〇〜二〇点の品物が入っていた。他の貨物ももともと箱に均一に入れられていたと考えられるので、箱の総数はおそらく一〇〇〇以上に上るであろう。そこから類推すると、十〜十二世紀に日本に来航した貿易船も同量程度の貨物を箱積んできたと思われる。平均しておよそ一年当り一隻ほどの来航であっても、博多には毎回、膨大な量の船載品がおろされたのである。朝廷は先買権を行使しようとしたが、全ての唐物を購入するためには膨大な量の金やその他の代価を費やさなければならなかった。それゆえ、朝廷が海商に年紀という規制を設けて来航を制限したことは不思議ではない。

朝廷にとって唐物の入手はきわめて魅力的であり、その購入に際して優先的に確保しようとした。しかし朝廷の意図に反して私的交易がさかんになっていく。それはまず初めに荘園や国府の官人たちと来日した商客との私的な交易として行なわれた。当初は海外からの来航が中心だったが、一〇七〇年以降、日本から商人が高麗に行き、その一世紀後には宋にも赴くようになった。この頃から朝廷側は対外交易に対する規制力を失っていき、最終的に喪失したのである。史料からおおよそ一一二七年までは朝廷はまだ宋商等に年紀を守るべきとして命じたことが確認できる。一方、遅くとも一一三三年までは大宰府に交易を管理させようとしたが、この時点で朝廷の影響力はすでに失われつつあった。もはや朝廷の力で私的交易の進展を止めることはできなかった。結果論ではあるが、日本では国家貿易が長く続きすぎた。しかし、国家的統制が続いたにせよ、唐物への殺到を押し止めることはできなかったのである。

算賀・法会の中の茶文化と『源氏物語』

――書かれざる唐物

末澤明子

近年の日本茶文化研究は、平安中期以降も喫茶が衰退せず、季御読経等の行事が続いていたことを重視する。『源氏物語』と同時代の法会や准拠とした算賀で茶が供され、『源氏』を模倣する後代算賀でも茶が供された記録があり、喫茶には唐物が伴う。『源氏物語』に茶は見えないが、それには物語展開上の理由があるようだ。

はじめに

日本に於ける喫茶史、茶文化に関する近年の再検討を踏まえ、平安時代の文学を捉え直そうというのが本稿のねらいである。その中で唐物を位置づけ、東アジアとの関わりを考えたい。具体的には天皇による上皇算賀を中心に、他の算賀及び法会の中の茶文化を考える。

一、日本喫茶史

喫茶史と文学――従来の研究

茶は、恐らくは遣唐使或いは遣唐僧が持ち帰ることで日本に伝わったとされる。喫茶史に関する大まかな見取り図としては、従来は次のように考えられていた。すなわち、平安初期に盛んであった唐風の団茶法（蒸した茶葉を搗き固めて保存、それを炙って砕いたものを沸騰した湯に投じ、塩を加えて飲む。固形茶）がその後、季御読経《きのみどきょう》のような限られた宮中行事や寺院の一部を除いて衰退し、鎌倉時代になって栄西《ようさい》が茶樹もしくは種と共に新たに宋風の点茶（抹茶）法を将来、『喫茶養生記』を著し、室町期の唐物荘厳の時代を経て「和漢の境をまぎらかす（村田珠光）」わび茶、茶の湯が成立、江戸時代になると明代以降の新しい喫茶法―煎茶法が伝えられた、というものである。[1]中国に於ける喫茶法の変化が時期を少しずらして日本に到来したことになるが、文学もそれらの喫茶法やその隆盛度合いに対応するものとして考えられてきた。団茶では、『凌雲集』、『文華秀麗集』、『経国集』の勅撰三集に見られる茶を題材とする漢詩が嵯峨天皇を中心とする唐風喫茶文化を現すとして捉えられる。以後の平安時代の文学に見える茶は、都良香や菅原道真の詩が喫茶の普及度合いを示すものとして、また道真論の資料として注目される程度であったかと思われる。点茶、煎茶も文学に見える茶はその期の喫茶文化の現れとして捉えられていた。そして、各喫茶法は何らかの唐物を伴っている。江戸時代の煎茶は文人たちの中国趣味から起こり、唐物茶器・調度を賞翫した。茶の湯では現在でも「唐物」は上位の点前《てまえ》の初めである。

喫茶史の再検討――近年の研究

しかし、近年、中国の喫茶法が重層的であることを含め、[2]日本に於ける喫茶史が再検討されている。茶の正史に於ける記録初見は『日本後記』弘仁六年（八一五）、近江行幸の際、梵釈寺に立ち寄った嵯峨天皇に僧永忠が茶を煎じ供したとの記事であるが、それ以前、既に喫茶を題材にした詩が作られていることは従来も指摘があった。近年の指摘は文献史料の再検討、考古学調査の成果による。前者では、中村修也による平安時代を通じて宮中行事の季御読経が間断なく行われていたことの重視に始まり、[3]宮中以外に顕密寺院で団茶法が定着していたことの意味も指摘されている。[4]それに伴い、栄西の役割に関して改めて種々の論がある。後者としては、一つには奈良時代遺跡出土の緑釉陶器が茶器と見られ、茶の将来は平安以前にあったと考えられることがある。[5]また、十二世紀博多遺跡から天目茶碗が出土していることについては、点茶法が栄西以前に伝わっていたかとみられるが、博多在住の宋商人が使用したものであろうともいう。[6]団茶―点茶―煎茶との呼称も製茶法と喫茶法を混用するなど問題とされるところだが、今は従来の呼称に従う。その他、日本各地に残る陰干し番茶や四国に残る後発酵茶と中国や東南アジア地域における庶民の茶との関連から、日本への茶とその利用法の到来も早くから重層的にあった可能性を考える説も出されているが、[7]本稿では儀式の茶を出発点として考える。

平安時代の茶

早く伊藤うめの「葉茶の飲用の歴史」（『風俗』12―2、4、一九七四年）は宇多天皇は団茶を飲んだが、入唐帰朝僧が伝えたのは炙製葉茶、宇多天皇時代を契機に貴族社会に喫茶が定着、庶民層にも広がり始め、生薑《しょうが》・甘葛煎《あまづらせん》を加える季御読経の茶は奈良時代以前の古式による儀礼茶でこれも炙製葉茶である、としていた。平安時代の茶が唐の陸羽『茶経』推奨の団茶であったことは、「香茶酌罷」「盆浮沸（盆《ほとき》に浮《う》き沸《わ》き）、浪花起」（経国集）、「搗香茗（香名《こうめい》を搗《つ》く）」「酌茗薬堂」（凌雲集）、「搗茗」「煙火」（文華秀麗集）、等の表現から推測される。中村修也は詩中の「緑茗」（文華秀麗集）「山中茗」「萌芽」（経国集）から葉茶も飲まれたとし、茶に関する平安時代の資料を博捜、考察を加えた福地昭助『平安時代の茶――「喫茶養生記」まで――』（角川学芸出版、二〇〇六年）も一部は摘みたての葉茶を炙ったものかと考える。張建立「平安時代から鎌倉時代における製茶」（『芸能史研究』155、二〇〇一年一〇月）・『茶道と茶の湯――日本茶文化試論――』（淡交社、二〇〇四年）は日干し葉茶を煎じて飲んだとしている。「緑茗」については注（5）前掲の神津朝夫『茶の湯の歴史』が固形茶復元実験に基づき、水色も味も現在の煎茶と変わらないと述べるなど、諸説定まっていない。

菅原道真以後も十〜十二世紀を通じ、『躬恒集』、『和漢朗詠集』、『本朝麗藻』、『新撰朗詠集』、『本朝続文粋』等に茶を題材とした和歌、漢詩が見えるので、喫茶は衰退したとはいえない。漢詩は寺院を舞台としたものが多いが、古記録の季御読経の記事中に散見される引茶（ひきちゃ・いんちゃ）を重視することが喫茶史再検討の端緒となった。さらに季御読経以外にも例えば藤原忠平『貞信公記』天慶二年（九三一）三月二十日条の興福寺律師に「勧茶、施禄、白褂一重」との記事が貴族の家庭への茶の普及を示すともいう[8]。一方、喫茶史でよく知られる藤原実資『小右記』長和五年（一〇一六）五月十一日条、病気の藤原道長が「従今日服茶」との記事は、寺院以外では茶を飲むのは日常的でないようにみえる。結局は、記録に留められたものを特殊な事例と見るか、記録されなかったことを推測して全体像を描くかという違いが諸説の違いを生むようである。本稿では、それらを踏まえた上で別の角度から平安時代の喫茶、茶文化と文学を考えたい。

二、宇多法皇五十賀・『源氏物語』の紅葉賀と後代の算賀

喫茶には唐物が伴っていた。勅撰三集時代と点茶将来以後の時代の狭間も喫茶が続いていたのなら、そこでは唐物はどれほどあったのだろうか。

宇多法皇五十賀

延喜十六年（九一六）三月七日、醍醐天皇は朱雀院に行幸、父宇多法皇の五十賀を催した。源高明『西宮記』巻十二「太上天皇賀事」[9]により、儀式次第を簡単に示せば以下のように

なる。儀式の場所は寝殿南廂、天皇による拝舞の後、上皇が大床子に着座、皇太子を召す、その間に捧物、屯物（屯食）があり、続いて法皇に、次に天皇に膳が供される。次いで音楽があり、童親王すなわち克明親王等の舞がある。舞の前に左衛門督藤原定方が法皇に茶盃を奉る。舞の後、式部卿敦実親王が銚子を持ち、天皇が寿言と共に茶盃を奉る。舞前後の「茶盃」には「銀盃」との注記がある。その後、引出物、御遊と続き、西廊では院司以下に禄が与えられ、翌日関係者に加階がある。克明親王の舞の部分は福地の解釈による。『新儀式』は一、二年前からの準備期間、二、三日前の試楽の他、当日の次第もやや少し詳しく、さらに注記にこの五十賀と延喜六年の四十賀の事例が記されている。それによれば、最初の茶が供されたのは音楽の前、供膳に続く「次供御酒」の注記に「延喜十六年、法皇供御茶也」とある。この「供」は「たてまつる＝飲む」の意である。三献後は音楽、童舞、次いで平敷に移動、童舞、「召加親王大臣参上候簀子」、注記に供膳、また大臣、僧正聖宝、済世親王に膳と茶を与えたとある。茶が二度供されたのは五十賀独自で、最初の茶は通常酒を供するところを茶に替えているものである。

『西宮記』と『新儀式』とでは儀式次第に違いがあり、茶の供される箇所も異なるが、天皇による上皇算賀という盛儀で茶が見えることに注意したい。

紅葉賀巻の朱雀院行幸

宇多法皇五十賀は『河海抄』以来紅葉賀巻の朱雀院行幸の準拠とされてきた。この行幸は若紫巻で「十月に朱雀院の行幸あるべし」、末摘花巻で「行幸のことを興ありと思ほして」「行幸近くなりて、試楽などののしるころ」、と予告されている。「朱雀院の行幸は神無月の十日あまりなり」に始まる紅葉賀巻、試楽の場では、

源氏の中将は、青海波をぞ舞ひたまひける。片手には大殿の頭中将、容貌用意人にはことなるを、立ち並びては、なほ花のかたはらの深山木なり。……詠などしたまへるは、これや仏の迦陵頻伽の声ならむと聞こゆ。おもしろくあはれなるに、帝涙をのごひたまひ、上達部親王たちもみな泣きたまひぬ。

（一311、新編日本古典文学全集の巻数・ページ数）

と、源氏の舞姿のすばらしさが強調される。儀式の大枠を考えれば、朱雀院行幸であることに加え、試楽や加階も含め、儀式次第が重なり、「春宮もおはします」、「宰相二人」についても指摘され、両者の対応は否定できない。季節の違いから延喜六年（九〇六）十月二十三日宇多法皇四十賀、童舞や加階に関しては長保三年（一〇〇一）東三条院四十賀も指摘

される。東三条院四十賀に伴う法華八講では、後述するように茶が出されている。その他、弘徽殿女御の「神など空にめでつべき容貌かな。うたてゆゆし（一312）」との発言と醍醐天皇大井川行幸の際に童舞をした七歳の雅明親王について『大鏡』「雑々物語」が述べる「あまり御かたちの光るやうにしたまひしかば、山の神めでて、取りたてまつりたまひしぞかし（376、同）」との関連も指摘されるなど諸説ある。

紅葉賀と史上の上皇算賀

準拠、引用が多く指摘される紅葉賀が初見となるのが、試楽、当日とも記事の中心となる青海波である。『源氏物語』前に例のない上皇五十賀の青海波は以後、藤裏葉巻、冷泉帝・朱雀院の六条院行幸、若菜上巻の紫上主催源氏四十賀と、物語中で繰返し回想される。

それのみならず、史実に於ても天皇家、摂関家、将軍家が再現したことは三田村雅子『記憶の中の源氏物語』（新潮社、二〇〇八年）に詳しい。上皇算賀等で青海波が舞われることが、雅びである以上に『源氏物語』による政権の権威付けとなったことは慥かであろう。青海波を最初に再現したのが康和四年（一一〇二）三月、堀河天皇による白河法皇五十賀である。次いで仁平二年（一一五二）鳥羽院五十賀、安元二年（一一七六）三月の後白河法皇五十賀である。青海波は以後も続くが、本稿で扱う範囲を超えるので措く。

紅葉賀巻の青海波に連なる右の算賀の宴を茶文化の面から考えたい。

三、上皇算賀に於ける茶

後白河法皇五十賀と「康和の例」

後白河法皇五十賀が範としたのは白河法皇五十賀であった。賀の前年、九条兼実『玉葉』承安五年（一一七五）七月四日条に蔵人右衛門権佐光雅が来て伝えた話を記す。「今度偏被用康和例[10]」のだが、その中に、茶を供するため、康和の「煎茶具」を取り出そうと「鳥羽御倉」即ち鳥羽離宮の蔵を探したところ、紛失していた、仁和寺円堂を開いて「具等」を取り出し「本様」とすべきだとの記事がある。光雅の伝える話では範とする「康和例」だけでなく、「仁平例」も意識されていたようで、両五十賀に於ける御厨子数の違いを問題にしている。『玉葉』同日条には茶に関しても「仁平無之」との注記から茶が供されなかったことが、また、本様云々の箇所の「康和如此」との注記から茶の供し方を問題にしていることがわかる。

『玉葉』のこの記事は、「煎茶」との表現から茶は団茶と考えられ[11]、さらに当時は喫茶が廃れていたことを示す例としても紹介された[12]。茶が出されなかった仁平二年は季御読経の引茶に関し、点茶の始まりを示すかどうか議論のある中山忠親『山槐記』の記事と同年である。点茶かどうかはともかく、何らかの喫茶法の変化を示していると考えることは可能であろう。そうであるなら、二十四年後の後白河法皇五十賀で煎茶具がなくなっていたことは、古い喫茶法によろうとしたことを意味するのかもしれない。

上皇算賀の茶具

茶を供することは白河法皇五十賀に加え、遠く宇多法皇五十賀にも倣ったといえる。白河法皇五十賀も宇多法皇五十賀を範としたことは、「御賀御祈」として伊勢・石清水・上下賀茂の三社に奉幣使を送る定文書につき、『醍醐御記』を参照した（藤原宗忠『中右記』三月一日条）点にも現れている。

賀当日の茶の供し方をみると、宇多法皇五十賀の銀盃は『延喜式』「諸節供御酒器」の「銀盞」との規定に通ずる。

後白河法皇の「煎茶具」の準備を記した『玉葉』は賀当日、三月四日条で「今度賀宴偏康和例也」とし、仁平の場合も含め逐一先例を挙げ、儀式次第を詳述するが、茶には言及しない。一連の盛儀の仮名記録、『安元御賀記』にも茶の記事は見えない。仁和寺円堂から取り出したものが何であるかも記録がないが、その第一は固形茶を碾く茶研であろう。仁和寺に宇多法皇が納めた仏具等の記録、『仁和寺《にんなじ》御室《おむろ》御物《ごもつ》実録《じつろく》』（『続々群書類従』による）の中には茶道具と思しきものが見え、数点ずつ計三筥に入れられ、封印されている。例えば、椹木《さわらぎ》茶研一具、銀銚子一口・同茶笥一口・同茶散一枚・同水飾輪一枚、青茶垸《ちゃわん》一口を浅香筥に納め、口に白鑞を置くといった具合である。青茶垸は唐の陸羽『茶経』が茶の色を引き立てるので最上であるとした越州窯陶磁である。椹木製茶研、他の筥の高松製茶研は国産であろうが、茶具の多くは唐物であり、青茶垸がその代表である。後白河院五十賀にあっては、国産茶研を、また青茶垸ではなく、銀盃或いは新品を使用したとしても、そこには唐物があったはずである。

康和例、白河法皇の場合も同時代の古記録『中右記』、『殿暦』等、青海波について詳述する古記録は茶については記すことがなく、賀当日の供膳記事もさして詳しくない。

「康和例」と断るように、上皇算賀で茶が供されることが通例であったとはいえまいが、上皇算賀自体例が少ない。嵯峨天皇四十賀に始まる平安時代宮廷行事としての算賀を考察した村上美紀「平安時代の算賀」（『寧楽史苑』40、一九九五年二月）は院政期を除けば上皇算賀が行われたのは嵯峨、宇多、陽成の三上皇のみであると指摘する。算賀が行われるには何よりも長命でなければならない。四十歳を迎える前に没した天皇・上皇も少なくないし、天皇在位中に四十賀、五十歳前に没した村上天皇、三条法皇のような例もある。

四、紅葉賀巻の算賀

『源氏物語』の時代と茶

紅葉賀巻の算賀を一連の算賀の中に置いてみると、茶は宇多法皇五十賀に始まり、青海波は紅葉賀巻の一院の賀に始まる。醍醐朝の出来事を取り入れている『源氏物語』が茶の部分を取り入れなかったことをどう考えるべきか。後述するように、『源氏物語』と同時代に東三条院四十賀のための法華八講で茶が出され、瑠璃壺が用いられている。また、藤原行成『権記』長徳元年（九九五）十月十日条に造茶所が中宮御読経の「今年料造進茶料物（『史料纂集』による）」を申請とある。この「中宮」は時期から考えて定子であろう。病の藤原道長が茶を飲んだのは少し後の時期であるから今は除外するが、『源氏物語』の近くにも茶は間違いなくあった。

青海波を舞う源氏と一院

紅葉賀の場面は青海波を舞う源氏ただ一人の姿に焦点を当てる。試楽で対となって舞う頭中将は「花のかたはらの深山木」とされる。それに対し、

藤壺は、おほけなき心のなからましかば、ましてめでたく見えましと思すに、夢の心地なむしたまひける。宮はやがて御宿直なりけり。「今日の試楽は、青海波に事みな尽きぬな。いかが見たまひつる」と聞こえたまへば、あいなう御答へ聞こえにくくて、「ことにはべりつ」とばかり聞こえたまふ。（一312）

と藤壺の思いが語られ、源氏と藤壺の贈答歌「もの思ふに立ち舞ふべくもあらぬ身のそでうちふりし心しりきや」「から人の袖ふること遠けれど立ちゐにつけてあはれとは見き」が続く。賀当日もその盛儀は源氏の舞に収斂され、青海波後の童舞が「さしつぎの見物なりける」とあるのも源氏の姿を補完するものとみてよい。このような紅葉賀の中に茶を置くとすれば、物語上、その系譜も明らかにはされておらず、桐壺院が訪ねるからその父かと推察される一院その人を大きくとりあげることになる。それは物語の要請するところではない。そもそも紅葉賀巻の行幸が算賀のためであることは「紅葉賀」という巻名からのみ知られることであり、一院も翌年、

参座しにとても、あまた所も歩きたまはず。内裏、春宮、一院ばかり、さては藤壺の三条宮にぞ参りたまへる。（一324）

と、新年参賀に関連してただ一度登場、朱雀院行幸が一院算賀のためであったことが暗示されるのみであった。

若菜上下巻の算賀

それでは光源氏が被賀者となる若菜上巻の四十賀はどうだろう。准太上天皇である源氏の算賀は上皇算賀同様に考えることができよう。宇多法皇、醍醐天皇の算賀を准拠とすることで、光源氏の比類ない素晴らしさが披露されるとする浅尾広良「光源氏の算賀――四十賀の典礼と典拠――」(『源氏研究』7、二〇〇二年四月)もあるが、茶という面から考えたい。この四十賀は、「事のわづらひ多くいかめしきことは、昔より好みたまはぬ御心(四55)」の源氏が辞退したにも関わらず、玉鬘、紫上、秋好中宮、冷泉帝の命を受けた夕霧により、何度も行われ、それぞれに唐物が用いられる。第一の賀、正月二十三日、玉鬘が若菜を献上した日の調度は、「御挿頭の台は沈、紫檀を作り…」と材質は唐物、「薬の箱」の中味も唐物であろう。若菜を前に玉鬘とのやりとりが「沈の折敷四つ」であり、「上達部あまた」が参集しての饗宴の場も「沈の懸盤四つ」が置かれる。十月、紫上主催の賀、薬師物供養の精進落としの宴、があり、その中で紅葉賀の青海波が回想された。夕霧主催の宴でも源氏の背後に置かれる屏風は「唐の綾の薄緂」を貼ったものであり、源氏から太政大臣へは、「御贈物に、すぐれたる和琴一つ、好みたまふ高麗笛そへて、紫檀の箱一具に唐の本ども、ここの草の本など入れて御車に追ひて奉れたまふ(四101)」といった具合に唐物が源氏の意思と関わりなく華やかさを示している。

一連の四十賀には紅葉賀同様に茶は登場しない。仮に宇多、白河、後白河と史上の三例が五十賀であったことに意味があるとするならば、若菜上巻は四十賀であったからといえないことはない。源氏が後見して女三宮が催す若菜下巻の朱雀院五十賀は、延期に延期を重ね、賀当日より試楽の方が詳しく語られる。そこでは密通を知る源氏と密通の当事者柏木とのやりとりが前面に出て以後の物語を導く。祝われる朱雀院は出ることなく、茶もまた出ない。

五、法会の中の茶文化

季御読経の引茶

春秋二度、百僧に大般若経を転読させ、国家安泰を祈願する宮中行事、季御読経は平安時代、間断なく実施されており、このことが喫茶史再検討を促した。歴史を辿れば、奈良時代から大般若経他転読の記録(『続日本紀』)が見えるが、時期に定めはない。年中行事化されたのは、九世紀半ばに四季、同後半に春秋二度となってからである。紫宸殿では八十人が大般若経を、清涼殿では二十人が仁王経を転読する。春季第二日夕座に僧に茶をふるまう引茶があり、両季第三日に論議がある。引茶の春季第二日限定は十一世紀後半以降で、季御読経の内容にも変遷がある。その他に中宮や大臣・摂関が催す「御読経」もあり、ほぼ同様の儀式次第であったようである。茶は大内裏東北の隅にある内裏茶園産のものを使用する。

引茶次第を記した史料は多くはない。儀式書・故実書でa『西宮記』、b藤原重隆『蓬萊抄』、c同『雲図抄』、d大江匡房『江家次第』、古記録でe平親信『親信卿記』、f藤原為房『為房卿記』、g『山槐記』、史書でh藤原通憲『本朝世紀』があるなどである。諸史料を整理、季御読経全体を述べた倉林正次「季御読経考」（『饗宴の研究（歳事・索引編）』桜楓社、一九九二年）や諸論考[13]を参考にその次第を確認する。

季御読経での茶器は「土瓶」、「土器」であるから唐物ではない。加えて引茶で実際に陪膳に従事するのは若干の変遷があり、紫宸殿・清涼殿で同じではないが、主として蔵人である。清涼殿では雑色、所衆、紫宸殿では、僧たちの手に水を注ぐ四位、折敷に載せた人数分の土器、茶や甘葛をいれた土瓶をそれぞれ持つ六位三人、僧たちに茶を手渡す五位が当たる。茶の飲み方は、十世紀頃は甘葛煎を加え、好みにより、厚朴・生薑を加える（a・e）が、十一世紀以後は厚朴・生薑は加えず（b・c・e・f）、或いは茶に替えて厚朴を用いる（b）様子が見え、hには蔵人二人が「甘葛厚朴等瓶子」を取るとある。十二世紀半ば、gの土器・土瓶だけで茶がなかったとの記事から、土瓶の中味を抹茶用の湯と見る中村修也説もあるが、異論もある。

このような引茶は平安時代仮名文学には登場しない。行事を実見していなければ書けることではないが、引茶の場を詳しく語るとなれば、焦点は蔵人たちに当てられる。王卿は関わらない。これが物語に引茶が語られない一つの理由ではないか。「きらきらしきもの」に季御読経をあげ、僧を先導する威儀師やその装束を「えせ者の所得るをり」にあげる『枕草子』が引茶に関心を示さないのには別の理由があろう。

胡蝶巻の船楽と御読経

『源氏物語』に見られる「御読経」は三例、いずれも本来の宮中行事としての季御読経ではなく、物語でも「季御読経」との語は用いていない。三例は賢木巻、源氏の「春秋の御読経」、胡蝶巻、秋好中宮主催の「御読経」、御法巻の秋好中宮の「御読経」であり、詳しく語られるのは胡蝶巻のみである。この御読経は、「三月二十日あまりのころほひ」に六条院春の御殿で行われた船楽の翌日に行われた。

船楽は新造の「唐めいたる舟」に雅楽寮の人を召し、「親王たち、上達部などあまた」が参集して夜を徹して行われる。折から里下がり中の秋好中宮と紫上の春秋争いが加わり、源氏も中宮に「花のをり」を味わわそうと、二町を結ぶ池に浮かべた龍頭鷁首に、身軽に動けない中宮の代わりに若い中宮女房を招く。そこでは、『源氏物語』中、ただ一度見られる「龍頭鷁首」との語、「唐の装ひにことごとしうしつらひて」、「唐土だたせて」などの表現、唐楽の「皇麞《おうじょう》」や「喜春楽」を重ねてゆく。季節の情景を重ね、船楽自体の華やかさ、春の町の美しさ、中宮女房たちの反応、離れた町で音のみを聞く中宮の思いなどを重ねつつ唐風の光景が散りばめられる。白詩、漢籍を引用しての表現も含め、唐風のあれこれは船載品の唐物自体ではないが、六条院栄華に収斂されるかに見えて、原詩の意味を考えるならば、六条院に翳りを読みとることができ、種々の論が重ねられて来たところである。[14]

船楽に参集した人々が「日の御装ひ」に改め、正式の行事として参加した翌日の中宮御読経についても、彰子立后後の道長による中宮御読経と同様、源氏がこの法会を後見、秋好中宮の権威を確立する政治的意図を読みとる説がある。[15] 同時に迦陵頻と時代の極楽浄土への憧憬との関連も指摘[16]がある。

童舞と供花

中宮御読経は、参上の人々が「多くは大臣の御勢にもてなされたまひて、やむごとなくいつくしき御ありさまなり（三171）」と語られるが、威儀師に先導される僧たちの様子には触れず、法会自体も殆ど語られない。この法会は中宮主催御読経であり、厳密には紫宸殿並びに清涼殿に百僧を招いて行う季御読経ではないが、規模はともかく、法会次第に大きな違いはないだろう。『源氏物語』の書かれた時代にはまだ引茶が春季第二日に限定されていない。中宮御読経の引茶の用意を記す『権記』記事もあり、物語内事実として引茶があったと考えることが可能である。だが、引茶は物語の採り上げるところとならず、僧の姿も見えない。湯浅幸代は里邸に於ける中宮御読経が史実では懐妊のためであったことと僧が登場しないこととの関連を述べ、荻田みどりは引茶記事のないことを『源氏物語』の食事記述の少なさと関連づけるが、[17] 焦点を誰に当てるかに注意したい。紫上が供える花は、鳥蝶、即ち迦陵頻、胡蝶楽の装束をした童が届ける。

鳥蝶にさうぞき分けたる童べ八人、容貌などことにととのへさせたまひて、鳥には、銀の花瓶に桜をさし、蝶は、黄金の瓶に山吹を、同じき花の房いかめしう、世になきにほひを尽くさせたまへり。……童ども御階のもとに寄りて、花ども奉る。行香の人々取りつぎて、閼伽に加へさせたまふ。御消息、殿の中将の君して聞こえたまへり。（三171）

この場に華やかさを演出する童舞は他の法会にも見られる

が、季御読経本来のものではない。他の法会の一例に、寛弘元年（一〇〇四）五月十九日、道長発願の故東三条院詮子法華八講で、八人による胡蝶、青海波の童舞があり、僧八人が供花を受け取った例がある。

行香の人々

藤原道長『御堂関白記』同年五月二十一日裏書に見える右八講の記録を引き、山崎良幸・和田明美・梅野きみ子・熊谷由美子・山崎和子『源氏物語注釈六』（風間書房、二〇〇四年）は「供花を僧八人が受け取ったこと、「胡蝶」と「青海波」の舞をしている点は違うものの、音楽・舞楽の行われる法会の盛大さは類似する」とする。僧が供花を受け取るのが本来であるとすれば、その役割を替えて登場するのが僧に香を配る「行香の人々」であることに注意したい。

「行香の人々」は季御読経の場合、『西宮記』、『江家次第』によれば、王卿ならびに侍従がこれに当たる。法会の一連の次第の中で御読経本来のものとして唯一、一瞬登場するのが、王卿によるものであり、香であったことは注意できよう。香はまさしく唐物であり、唐物として考察の対象とされている。(18)

仏前に供える名香、衣服にたきしめる薫衣香、室内に薫らす空薫物のうち、考察の対象とされるのは特に空薫物としての香かと思われるが、ここでは香の日本に於ける第一の使用法である名香が前面に出ている。仏に供える香であるが、同時に僧たちに与える点を唐物の香と重ねて見ることができよう。遠景に見える唐物である。

東三条院四十賀の法華八講

それでは法会の中で茶が唐物を伴っていたことが確かな例はなかったか。『権記』長保三年九月十七日条、東三条院詮子四十賀のために道長が主催した法華八講の記事中に見える。夕座の後の宴、穏座に於けるものである。

『史料纂集』により、割書を小字にするほか、一部表記を改めて引く。

穏座最初盃下官取之、相府之命也、右金吾為陪膳供御膳、次朝経・済政両人舁茶煎具、瑠琉壺、次右衛門督執盃、同盃安二階云々、有和歌事、中宮権大夫執筆書出、

『日本紀略』、『栄花物語』にも同日記事があるが、茶には触れない。この穏座の記事につき、中村修也は「茶礼が確立しているわけではないが、儀礼の一環として茶が位置付けられていることは確かである」とし、福地昭助は醍醐天皇による宇多院算賀との類似点を指摘する。瑠琉壺の茶を注いだ盃を勧めるのは右衛門督すなわち藤原公任である。ここで瑠琉壺が用いられたことに注意したい。引茶に用いる瓶子・土瓶に相当するものであろう。盃の材質については記載がないが、

瑠琉、瑠璃壺に見合うものと考えてよいのではないか。

東三条院四十賀は『源氏物語』と同時代であり、紫式部父、藤原為時は屏風歌に詠進した一人でもあるが、この茶が『源氏物語』に投影したとは見えない。『源氏物語』の中で他の唐物と違い、瑠璃はその所持者との間に少しの不調和もない。[19] それが瑠璃壺をひいては茶を制限することに繫がっているかもしれない。

六、書かれざる唐物

十一世紀以降の茶垸・瑠璃

宇多院五十賀では銀盃が使用されたが、「仁和寺御室御物」には「青茶垸」もあり、喫茶に用いられていたことがわかる。「茶垸」という語が喫茶具に限らず、中国製陶磁器を指すようになったのは、喫茶具としての用法が最初だったからであった。[20]

高橋照彦によれば、天皇の食器に確認される「金銀朱漆瓷」の器を最上位とする階層性は十世紀より変質、十一世紀中頃には明らかな崩壊の一歩を見せる。瓷＝国産緑釉陶器は十二世紀、朱漆も十三世紀前半には使用が途絶えて土器＝土師器に取って代わられ、旧来的な御膳の食器体系が完全に崩壊した。「金銀朱漆瓷」が中国製器物の模倣もしくは影響と考えられるのはデザイン面であるともいう。[21]『源氏物語』の登場人物で越州窯陶磁の優品、秘色を用いているのが時代遅れの末摘花であることとも重なるかもしれない。[22] だが、種々指摘があるように十一世紀初期の古記録には、茶垸という語が目に付く。それらは人から人への献上品、もしくは贈り物であることが多く、時には瑠璃瓶も含まれる。唐物の茶垸が蘇芳や瑠璃瓶と並んで献上品となり、時に盗まれるのは、貴重なものであったからにほかならない。瑠璃も寛弘年間に多く見られるようになり、それ以前の仏具としての使用法から酒器等、飲食の器としての用法に変わってゆく様子が見える。その早い例に寛弘五年（一〇〇八）十二月十日、敦成親王百日儀の瑠璃瓶・盃、長和四年（一〇一五）の禎子内親王著袴儀の瑠璃壺・盃があった。[23] 長保三年の例も仏事の瑠璃壺だが、穏座で用いられたことから、これも新しい用法としてもよいだろう。新しいとはいえ、特別の場合に使用されるものである。

茶文化——『源氏物語』とその周辺

平安時代中期以降の茶文化は右のような状況と共にある。

茶が出される諸事例でどのような茶具が用いられたか。季御読経では土瓶・土器と素焼きの茶具が、宇多法皇算賀では銀盃が用いられた。「仁和寺御室御物実録」に見える遺物のうち、茶具をまとめたと見える三筥にはそれぞれ「青茶垸一口」が納められている。十一世紀前半は日宋交易の場が鴻臚館から博多へ移行しようとしている時で、輸入陶磁にも変化があるが、平安中期以降も喫茶具としての茶垸は天目茶碗に取って代わられるまで用いられていたと考えられる。

季御読経、中宮御読経だけでなく、長保三年の例に見るように、『源氏物語』の周辺でも喫茶はあった。それは日常世界のものではなく、儀式に於けるものではあるが、さらに『源氏物語』が準拠としたと考えられる醍醐朝の算賀では茶が供され、引用する『菅家文草』『菅家後集』にも茶を飲む詩がある。それにも関わらず、『源氏物語』は茶に触れることがない。初音巻の男踏歌のように、既に廃絶していた年中行事を描くこともあり、一方、算賀等で屏風はあっても屏風歌には触れないの(24)が『源氏物語』である。物語中の記事にはさまざまな偏差がある。一見、『源氏物語』は茶に関心がないかに見える。しかし、茶があったかもしれない、或いは登場させ得たであろう儀式の場を見ると、断定できぬものもあるが、茶が見えないのには物語展開上の理由があると見える。何であれ、時代の茶文化の近くに『源氏物語』はあり、そこに書かれざる唐物があった。平安時代喫茶史を捉え直したとき、このように言い得るのではないか。

七、唐物と東アジア

儀礼としての茶文化は日本だけにあるのではない。例えば、朝鮮半島に於ける茶文化を論ずる金巴望a「朝鮮喫茶研究史」、b「高麗・李朝の喫茶文化と歴史」（千宗室監修・高橋忠彦編『茶道学大系七』淡交社、二〇〇〇年）のような研究があり、中国、日本の外交使節に対する茶礼についても述べられている。そこにも唐物がある。金論文bによれば、宋は統一以来、周辺国と外交を進めるに当たり、その国々への下賜品として必ず、龍鳳茶（抹茶）を与えたという。それを受け、茶に華夷思想が付随するとして、日宋貿易に茶碗が含まれても茶そのものの売買が見られないのことの関連を指摘する説もある(25)。栄西が茶樹、種を持ち帰らずとも日本では十分な茶が栽培されていたというのが近年の研究だが、唐物となり得るものは何かという問題を改めて考えたい。

注

（1）守屋毅編・梅棹忠夫監修『茶の文化　その総合的研究　第一部』（淡交社、一九七八年）、村井康彦『茶の文化史』（岩波新書、一九七九年）、熊倉功夫『茶の湯の歴史　千利休まで』（朝日選書、一九九〇年）。

（2）高橋忠彦「中国の喫茶の重層性」（『アジア遊学』88、二〇〇六年六月）。

（3）中村修也「栄西以前の茶」（千宗室監修・谷端昭夫編『茶道学大系二』淡交社、一九九九年）。以下、中村修也の論はすべてこれによる。
（4）橋本素子「鎌倉時代における宋式喫茶文化の受容と展開について――顕密寺院を中心に――」（『寧楽史苑』46、二〇〇一年二月）。
（5）小川後楽『茶の文化　喫茶のはじまりから煎茶へ』（日本放送出版協会、二〇〇二年）、神津朝夫『茶の湯の歴史』（角川選書、二〇〇九年）。
（6）田中克子「貿易陶磁器の推移・中国陶磁器」（大庭泰時・佐伯弘次・菅波正人・田上勇一郎編『中世都市・博多を掘る』（海鳥社、二〇〇八年）、大庭康時『中世日本最大の貿易都市博多遺跡群』（新泉社、二〇〇九年）。
（7）中村羊一郎『番茶と日本人』（吉川弘文館、一九九八年）。
（8）福地前掲書。
（9）『改訂増補故実叢書』により、『尊経閣善本影印集成』を参照した。『新儀式』は『群書類従』による。
（10）『図書寮叢刊』による。
（11）注（1）村井前掲書。
（12）注（5）小川前掲書。
（13）佐野和規「季御読経」における請僧」（『待兼山論叢』25、一九九一年）、相馬範子「季御読経における引茶について」（『芸能史研究』169、二〇〇五年四月）。
（14）小林正明「蓬萊の島と六条院の庭園」（『鶴見大学紀要　国語・国文学編』24、一九八七年三月）他。
（15）甲斐稔「胡蝶巻の季御読経」（『中古文学』三八、一九八六年十一月）。
（16）植田恭代「迦陵頻と胡蝶」（『源氏物語の宮廷文化　後宮・雅楽・物語世界』笠間書院、二〇〇九年。初出二〇〇〇年）。
（17）湯浅幸代「秋好中宮の「季御読経」――史上の「中宮読経」例、再考――」（『明治大学文学研究論集』23、二〇〇五年九月）、荻田みどり「『源氏物語』の茶――胡蝶巻の中宮御読経をめぐって――」（『日本文芸学』46、二〇一〇年三月）。
（18）関周一「香料の道と日本・朝鮮」（荒野泰典・石井正敏・村井章介編『アジアの中の日本史Ⅲ　海上の道』東京大学出版会、一九九二年）、皆川雅樹「九～十世紀の「唐物」と東アジア――香料を中心として――」（『人民の歴史学』166、二〇〇五年十二月）。
（19）末沢「『源氏物語』のガラス――宿木巻の藤花宴を手がかりに」（『上智大学国文学論集』39、二〇〇六年一月）。
（20）林屋晴三「茶碗という言葉」『茶碗（日本の美術14）』（至文堂、一九六七年六月）。
（21）「瓷器」「茶碗」「葉碗」「様器」考――文献にみえる平安時代の食器名を巡って」（『国立歴史民俗博物館研究報告』71、一九九七年三月）。
（22）河添房江「末摘花と唐物――唐櫛笥・秘色・黒貂の皮衣」（『源氏物語時空論』東京大学出版会、二〇〇五年、初出二〇〇一年）、『源氏物語と東アジア世界』（NHKブックス、二〇〇七年）。
（23）注（19）。
（24）末沢「『源氏物語』の中の屏風をめぐって――語られなかったものの意味――」（『源氏研究』7、二〇〇二年四月）。
（25）三宅理将「宋代喫茶法の請来と『喫茶養生記』の成立」（『年報三田中世史研究』一二、二〇〇五年）。

コラム

唐物としての書物

小島　毅

『古事記』には、応神天皇のとき百済から和邇吉師《わに》（『日本書紀』の王仁）がやって来て『論語』と『千字文』を我が国にもたらしたという記述がある（図1）。かつては教科書にも載っていたが、現在では史実ではないとみなされている。ただ、書物がはじめて日本に伝わった伝承として、思想史的には重要な資料だ。

すなわち、我が国（当時はまだ〝日本〟という国号ではないが）における書物事始が朝鮮半島からの『論語』と『千字文』伝来だったと、七〜八世紀の朝廷ではみなしていたことになるからだ。仏教伝来にさきんじて、儒教の聖典である『論語』をもって、日本は大陸の思想文化に触れたのだという物語である。『古事記』製作に関わった渡来系氏族のあいだで、自分たちの先祖こそが文化伝達の功労者だったという誇りを込めて造形された伝承であろう。

史実としても、半島から、そしてやては中国から直接に、漢字漢文で書かれた書物が陸続と流入し、日本の文化を育んでいった。遣唐使時代の唐物流入のなかで、仏典のみならず、漢籍が果たした役割はきわめて大きい。いわゆる〝国風文化〟の時期にも、しばしば引き合いに出される『枕草子』の一節、「ふみは文集・文選」に象徴されるごとく、王朝貴族の教養は漢籍によっていた。

そもそも、海で四方を囲まれているために人の出入りは限定され、大陸の著名な文化人が直接日本を訪れるということは稀であった。鑑真の話柄が好んで語られるのも、それがかなり例外的な事象だからだ（図2＝鑑真和上東征絵巻）。『文集』の著者白楽天も、『文選』に詩文を遺した六朝貴族たちも、誰一人として列島には来ていない。書物という媒体を通じての文化移入が重要な所以である。遣唐使の留学生・留学僧が現地で学んだ成果を持ち帰る場合にも、書物を携えてと

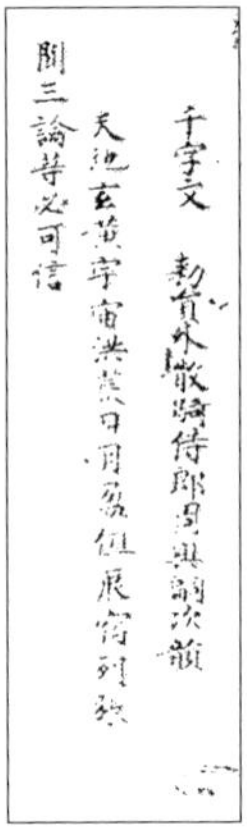

いうのが定番だった。

漢籍は、厳めしい漢字の羅列であるという形式面において、俗にいう〝裃を着た〟書物であった。もちろん、日本国内で漢籍を筆写したり、日本人の漢詩文を列ねて漢字だけの書物を製作したりもしたが、海の向こうからやってきた唐物としての書物には、それらと異なる権威があった。本場の文化の香りがしたのであろう。遣唐使時代が終わってからも、入唐・入宋した僧侶たちが、あるいは商品や献上品に用いるべく貿易商人たちが、漢籍の移入に努めた。それは書物の内容に惹かれてというだけでなく、事によるとむしろそれ以上に、漢籍そのものが帯びる威信財としての性格ゆえだったのではなかろうか。

（上右）図1　千字文　経師習字（『正倉院文書』）
（出典：『国史大辞典』第8巻、吉川弘文館、1987年）
（上左）図2　鑑真和上東征絵巻
（出典：『日本絵巻物全集』第21巻、角川書店、1964年）
（下）図3　円爾肖像（吉山明兆筆）
（出典：『国史大辞典』第2巻、吉川弘文館、1980年）

具体例として、十三世紀の入宋僧円爾を取り上げよう（**図3**＝円爾肖像）。

彼は帰国時に多くの書物を携え、自身開山となった京都東福寺に持ち込んでいる。大部分は現存しないが、十四世紀にまとめられた「普門院経論章疏語録儒書等目録」（俗に「普門院蔵書目録」）により、その大要を伺うことができる。ここには、「経論章疏語録」すなわち仏教関係書籍と並んで、少なからぬ「儒書」が並んでおり、特に朱熹の著作等が見えることが日本における朱子学受容史上の貴重な資料として、以前から注目されてきた。

ただ、私が年来指摘しているのは、朱熹によって洪水猛獣同様に有害と批判され、円爾入宋時の中国ですでに忘れられかけていた儒者、張九成の『中庸説』がそこに含まれていることである。この書物は円爾請来本としては例外的に、なんと現存もするのだ（重要文化財に指定）（図４）。その後、『中庸説』は中国では姿を消した。そのため、東福寺本が天下の孤本として影印されて流布することになる。

　そこで疑念が生じる。円爾請来本のうち、朱熹およびその後学の儒書はことごとく喪われたのに、なぜ『中庸説』が現存するのだろうか。東福寺はしばしば火災に見舞われた。朱子学の書物のほうが価値は高かったし、そのことは寺僧も認識していただろうから、非常時には『中庸説』よりもそちらを優先して安全な場所に持ち出すはずなのに。

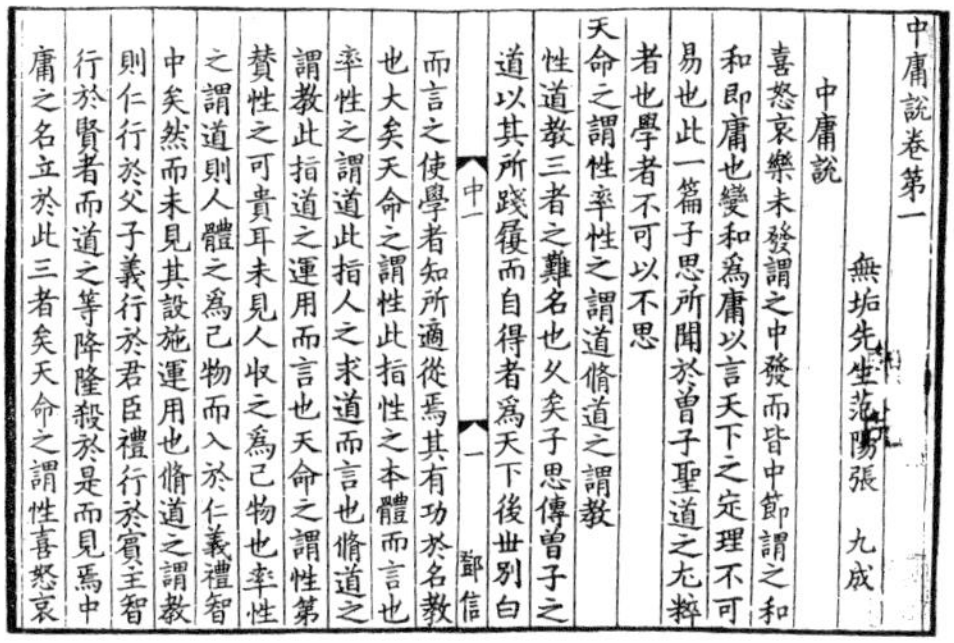

中庸説巻第一

無垢先生范陽張　九成

中庸説

喜怒哀樂未發謂之中發而皆中節謂之和

和即庸也變和爲庸以言天下之定理不可

易也此一篇子思所聞於曾子聖道之尤粹

者也學者不可以不思

天命之謂性率性之謂道脩道之謂教

性道教三者之難名也久矣子思傳曾子之

道以其所踐履而自得者爲天下後世別白

中一　一　鄭信

而言之使學者知所適從焉其有功於名教

也大矣天命之謂性此指性之本體而言也

率性之謂道此指人之求道而言也脩道之

謂教此指道之運用而言也天命之謂性第

贊性之可貴耳未見人收之爲己物也率性

之謂道則人體之爲己物而入於仁義禮智

中矣然而未見其設施運用也脩道之謂教

則仁行於父子義行於君臣禮行於賓主智

行於賢者而道之等降隆殺於是而見焉中

庸之名立於此三者矣天命之謂性喜怒哀

図4　『中庸説』巻一（重文）
東福寺所蔵　（出典：『続古逸叢書・経』江蘇広陵古籍刻印社、1994年6月）

　東福寺には、やはり宋版の『太平御覧』が伝わっている。こちらは国宝指定を受けている（図５）。おそらく、その百科事典的性格から、書庫外への持ち出しが古くから制限されていたのだろう。これに対して、朱熹の著作や張九成『中庸説』は借り出して読むことが許されていたのかもしれない。そして、今もそうであるように、利用頻度が高く返却がなされぬままに、朱子学の書物群は紛失してしまったのだろうか。

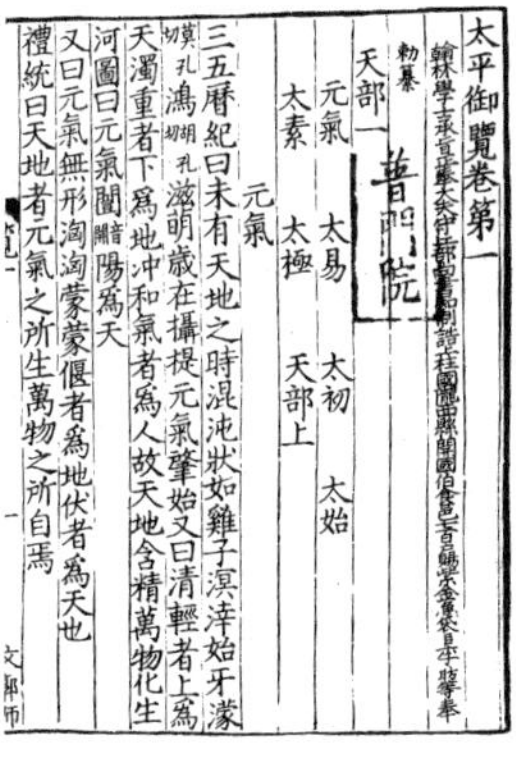

太平御覽巻第一

翰林學士承旨[illegible]李昉等奉

勅纂

普門院

天部一

元氣　太易　太初　太始

太素　太極　天部上

元氣

三五暦紀曰未有天地之時混沌狀如雞子溟涬始牙濛

（莫孔切）鴻（胡孔切）滋萌歳在攝提元氣肇始又曰清輕者上爲

天濁重者下爲地冲和氣者爲人故天地含精萬物化生

河圖曰元氣闓（音開）陽爲天

又曰元氣無形洶洶蒙蒙偃者爲地伏者爲天也

禮統曰天地者元氣之所生萬物之所自焉

図5　『太平御覧』巻第一
東福寺所蔵　（出典：『太平御覧』一、中華書局、1960年2月）

　あるいは、朱子学典籍は、先方に望まれて、もしくは東福寺側が自主的に選択して、唐物の持つ威信財としての力を発揮すべく、献上品として流出していったのかもしれない。その〝先方〟とは、武家政権の有力者か、それとも仏教界の大物か。いずれにせよ、彼らは張九成の著作をもらうよりは、朱熹のものを欲したであろう。

　おそらく、請来した円爾本人も『中庸説』をさほど珍重してはいまい。誰からも注目されなかった『中庸説』は、その書誌学的価値が再認識されるや、端麗な宋版の実例、すなわち貴重な〝唐物〟として、東福寺の宝、否、日本国の〝重要文化財〟となっているのである。

　漢籍が日本文化に果たした役割の一面を、この事例は象徴しているように思われる。

唐物としての黄山谷

前田雅之

室町期、漢詩はどのように読まれていたか。そこから五山僧がせりあがってくる。黄山谷なる大詩人の享受を通して見た唐物の受容。結局、なんでも自分風に理解する日本がそこにある。

一、室町期における和・和漢・漢の受容

十世紀初頭の『古今集』の成立とは、東アジアの権威にして規範であった中国（＝漢）文化を和歌によって相対化をしえた地平に誕生した、〈古典日本〉の確立を意味していた。これを別の側面から言えば、九世紀に準備されていた和漢世界の新たな展開の始まりであった。それ以降、和と漢は、優劣を争うこともままあったとはいえ、基本的には、「和」・「和漢」・「漢」となって共存かつ併存、場合によっては混淆して、〈古典日本〉の文芸文化の骨骼を形作っていったのである。

鎌倉期以降、「和」の動向を見ると、それは、『古今集』・『伊勢物語』・『源氏物語』が古典としての地位を確立し、陸続と注釈書が作り出されていく状況が定着していく時期に相当する。また、「和」よりもやや早めの院政期以降から、「和漢」を名に冠し、これさえ知っていれば、漢詩句や和歌についての基本的な素養を保証してくれ、幼学書の役割も果たしていた、いわば象徴的に「和漢」を代表してくれてもいた『和漢朗詠集』も、「和」とは若干異なる場において、注釈書が生みだされ、次第に古典に相応しい書物となっていった。[1]

一方、純然たる「漢」の受容と展開においても時代の流れに応じてか、顕著な変化が現れてきた。「漢詩」受容について言えば、平安期では、『詩経』『文選』『白氏文集』ではほ

ぼ尽きていた。平安期の日本人は杜甫も李白も知らなかったということである。それが鎌倉後期〜室町にかけては、李白・杜甫に加えて、蘇東坡（蘇軾）・黄山谷（黄庭堅）が加わり、総集（アンソロジー）としては、『三体詩』・『古文真宝（前集）』が尊ばれるようになってきたのである。[2]

室町の学問・文芸の展開を見る上で欠かせないというか、情報量において質量共に他の記録類を圧倒している『実隆公記』を繙けば、「漢詩」関係では、『毛詩（詩経）』・『文選』・『白氏文集』・『三体詩』・『杜子美集（杜甫）』・『東坡詩』・『山谷詩』・『古文真宝（前集）』について複数記事を見ることができる。逆に言えば、これら以外の詩集は、享受されていなかったのである。[3]

とりわけ、室町の代表的呼称（七言絶句の指南書であり、この時期五山他で多く読まれた『聯珠詩格』〈于済著、一三〇〇年〉の呼称でもある）に倣えば、東坡・山谷は、『文安詩歌合』（文安年間・一四四四〜一四四九）の一条兼良作になる序文に、呼称は異なりながらも「昔は元白が躰をならひ侍りぬ。いまの代に詩をまなびんともがらは、唐の李杜、宋蘇黄をこひねがはん。時のこのむにしたがふと云。世のことはりにもかなひ侍らんものをや。」（内閣文庫本、句読点・濁点は私に施した）とあるように、「昔」の作詩上の規範たる元・白（元稹・白居易）に打って変わって、[4]「いまの代」では、唐の李白・杜甫と並ぶ、「こひねが」うべき規範であった。

だが、新たに発見された李白・杜甫はともかく、平安期の白楽天と同様、東坡・山谷が尊ばれた理由は実際のところよく分かってはいない。中国における令名そのまま五山僧が尊び、何の疑いを入れずに受容したのかということすら判然としていないのである。ここでは、タイトルに掲げた通り、主題を山谷に絞ることにするが、「思索と推敲を重ねて成ったものであるが、一面、そのような創作の手法（前田注、「点鉄成金」・「換骨奪胎」）に凝りすぎて難解に陥る傾向も感じられる」[5]と今日において評価されることが支配的な山谷詩を室町人が東坡詩と共に、彼らなりの理解の仕方で受容しようとしていたことは確かであり、詩人の個性や詩風の差異を超えて、ある種時代の要請というか、山谷詩が新たな教養・素養となっていたことは認めねばならないだろう。山谷受容が一時の流行でなかったことは、近世を通して享受されていることからも諒解されるが、[6]ここでは、室町期に「漢」を代表する存在として君臨していた事実をとりあえず確認しておきたい。

そこから、室町期において、「和」・「和漢」・「漢」の相互関係および学問と詠作との関係構図は、以下のようになっていたと推測される。

	学問＝注釈	詠作
和	＝古今・伊勢・源氏注釈・講義、伝授	和歌・連歌・詩歌合
和漢	＝和漢朗詠注釈・講義	和漢聯句・句題歌
漢	＝杜甫・東坡・山谷・三体詩等講義(7)	漢詩・詩歌合

言うまでもなく、「和」・「和漢」・「漢」の三者は決してバラバラに存在しているのではなかった。詠作においては、詩歌合・和漢聯句・句題歌においては、貴族社会・顕密僧・五山僧が参加して行われている。例外的な状況だとする見方もあろうが、公家・武家・寺家の一体性を可能な限り追求したと思される足利義尚期の『詩歌合』のごときは、天皇から武将まで参加していたのであるから(8)、和歌・連歌・和漢聯句・漢詩を通してそれぞれの参加者は相互に密接な関係を有していたばかりか、学問＝注釈分野においては、『山谷抄』・『毛詩抄』等に用いられた、講義注釈のエクリチュールとしての「抄物」文体が全分野で共有されていた(9)。つまり、学問＝注釈・詠作と有機的に連動した「和」・「和漢」・「漢」は、[院・天皇―公家・武家・寺家]から構成される[公]秩序、言い換えれば、古典的公共圏そのものを端的に表象していたのである。

二、畠山義総の黄山谷受容

そうしたある意味で三竦みというか、三方棲み分け、場合によっては、三者混淆といった状況下で、忘れてはならないのが、「和」・「和漢」・「漢」が織りなす学問＝注釈・詠作世界が決して洛中洛外からなる都世界に限定されておらず、地方世界にまで伝播・拡大していたという事実ではあるまいか。即ち、古典的公共圏は地方在住の守護・武将・被官の要請を受けて、日々浸潤・拡大していたのである。その顕著な一例として畠山義総の黄山谷受容から考えてみたい。

北陸能登の地において、畠山文化を開花させた守護畠山義総（一四九一～一五四五）は、若き日々、京都で三条西実隆の源氏講義に列し、守護職を祖父から継承した後も、宗碩・永閑といった連歌師を通して、実隆と交流し続け、実隆秘蔵の『源氏物語』の他、実隆に源氏の注釈書を求め、それによって、大永五～八年（一五二五～二八）に『細流抄』が成立してしまう、といったほど古典に熱中していた武将であった(10)。山口の大内氏と並んで古典を都の外部世界に普及させた張本と断言してよい人物である。

この義総がこともあろうに、山谷集を欲しがったのである(11)。『実隆公記』享禄二年（一五二九）九月、岩山道堅が実隆に宛てた書状内に「将又能守（畠山義総）被レ申候、月舟和尚の所に候山谷かしら書の本、如何様にも被レ仰候て、借下され候ば、忝之由候」（レ点・濁点・句読点は私に施した）とあるように、義総は道堅を媒介者にして月舟寿桂のところにある山谷本（「かしら書」とあるから『山谷詩集注』であろう）を借り出したい旨を述べ、それを受けて、道堅が実隆に願い出たのである。九月二十六日条には、

（前略）印蔵主（寿印）来たり、一盞を勧む。能州山谷本所望の事之を伝ふ。菊枝持て来たる。則ち、入江殿に進ず。（原記録文、私に書き下した。以下、同じ）

とある。印蔵主寿印は、月舟の弟子であったことが知られているから、[12] 実隆自身も月舟とは親しいが、今回は、寿印を通じて月舟の山谷本を借り出せないかを頼んだのだろう。その後の情勢は、

月舟、皆明寺（堯淵）・道堅等請伴す。月□（舟）山谷本持て来らる。能州（畠山義総）に下さしむるが為なり。（十月十四日条）

とあるように、月舟寿桂が堯淵・道堅を伴いながら、山谷本を持参して実隆邸にやって来た。それは義総に下すためのものである。寿印を通した月舟所蔵山谷本を借り出す計画はここに成就した。

月舟は、実隆→寿印→月舟という依頼構図ができているから、直接、山谷本を義総に送ったりはしない。実隆のもとに預けて、そこから送るのである。道堅が伴っているのは、義総→道堅→実隆という依頼構図を通して実隆に頼んだからであろう。つまり、月舟には直接依頼しないという暗黙の了解（頼むのは和漢いずれも実隆に決まっていた）があったということだろう。[13] 翌十五日には、「能州、背腸廿桶到来す」とあって、背腸《みなわた》を廿桶も送ってきている。この件に関する実隆の仲介への労を報いたのだろう。そして、二十三日条を見ると、

月舟の山谷本廿一冊（箱に納む）、道堅の使に遣る、同じく色帋卅六枚書きて之に遣る、兎毫十管・鹿毛十管、同じく道堅に遣る。明後日下向すべしと云々。

とあるから、実隆邸で月舟の山谷本は箱に納められ、道堅の使に引き渡されている。おまけというわけではないだろうが、色紙も渡している。その他、道堅にも「兎毫十管・鹿毛十管」（筆）を送って労っている。但し、道堅の下向は「明後日」ではなく延引した。そして、約一年経った享禄三年十月九日条には、

能州の山臥来たり、月舟の山谷本之を返さる。千疋之を遣らる。道堅書状、同じく太守状等、則ち、愚状に副へ一華院に持ち向ふべきの由、之を命ず。

とあるように、義総が借りていた山谷本は実隆に返却されている。実隆は、山谷本、義総から月舟に渡される（借り出し料金であろう）千疋と共に、道堅書状・義総書状に実隆書状（いずれも礼状であろう）を副えて、月舟が住む建仁寺一華院にもっていくように義総の使である山臥に命じている。[14] 月舟には、山谷詩の抄物である『黄氏口義』（『山谷幻雲抄』）という著作があるくらいだから、[15] 言うまでもなく山谷詩集をもっていた。『山谷詩集注』には宋版を覆刻した五山版もあったが、[16] 月舟は宋版か五山版でもっていたに違いない。おそらく、寛永板本（序・目録・二十巻で大十一冊）同様の構成をそのまま二十一冊としたものだろう。

山谷本の移動に関して、二つの依頼構図のもとに人間が動いていった様が諒解されただろうが、逆に言えば、義総としては、実隆を知らないと、未来永劫、『山谷詩集注』など手に入れることなどできないのである。文化の総覧者あるは文化的ネットワークの中心に実隆は位していたのだ。とは言いながらも、その間に、道堅・五山僧寿印・月舟寿桂といった媒介者たちが連歌師同様に位置していて、地方と中央の文化交流をアクセスしていたことを無視することはできない。中世とは、縁があるかないかで書物の受容レベルまで決まってくる、ざっくり言えば、そんな時代なのである。

ついでに言えば、実隆自身はいつごろ山谷本を入手したのか。『実隆公記』にこんな記録がある。

晴、朝湌の後行水す、入江殿（三時知恩寺）に参る、数刻御雑談、盃酌有り。帰路、徳大寺（実淳）に向ふ。数刻雑談、盃酌有り。昏に及びて帰宅す。夜に入り念誦す。抑も左伝、山谷、通鑑等之を買ひ得。自愛々々。（後略）

（永正元年・一五〇四・十一月三日条）

実隆はこの日、『春秋左氏伝』・『山谷詩集注』・『資治通鑑』等を買い得ている。誰から買ったのは書いていないが（徳大寺実淳か）、「自愛々々」に彼の喜ぶ様が想像できる。とはいえ、それまでこれらの漢籍を実隆ももっていなかったことは一応押さえておいてよいだろう。実隆五十歳にして漸く『山谷詩集注』を入手し得たのだ。そして、永正六年（一五〇九）四月二十四日条を見ると、実隆所有の山谷本が人に貸し出されていることが分かる。

（前略）相公羽林（公条）参上す。山谷本は姉相公（正親町実胤）許に遣る。

正親町実胤は実隆女が嫁している。おそらく公条の姉にあたるのだろう。実胤は相公（参議、極官　権大納言従一位）だったから、「姉相公」と呼ばれていたと思われる。実胤は、歌会を催し、[17]『公宴続歌』に多数の歌が見られる公家歌人だが[18]『山谷詩集注』が見たくなったのだろう。この場合も、親族という関係によって書物の貸借が行われている。実胤が娘婿でなければ、山谷本の借り出しは難しかったのではなかろうか。その後、山谷本の記述はない。おそらくある段階で、手離したのだろう。そうでなければ、二十年後の義総の申し出にこれほど苦労することもなかったろうから。

三、黄山谷の読み方あるいは聴き方

天文九年（一五四〇）と推定されるが、彭叔守仙（一四九〇〜一五五五）は義総のために山谷詩を講義した。[19] 義総は既に山谷詩集注を手に入れているのに、どうして講義など受けるのか、と疑問に思う向きもあるだろう。だが、書物の所有の有無とは無関係に、山谷詩を含めた当時受容された漢籍を自在に読めるのは五山僧などに限られ、概ね、義総と同様に五山僧ないしは清原宣賢といった学者の講義を聴いて受容していたのである。義総の学力がないわけでも、義総が自分の理解とは異なる見解を聞きたいわけでもない。これが当時の受容の仕方だったのだ。

それを日記・記録類で確認しておきたい。まず、蘭坡景茝（一四一九〈一八〉〜一五〇一）の山谷詩講義である。蘭坡は、『御湯殿上日記』・『実隆公記』等によれば、文明十一年（一四七九）十一月二十三日から延徳二年（一四九〇）九月十八日にかけて、宮中で山谷詩講義（全二十巻）を行っている。以下は、代表的な記録を集めたものである。

文明十一年十二月二日

（中略）今日禁裏に於て蘭坡山谷を講ず、同じく和漢御会と云々。

（近衛政家『御法興院正家記』、大日本史料）

文明十三年十月六日、らんぱ（蘭坡）だんぎ（談義）あり。十一日、らんぱだむぎ（談義）申さるゝ。そのゝち三四人にて御わかん（和漢）一をりあり。十九日、らんぱだむぎ申さるゝ。

（『御湯殿上日記』、私に濁点を施し、漢字を補う。大日本史料）

文明十三年十月十一日

（前略）蘭坡山谷を講尺す。耳を喜ばす。御和漢一折、之有り。

（中院通秀『十輪院内府記』）

延徳二年（一四九〇）閏八月十一日

（前略）今日は当番なり。蘭坡和尚山谷詩（十六巻終はる）の講尺は、黒戸に於て此事有り。聴聞するに感有り。十五夜公宴の愚作（題「終夜蛬の声著し」、題中に韻を取る）、彼の和尚の添削を仰ぎ了んぬ。晩頭に退出す。類句に勘校を加へ、帰参の次でに進上せしめ了んぬ。

(『実隆公記』)

九月十八日

午後、参内す。今日は山谷詩第十八《ママ》[20](「四休居士」以下を終へる)、等持院(蘭坡)黒戸に於て講尺す。今日は又昨日の御連哥の相ひ残り分親王御方(勝仁)に於て終功す。時に子の下刻なり。今日の当番予、季経卿(数度不参、今日適ま参る所なり)、言国卿(為学の番の代はり)之に候す。

まず、蘭坡は宮中、黒戸の御所で山谷詩の講義をしていることである。当然ながら、聴衆は後土門天皇・勝仁親王を筆頭とする朝廷の公家・貴族達だろう。文明十一年十二月二日、文明十三年十月十一日は、講義の後、和漢聯句を催している。『実隆公記』の記事とは一致しないし、文明十一年では、「三四人にて御わかん」とあるから、規模からして異なるのだが、『室町前期和漢聯句作品集成』に収める蘭坡が参加した和漢聯句である「文明十六年二月二十五日和漢百韻」(親王・左大臣=西園寺実遠・勧修寺大納言=教秀・侍従中納言=実隆・基綱・蘭坡・宗山(等貴)・就山(永崇)[21]・承英等参加)、「長享元年十二月二日和漢百韻」(前左大臣=西園寺実遠・左大臣=徳大寺実淳・勧修寺大納言=教秀・姉小路宰相=基綱・蘭坡・宗巧等参加、実隆は欠席)、「明応二年卯月十四日」(太閤=一条冬良・前左大臣=西園寺実遠・徳大寺前左大臣=実淳・侍従大納言=実隆・中御門大納言=宣胤・中山中納言=宣親・姉小路宰相=基綱・蘭坡・竺関(瑞要)・(月江)元修・正彝[22]等参加)等を見ると、ここでもその前に何か講義が行われていたのではないかとも思われる。講義の後、詠作という学と遊びが融合した世界がたしかにあったのだ。

延徳二年九月十八日条の『実隆公記』によれば、講義の後、昨日の残り分の連歌を勝仁親王のところで行っている。これはおそらく通常の連歌だと思われるが、講義という多数の人が集まる場はそのまま連歌・和漢聯句の場でもあったのである。

上記の記事で興味を惹くのは、『実隆公記』延徳二年閏八月十一日条の漢詩添削記事である。十五夜の公宴に提出(=進上)する自作の漢詩を実隆は蘭坡に添削してもらっているのだ。実隆ほどの人物でも漢詩作りは難しかったのである。むろん、兼題であるから、前もって準備するのだが、実隆は、添削を仰ぎ、類句に勘校を加えて、進上している。漢詩の講義といい、詠作における添削といい、五山僧がいなかったら、何も始まらなかったのだ。これに漢籍の所有状況を加えてもよいだろう。われわれは、往々にして、嵯峨天皇や道真といった平安漢詩壇、江戸期の錚々たる漢詩の王国等と同様に室町期を見てしまうが、実際、営々と漢詩を作っていたのは、五山僧であり、公家・貴族達は、講義を聴き、和漢聯句では概ね和句を担当し、漢詩を作るとなると、五山僧に添削を仰ぐというレベルであったことは、ここでしっかりと確認しておきたい。漢詩を読むことも作ることも、和歌・連歌のようには行かなかったということでもある。

さて、『実隆公記』には、再度山谷詩の講義が登場する。永正八年（一五一一）三月四日～五月二十一日にかけてである。今度は、相国寺（勝定院・慶運院・雲頂院のいずれか）での講義であった。これには、実隆息の公条が参加している。おかげで、

（前略）相公羽林（公条）相国寺（勝定院景甫［陵西堂］）の山谷講なり。山谷講の後、雲頂院に於て茂叔（集樹）の三体詩絶句講、同じく聴聞せんと云々）に向ふ。数刻を経て帰来す。宣賢朝臣来たりと雖も、留守の間帰り了んぬ。（後略）

（四月廿三日条）

といった事態がおこりうる。宣賢は、長く公条の漢籍の家庭教師として、実隆邸にやってきていた。今日もそのつもりでいたのだろうが、公条が講釈に行ってまだ戻ってこないので、やむなく帰るしかなかったのである。

さて、上記によれば、山谷詩講義は景甫寿陵であり、その後、場所を雲頂院に移して今度は、茂叔集樹の三体詩絶句（七言絶句）講義があった。これも公条は聴聞している。実隆は、公条の教育にはなかなかうるさく、公条も父の教えをよく守っている。この時も、宣賢をすっぽかすつもりはなかっただろうが、つい伸びてしまったということだろうか。とはいえ、漢詩は講義を聞くものなのであった。

それならば、山谷詩（三体詩）講義をする禅林の方がどうなのであろうか。相国寺鹿苑院蔭凉職にあった亀泉集証が記した『蔭凉軒日録』の延徳三年（一四九一）十月二十一日条には、

宗管喝食始めて山谷詩を習ふ。皆予が之を教ふ。

とあり、稚児に相当する喝食に亀泉自ら山谷詩を教えていることが分かる。また、延徳四年（一四九二）五月十四日条には、

午時、悦童を教ふるに山谷詩を以てし、泉駿を教ふるに三体詩を以てす。一人は七八。一人は五八なり。(23)

のように、二人の童に山谷詩・三体詩を教えている。つまり、禅林（相国寺）では、こうして、幼少期から山谷詩・三体詩

をたたき込み、再生産を行っていたということだろう。

そうして、『鹿苑日録』永禄九年（一五六六）七月二十六日条～十月十四日条にあるように、山谷講が開かれ、慶長八年（一六〇三）九月二十二日・二十八日条には、「南禅長（聴）松玄甫（圃）和尚山谷を講ぜらる」（二十二日）とあるように、金地院崇伝の師でもあった南禅寺聴松院の霊三玄圃（南禅寺住持）が山谷を講ずるといった伝統が形成されていったのである。

それは宮中も同様であった。『言緒卿記』慶長十八年（一六一三）六月六日条には、

一、加番ニ参、相番阿野宰相（実顕）・時長（甘露寺）等也。番所へ出御、中将碁仕了、次ニ山谷御読書被成、則贈別季（李）次翁ト申詩マデ申上了。

（濁点を施したが、後は原文のまま）

とあり、後水尾天皇の「山谷御読書」が行われた旨が記されている（加番とは実隆の「当番」と同意だろう）。「贈別李次翁」詩は『山谷詩集』注巻一にあり、山科言緒がそこまで読み「申上」げているのだろう。これも一種の講義（談義）だろうか。二日前の四日条には、相国寺雲泉軒集仲が月次の和漢聯句会のためにやってきており、言緒は六日に雲泉軒に聯句を「再返仕」している。[24]

こうしてみると、室町的享受のありよう、講義・和漢聯句と五山との深い関係は近世初期まで継続されたと言ってよい。そこで、終節では、どのような談義が行われたのかを『山谷抄』から見ていくことにする。

四、『山谷抄』における「演雅」詩の解釈

山谷詩の中でも「演雅」が特別の意味をもつことは、室町期において、『竹内僧正家句題和歌』を生みだし、近世になると、『演雅詩和抄』（元禄十七年・一七〇四正月、永田調兵衛刊）として独自の展開をすることからも判明するが、[25]ここでは、『湯山聯句抄』[26]の抄者であり、桃源瑞仙講「蘇東坡詩鈔」の聞書者でもあった一韓智翃（生没年未詳）の『山谷抄』において「演雅」がどのように注釈されているかを見ておこう。[27]

「演雅」は『山谷詩集注』巻一所収、七言古詩、全四十句、万里集九の『帳中香』（明応八年・一四九九）が引く『韻府』によれば、「上声哿果韻」となるが、「演雅」の「雅」は『爾雅』を指し、演ずるは「引き延ばす」（倉頡篇）[28]の意味だから、『漢詩大系』が言うように、内容は「禽獣虫魚四十種について、二句ずつを対照させつつ、一般に知られる特徴を取り上げ、人間社会に対する諷刺を含ませたもの」と思われる。[29]

そこで、『山谷抄』に移る。但し、紙幅の都合により、「演雅」冒頭の二句だけ検討することとする。

桑蠶作繭自纏裹　蛛蝥結網工遮邏

桑蠶は繭を作りて自ら纏裹し、蛛蝥は網を結びて工に遮邏す

代表的な現代語訳を掲げると「桑の蚕は繭を作って自分で閉じ込めるが、蜘蛛は網をかけて巧みにさえぎってつかまえる」（漢詩大系）となる。

だが、『山谷抄』では、一句目はこう注釈されている。

桑―蚕ノ桑ヲエイトクウテ、巣ヲツクリ、ツヽミカタメテイルゾ、サテ后ニ飛蛾ニナリテ、飛テイヌルゾ、其ヲ飛《トバ》ヌサキニ取テ、綿ヤ絹ニスルゾ、是ハ我口ノ利ノ名ニ、身ヲ失者ヲ云ゾ、桑ヲ馬頭娘ト云ゾ、蚕女家在什邡綿升徳陽三県界、毎歳祈蚕者雲集　蜀之風俗塑女像披馬皮謂之馬頭娘、以祈蚕焉、初高辛時、有女子父為人所掠、所乗馬其母誓於衆曰、有得父還者以女嫁之、馬聞其言、振迅而去数日、父乗馬帰、此ノ馬嘶鳴不已、父怒射殺之、曝其皮於庭、蹶然《ツマツノ》而起、巻女飛去、旬日皮掛乗上、女化為蚕食葉、吐糸成薬、一日蚕女乗雲駕馬、謂父母曰、太上以我心不忘義、授以九宮爾嬪矣（濁点は補った）(30)

ちなみに、『集注』に付された任淵の注は、

楽天詩、燭蛾誰救護、蠶繭自纏縈

だけである（「江州赴忠州至江陵已来舟中示舎弟五十韻」の一句、『白氏文集』巻十七）。「桑蠶作繭自纏」の典拠を示していると見てよいだろう。そして、それは的確な指摘である。黄山谷が白詩の「縈」を「纏」に変えて自詩に用いたことは明らかだからである。

　これに較べると、一韓の注釈は、随分と異なっている。冒頭から「ツヽミカタメテイルゾ」までは、語句レベルの意味を重視した翻訳だろう。だが、それだけでは終わらなかった。次に、後に飛ぶ蛾となるから、飛ぶ前に取って綿や絹にするとあるが、これは蚕↓絹の製造過程の説明といったものだろう。だが、ここから突然、注釈は跳躍する。

　「是ハ我口ノ利ノ名ニ、身ヲ失者ヲ云ゾ」とはおそらく一句めの意味を説明しているのだろう。一韓によれば、言葉巧みのために身を滅ぼす者の譬えというのである。どう読めば、「桑蠶作繭自纏裹」はそのような意味になるのかは分からないが、こう読んでいる。そして、その証拠として挙げられるのが、詩とは全く関係のない「馬頭娘」の故事・説話である。(31)この説話は、『捜神記』巻十四「女化蚕」や『正統道蔵』第八冊「蠶女」など多くの文献に見られるが、『山谷抄』と一等近いのは、『太平広記』巻四七九（昆虫七）「蠶女」である。以下引用してみたい。『山谷抄』と一致する箇所は太字ゴチックにしておいた（同意だが、別の漢字を使っている語に

傍線を施した）。

蠶女者。当高辛帝時。蜀地未立君長。無所統摂。其人聚族而居。遞相侵噬。蠶女旧跡。今在広漢。不知其姓氏。其父為隣邦掠去。已逾年。唯所乗之馬猶在。女念父隔絶。或廃飲食。其母慰撫之。因告誓於衆曰。有得父還者。以此女嫁之。部下之人。唯聞其誓。無能致父帰者。馬聞其言。驚躍振迅。絶其拘絆而去。数日。父乃乗馬帰。自此馬嘶鳴。不肯飲齕。父問其故。母以誓衆之言白之。父曰。誓於人。不誓於馬。安有配人而偶非類乎。能脱我於難。功亦大矣。所誓之言。不可行也。馬愈跑。父怒。射殺之。曝其皮於庭。女行過其側。馬皮蹶然而起。巻女飛去。旬日。皮復栖於桑樹之上。女化為蠶。食桑葉。吐糸成繭。以衣被於人間。父母悔恨。念之不已。忽見蠶女。乗流雲。駕此馬。侍衛数十人。自天而下。謂父母曰。太上以我孝能致身。心不忘義。授以九宮仙殯之任。長生于天矣。無復憶念也。乃沖虚而去。今家在什邡綿竹徳陽三県界。毎歳祈蠶者。四方雲集。皆獲霊応。宮観諸化。塑女子之像。披馬皮。謂之馬頭娘。以祈蠶桑焉。稽聖賦曰。安有女。感彼死馬。化為蠶虫。衣被天下是也。出原化伝拾遺。

（中華書局版、漢字を常用漢字に改めた）

話の順序は、前後入れ替わっているが、一韓が『太平広記』に基づいて語ったことはまず間違いあるまい。だが、どうしてこの話を引いたのか。おそらく、ここにある、蠶女の母が衆に向かって、父を連れて帰ったら娘をやると誓ったことに着目して、「我口ノ利ノ名ニ、身ヲ失者」の例としたからだろう。その時、一韓の脳裏には、蠶の連想によって、馬頭娘説話が想起されていた。そして、詩句には、「自纏裹」とあるのだ。これが馬頭娘説話の「巻女飛去」の表現と呼応したのだろう。さらに言えば、「飛テイヌルゾ」もここから発想された可能性が大である。つまり、一韓は、馬頭娘によって、強引にこの詩句を解釈したということだ。だから、いい加減なことを言って痛い目に合う（娘を失う）例として捉えたのである。

　これが正しい解釈であるはずはない。しかし、複数の抄物をものした一韓でさえ、この程度の読解力であったことは、詩句のもつアレゴリーやメタファーといった複雑さを考慮に入れても、押さえておいてよいだろう。抄物の原形に当たる講義を聴いて、実隆のように「感有り」となったかどうかは不明だが、われわれは、過度に五山僧の漢詩理解を高く評価すべきではないだろう。

　それでは、二句目（蛛蝥結網工遮邏）はどうか。

蛛―蛛ガヨウ網ヲ結ゾ、網ニカヽル虫ヲ皆取テ、食フ此ハ、利欲ノ為ニ人ヲ失フ者ヲ云ゾ、自ト工トが字眼ゾ、これまた「利欲ノ為ニ人ヲ失フ者」という譬えで解釈している。任淵の注は、こうである。

呂氏春秋、湯祝網曰、蛛蝥作網、令人学之、符子曰、公子重耳遊大沢之中、見蜘蛛布網、曳縄執豸而食之。顧舅犯曰、此虫也、徳薄矣、而猶役其智云々。

まずは、一句目と同様に典拠の説明であり、「蛛蝥結網」が一句目の白詩同様、「蛛蝥作網」から取られたことは間違いなく、それは、黄山谷の詩法である「換骨奪胎」に叶っていた。だが、「山谷抄」は典拠には関心がない。任淵注にある「蜘蛛布網、曳縄執豸而食之」によって、「蛛ガヨウ網ヲ結ゾ、網ニカヽル虫ヲ皆取テ、食フ」なる解釈を作りあげたのであろう。その後、「利欲ノ為」云々を導き出したのは、一句の解釈ばかりでなく、任淵注の「此虫也、徳薄矣」ではなかろうか。顧舅犯はそれでも「其の智を役す（その智を存分に使う）」と言っているが、こちらは無視して、「徳薄」↓「利欲ノ為」を導き出したのだろう。すると、徳薄き蜘蛛を徳薄き人のメタファーと解して、そのような人は、蜘蛛が虫を食うように、「利欲ノ為に人ヲ失フ」と解釈したのだろう。

いうまでもなく、一句・二句は、蠶が繭で自分を閉じ込めるに対して、蜘蛛は網をかけてうまく遮って他を捕まえるという意味である。体内から出す繭・糸によって、受動・能動的な有り様を示している。黄山谷がこの対句から何を読み取りたかったは、分からないというしかない。似たような現象が全く正反対とも言える結果を導き出すことか、などと考えてはいるが、これを一韓は、受動的な一句目は、いい加減なことを言って身を滅ぼす者、能動的な二句目は、利欲のために他人を殺す者の譬えとして捉えた。しかも、「自ト工トが字眼ゾ」と言っているように、彼が一句＝受動的＝「自」、二句＝能動的＝「工」という対比的な語の用い方が詩の「字眼」であることが分かっているのである。しかし、教訓を読み取るという解釈の欲望には叶わず、どこか擦れながら、一句目を終わるのである。とはいえ、一韓が時代の趣向（古今注でも「下心」で教訓性を読み取ろうとしていた）と共に自己あるいは五山僧の関心によって、自分あるいは解釈共同体の解釈を実行していることだけは認めてやらねばなるまい。

それでは、最後に、この二句を和歌にした場合どうなったか。『竹内僧正句題歌』で見ておきたい。和歌への変換と漢詩の注釈の位相差を見たいからである。

桑蠶作繭自纏裹　　良鎮

とにかくに我身に思ひまとはれて桑このいとのたへがたき世や

蜘蛛結網工遮邏　冬良

秋のいろをまがきにとめて飛蝶のはかなやむすぶささがにの糸

（『大日本史料』による、濁点は施した）

良鎮と冬良は兄弟であるが[32]、摂関家という家格によって一首・二首めとなったのだろう。まず、良鎮詠からみていきたい。

良鎮は、この詩句から、我執から逃れられない様を読み取り、「たへがたき世」と詠んでいる。「自纏裹」から「我身に思ひまとはれ」が導き出され、「桑蠶作繭」を少しずらした「桑このいと」が「我身」を「まとはる」ものとして、譬喩化されている。この歌と類似表現をもつ歌を挙げてみると、

『清輔集』三九〇

述懐百首

たちがたきおもひのつなにまとはれて引きかへさるることぞかなしき

『為忠家初度百首』三九〇

檣根槿　源仲正

あさがほはかきねのたけにまとはれてうきよをえこそはなれざりけれ

寂然『法門百首』七五

由妄念故沈生死

なつびきのいとふべき世にまとはれしこの心ゆゑかきこもりける

止観にいはく、愛のまゆにまつはれ、癡のともしびに容せらるとも、妄念といふはこれなり。生死をはなれんとおもはば、すみやかに妄念をはなるべし。かるがゆゑに此文のしもには、実智によるがゆゑに菩提を証すといへり。

となるだろうか。「まとはれ」から想起されるのは「たちがたきおもひのつな」（未練）、「うきよ」「いとふべき世」（憂き世）ということになるだろう。その中で、注目すべきは『法門百首』である。ここには左注で「愛のまゆにまつはれ」とある。『摩訶止観』には、「而今還以愛繭自纏。癡燈所害」（大正蔵四六・56ａ）とあるから[33]、寂然がここから取ったことは確実である[34]。もっとも、源信『観心略要集』にも「止観云」として同一文が見られるから、厳密なところは分からないが、ともかく「愛の繭→まつはれ→執着」からなる観念連合が『摩訶止観』によって作られ、ますますもって憂き世を嘆くという構図が出来上がったということだろう。とすれば、良鎮詠は、和歌伝統に則したものであると言いうる。そして、一韓の解釈とは遠く隔たっていることがここに諒解される。

良鎮は和歌伝統たる題詠の方法によって、詩句を和語に変換し、他方、繭からおそらく寂然詠あたりを想起して「たへがたき世」と詠んだのである。

　これに対して、二句目の冬良詠はどうだろう。秋色を籬に留めながら、飛ぶ蝶は、それと気づかず、はかなくも蜘蛛の糸に結ばれてしまう（ひっかってしまう）、という歌意であり、「はかなや」に表象されるある種の無常観念が漂っている。だが、この歌には秋のイメージが鏤められているのだ。それを最初に確認しておきたい。

　第一に、「秋のいろ」と「まがき」で見ていくと、

『新古今』四三二

百首歌たてまつりし秋歌に　式子内親王

秋の色はまがきにうとくなり行けど手枕なるるねやの月かげ

『新拾遺集』一六五三

題しらず　式子内親王

わが宿の籬にこむる秋の色をさながら霜にしらせずもがな

慈円『拾玉集』四五〇二

草花

秋の色をまがきにちかくうつしうゑてきりのこなたに花を見るかな

『新古今集』の代表歌人である式子と慈円だが、ここから、秋の色は籬に現れる、籠もるといった和歌観念を見ることが可能である。

二番目に、「ささがに」と「まがき」である。

『玉葉集』二二六八

虫十首御歌の中に　土御門院御製

軒ちかきまがきの竹の末葉よりしのぶにかよふささがにの糸

『秋篠月清集』二七九

のきばよりまがきのくさにかたかけてかぜをかぎりのささがにのやど

この場合、「軒」「のきば」＋「まがき」ときて、それから「竹の末葉」に「かよふささがにの糸」であったり、「くさにかたかけて」風に向かっている「ささがにの宿」（蜘蛛の巣）であったりするといったパターンとなる。籬と蜘蛛の巣は軒端を絡めてみると、繋がりを見出すことは容易だろう。

第三に、「まがき」・「むすぶ」・「あき」の組合せを見ておこう。

『後鳥羽院御集』二六四
霜むすぶ庭のかるかやほのぼのと籬のくれにのこるあき風
『新後撰集』二九八
秋歌の中に　入道親王道覚
露むすぶ霧のまがきの女郎花みで過ぎがたき秋の夕暮
『続後拾遺』二八四　前左大臣（洞院実泰）
折る袖も色ぞうつろふしら露のむすぶ籬の秋はぎの花

ここでは、「むすぶ」は「露むすぶ」が典型であるように、一つになる、結ばれるという意味であるよりもやや派生的な「生まれる」くらいの意味となる。後鳥羽院詠は、霜が覆った庭の刈萱がぼんやりとしていて、籬の暗くなっているところにはまだ残っている秋風がある、といった凝った内容の歌だが、ここでも籬には秋が残っているというイメージが維持されている。

そこで、冬良詠に戻ると、まず、「むすぶ」はこの場合、「結綱」の翻訳としての「結ぶ」であり、上記の「露むすぶ」のそれとは意味内容を異にすることを指摘しておかねばならない。だが、冬良は、「むすぶ」から秋へ連結していき、「秋のいろ」「まがき」そして、「蛛蝥」の「ささがにの糸」を絡めていくのだ。そこから、秋のイメージを作り出す「秋の色」が「まがき」に止めておかれて、それが気になっているのか飛ぶ蝶は「ささがにの糸」、つまり、蜘蛛の巣に気がつかない、はかなくも「糸」と「むす」ばれてしまうといった意味内容がせり上がってくるのである。但し、蝶を出してしまった結果、「はかな」さを越えてややグロテスクなイメージが連想されるものの、『山谷抄』の「利欲ノ為ニ人ヲ失フ者」に較べれば、ずいぶんまっとうではなかろうか。

そして、一句・二句の句題歌を通してみると、厭世観（出離願望とその不可能性）と無常観（秋のイメージの死への暗転）という仏教的イメージで統一されているように思われる。

どうやら五山僧よりも和歌的伝統で漢詩を和歌に変えた方がまだましであるようだ。それはどうしてなのだろう。おそらく題詠がもつ力が和歌にはあるのに対して、漢詩注釈にはなく、抄物文体という講義調の断定表現しかもっていないということが主たる原因ではなかろうか。和歌の場合、これまでの題詠の方法によって、漢語や漢詩句を歌ことばに変換し、併せて、先行歌の歌ことばとだぶらせていき、だいたいの決まった観念連合やイメージの中に、和歌を埋め込むことが可能である。そこに教訓性を入れる必要もない。だから、詠めばそれなりの形になっているのである。

他方、漢詩注釈の場合は、抄物文体に付帯する表現・言説およびそれらに基く論理的限界性と共に、これは一韓をはじめとする五山僧の傾向にも拠るのかもしれないが、漢詩句から連想して、馬頭娘に到り付き、そこから、漢詩文を注釈するなどといった顚倒的行為を平気でやっている。こうした事実を見ると、どうも漢詩が読めていないようにも思われるけれども、講義＝教訓なるコードがあり、なんらかの意味を読み取らねばならないとする、ある種の強迫観念が上記のような顚倒まで惹起するのではないだろうか。今はそのように考えておきたい。今後、抄物による漢詩注釈のありようと当時蔓延していた「下心」を発見しようとしていた和歌注釈の関係をさらに追究してみたい。

おわりに

室町期、漢詩は五山僧の講義を聴いて享受した。杜甫・蘇東坡・黄山谷などその典型である。漢詩にしても、実隆でさえ五山僧の添削を仰いでいたのであるから、平安期・江戸期と比較したら、室町期公家・貴族・武将の実力はそれほどのものではないだろう。他方、和漢聯句の盛行といい、漢詩講義の展開といい、彼らは漢詩文・漢詩句に接する機会はかなり多かった。反面、義総のところで述べたように、漢詩集を入手するのは、かなりの手間と苦労が要求もされたのである。実隆でさえそれは例外ではなかった。他方、ほんの一部をかすっただけであるが、当時の漢詩文の権威・教師たる五山僧がものした抄物、および、その原形となった漢詩講義の内容も想像する以上の下レベルであった可能性が高い[35]。

とはいえ、このようにして唐物としての漢詩を享受していたのである。これこそが価値があると言うべきだろう。中にはご丁寧にも句題歌として和歌にまで変換しているのだ。とすれば、唐物と言いながらも、もう和物に近くなっているのではないか。唐物を唐のままにしておかず、気がつけば和に近いところに捉え返していく。その一方で、唐物として崇め尊んでもいる。だから、それに対する批判などとんでもない。にも拘わらず、理解はあくまで和物なのだ。こうして、黄山谷も立派な「唐物」として定着していったのである。

注

（1）『和漢朗詠集古注釈集成』（伊藤正義・黒田彰編、一九八九年、全四巻）にまとめられた。堀川貴司「五山における漢籍受容」（同『五山文学研究　資料と論考』笠間書院、二〇一一年、所収）によれば、「平安から鎌倉・南北朝にかけて、貴族・僧侶の子弟教育に用いられた初学（幼学）書、すなわち、『千字文』『（李嶠）百詠』『蒙求』『和漢朗詠集』（これに『（胡曾）詠史詩』『新楽府（白氏文集巻三・四）を加えてもよい』）」とある。五山禅林では「○三体詩（中略）○古文真宝（中略）○十八史略（中略）○錦繍段（後略）」であったという。

（2）四人の別集が五山版として刊行されていることは何よりの事実だろう。なお、李白を除いて、抄物もある。堀川貴司「中世禅林における白居易の受容」（同『詩のかたち・詩のこころ――中世日本漢文学研究――』若草書房、二〇〇六年）参照。堀川に拠れば、白居易は「別集は日本において刊行されず、抄物もない」という。地位が転換したと見てよいだろう。

（3）一例だが『陸放翁詩（陸游）』、『柳文（柳宗元）』の別集はある。

（4）このうち李白は、別集としては享受されていないのではないか。堀川前掲論文にも李白の別集は挙げられていない。

（5）宇野直人『漢詩の歴史』（二〇〇五年、東方書店）。現在求めうる最良の漢詩通史である。その他、『橄欖』10号（「特集黄庭堅の文学」宋代詩文研究会、二〇〇一年）に収められた諸論文も参照されたい。

（6）詩集の公刊には、寛永六年（一六二九）九月京都大和田意閑刊『山谷詩集注』二十巻、寛永十二年（一六三五）十月刊『山谷詩集』二十巻。なお、無刊記の田原左衛門刊行本、慶安五年（一六五二）五月野田弥兵衛刊行本（『山谷詩集注』の後修本）がある。長澤規矩也編『和刻本漢詩集成　第十四輯　解題』（汲古書院、一九七五年）参照。また、抄物『山谷詩集鈔』も正保版本が出ている（高羽五郎編『抄物小系』の一冊として翻刻された（一九七六）。内容は、一韓の『山谷抄』とほぼ同文である）。但し、『江戸時代初期出版年表［天正十九年～明暦四年］』（勉誠出版、二〇一一年）にはこの書名の記載がない。詳細は追って調べたい。

（7）むろん、平安期から連綿と尊ばれた『毛詩（詩経）』・『文選』・『白氏文集』が講義されたことは言うまでもない（『毛詩』には抄物もある）。だが、室町になって興隆した詩人・詩集といえば、杜甫・東坡・山谷・『三体詩』に加えれば、『古文真宝』前集になるのではないか。

（8）拙稿「和歌は〈公共圏〉を生みだす――室町期武家の和歌詠作から――」（阿部泰郎・錦仁編『聖なる声　和歌にひそむ力』三弥井書店、二〇一一年）参照。典型例として『詩歌合』（文明十五年正月十三日）がある。この詩歌合は、後土御門天皇・勝仁親王・邦高親王、近衛政家・西園寺実遠・徳大寺実淳・三条西実隆・甘露寺親長、義政・義尚、尊応・増運、蘭坡・横川・桃源、大館尚氏・二階堂政行・杉原宗伊などと上げれば分かるように、当時の公家（天皇・親王）・貴族（政家・実遠等）・武家（将軍家・武将）・寺家（顕密僧・五山僧）がほぼ全部揃った壮大なイベントであった。

（9）柳田征司『室町時代語資料としての抄物の研究』（武蔵野書院、一九九八年）参照。

（10）米原正義『戦国武士と文芸の研究』（桜楓社、一九七六年）、井上宗雄『中世歌壇史研究　室町後期』（改訂新版、明治書院、一九八七年）参照。当面、この両書を超えるものは出ないだろう。本稿は大いに負っている。

（11）この間の事情は、米倉前掲書「能登畠山氏の文芸」「三　義総の儒学・漢詩文」に詳しい。

（12）井上前掲書「第四章　2　三条西家」参照。なお、月舟・寿印については朝倉尚「月舟寿桂小論――一華軒の学風――」「如月寿印小論」（同『抄物の世界と禅林の文学』清文堂出版、一九九六年）が一等詳しい。

（13）畠山義総と実隆との関係は、末柄豊「畠山義総と三条西実隆・公条父子――紙背文書から探る――」（『加能史料研究』二

二、二〇一〇年）でも実証されている。

（14）玉村竹二『五山禅僧伝記集成』（思文閣出版、二〇〇三年）によれば、月舟寿桂は、永正七年（一五一〇）二月、建仁寺に住し、「同寺の妙喜庵（中巌円月の塔所）に居り、一華軒を創めた」とある。

（15）玉村前掲書。但し、大塚光信編『続抄物資料集成　第十巻　解説・索引』（清文堂出版、一九九二年）によれば、建仁寺両足院蔵『黄氏口義』（写本二十巻二十二冊、林宗二自筆本、稿者未見）が「月舟講本とみとめてもよかろうか」ということである。なお、国文学研究資料館の「日本古典籍総合目録」の月舟寿桂の著作には『黄氏口義（山谷幻雲抄）』は採られていない。なお、前述のとおり万里集九には東坡の詩抄である『天下白』の他に山谷詩抄注釈である『帳中香』がある。

（16）早稲田大学図書館所蔵『山谷詩集注』（請求記号：へ18 01286）は、「五山版　序題：黄陳詩集注 版心書名：山谷、山谷詩箱題：山谷詩注、序：許尹、紹定五年跋の覆刻」と解説されている。これは綴じ穴の後から推測すると二十冊を十冊本に綴じ直したのだろう。但し、同本には目録はない。

（17）井上前掲書「第三章　大永・享禄期の歌壇」「5　公家歌人」参照。

（18）『公宴続歌』（公宴続歌研究会編、和泉書院、二〇〇〇年）参照。但し、和漢聯句への参加は確認されていない（『室町前期和漢聯句作品集成』『室町後期和漢聯句作品集成』臨川書店、二〇〇八年・二〇一〇年）。

（19）芳賀幸四郎『中世禅林の学問及び文学に関する研究』（日本学術振興会、一九五六年）「第二編中世禅林の文学」「第二章大陸文学の鑑賞と研究」「黄山谷」を参照のこと。天文九年としたのは米原前掲書。

（20）巻十九の誤りと思われる。「四休居士詩」は巻十九にあるため。

（21）伏見宮家出身の就山永崇・宗山等貴兄弟については、朝倉尚『就山永崇・宗山等――禅林の貴族化の様相――』（清文堂出版、一九九〇年）参照。

（22）この人物だけ不明である。後日を期したい。

（23）七八・五八は七十八・五十八の意味ではなく、五十六・四十の意味であろう。その意味するところは、不明である。前日条に、「今晨、悦公を教ふるに山谷詩を以てし、泉駿を教ふるに三体詩を以てす。泉《ママ》（悦カ）なり、七八二首。駿なり五八二首、之を教ふ。」とあるから詩の数ではないかとも思われるが。

（24）慶長十七年（一六一二）閏十月八日、十一月八日、慶長十八年四月十九日、五月十四日、七月五日、相国寺雲泉軒で和漢聯句が催されているが、その他、言緒邸でも慶長十八年三月廿日も催されている。

（25）これらについては、小山順子「室町時代の句題和歌――黄山谷「演雅」と『竹内僧正句題歌』――」（『国語国文』二〇〇七年一月）参照のこと。当該句題歌の研究、および演雅詩の享受では小山論文が研究の到達点を示している。

（26）大塚光信・尾崎雄二郎・朝倉尚『中華若木詩抄　湯山聯句抄』（岩波新日本文学大系　五三　一九九五年）、朝倉尚、一九九六年参照。

（27）なお、「演雅」詩は、『土御門泰重卿記』元和六年（一六二〇）五月廿二日条に、「（前略）於禁中、藤長老（集雲守藤）、山谷演雅之詩講之。依召予聴聞之、其外十七八人望テ聴之也、八条殿（智仁親王）、聖護院殿（入道興意親王）、近衛殿（信尋）、一条殿（兼遐）、青蓮院殿（尊純）、上ハ此分也、中刻ニ相漫申候、御振舞以後各退出」とあるように、宮中でも講義された。その時、講師は東福寺の集雲守藤、聴衆には、智仁親王他、公家・貴族・寺家の代表的人物が並んでいる。

(28) 荒井健校注『黄庭堅』（中国詩人選集二集、岩波書店、一九六三年）、倉田淳之助校注『黄山谷』（漢詩大系　第十八巻　集英社、一九六七年）参照。

(29) 小川環樹『宋詩選』（筑摩選書七四、一九六七年）によれば、「この（自然物）観察を単なる好事のあそびにとどめず学問的にしたいと望んだひとたちは、これを「本草」すなわち薬物学の範囲におくことに満足しないで、経学の一部門である「爾雅」の学問に結びつけようとした。陸佃の「埤雅」二十巻や羅願の「爾雅翼」三十二巻などの書名はそのような意味をもっている。鄭樵のぼうだいな著書「通志」の「二十略」のなかに「昆虫草木略」とよぶ部分（二巻）は、直接「爾雅」へのかかわりを明言しないけれども、やはり同様の志向から出ている。黄山谷の詩の題「演雅」はこの観念にもとづくのである。「爾雅」はもともと経書の注解を集めた語彙にすぎなかったが、鳥・獣・草・木・虫・魚などの分類は万物を秩序づけるものと考えられた。「演雅」とは、「爾雅」に収められた個々の単語（物名）の注解を補い、さらに敷衍するわけである」とある。説明はこれに尽きていよう。

(30)『続抄物資料集成　第六巻　山谷抄』（大塚光信編、清文堂出版、一九八〇年）、底本は建仁寺両足院文庫蔵。写本、二十巻二十一冊。抄物だが、実隆が義総に送った山谷詩集と同じ冊数である。

(31) この説話については、李燕「蚕神説話に関する中日比較研究——蚕女言動を中心に——」（『駿河台大学論叢』三一、二〇〇六年）、同「中日馬頭娘説話比較研究——蚕女誕生の社会的な意味を中心に——」（『農村研究』一〇三号、二〇〇六年）参照。

(32)『尊卑分脈』では、良鎮を兼良の弟とするが、『摂家系図』では、兼良の子とする。永島福太郎『一条兼良』（人物叢書、吉川弘文館、一九五九年）、井上前掲書は、兼良の子とする。これでよいと思われる。

(33) 白居易の「蠶繭自纏縈」は『摩訶止観』「愛繭自纏」から生まれたと言えるかもしれない。『全唐詩』全例で「繭自纏」（「繭自」も同じ）とあるのは、当該の白居易詩だけであり、白居易が止観を見ている可能性は十二分にあるからである。

(34) 山本章博『歌合・定数歌全釈叢書　十四　寂然法門百首全釈』（風間書房、二〇一〇年）参照。

(35) とはいえ、一韓・月舟・万里の山谷注釈を比較する作業を不可欠であり、これらは今後の課題としたい。ちなみに、万里集九『帳中香』は「演雅」の二句を「蚕比人之以文章語言係其禍也／蛛比人之以智巧方便奪他人也」（無刊記版本、神宮文庫蔵）とし、一韓とほぼ同じ意味で解釈している。五山内で講者の差異を超えた解釈共同体があったのかもしれない。

中世唐物再考——記録された唐物

古川元也

日本中世に請来、受容された唐物については、近年、史料（歴史学）と作品（美術史学）両面からの複合的研究が著しく深化している。にもかかわらず唐物請来の実体をどこまで歴史の流れに位置づけることが出来るのかは難しく、克服のためには基礎的史料の再検討と、二重構造化した唐物概念の解明、同朋と茶湯の腑分けを考慮しなければならない。

はじめに

近年、唐物をめぐる研究の状況は活況を帯びている。従来の大陸から請来された品々という漠然とした位置づけから一層の追求が進み、唐物に対する認識そのものから保管管理、伝来といった側面を含め多角的な検討が進められてきている。[1]

本稿では美術史学、考古学の分野から言及されてきたモノとしての唐物を史料との関連性に着目しながら考えてみたい。

唐物研究につきまとうのは、史料上に表れる「唐物」の表記とその実体の確定が今日では困難になっているという事実である。中国大陸から請来された文物がそれを記す目録などと共に伝来することは少なく、後世の什物《じゅうもつ》帳が存在しても文物の同定は極めて困難である。「青磁華瓶」などとして史料上に表れる唐物が、具体的にどの作品なのかを確定する必要があるのは当然のこととして、「唐物」とされている文物が本当に請来された文物であることを意味し、記主の判断に間違いはないのか、変質をきたしている「唐物」概念を無批判に用いているだけなのか、といった問題を孕んでいる。同様なことは、モノ資料を文献史的に位置づけていく際には常に問題となるのだが、伝世の文化財の場合には、その過程をどう考えるべきかが更に問題となる。個々の作品レベルを視野に入れた唐物論となると、実際、立論の根拠はかなり脆弱なものも多くなる。

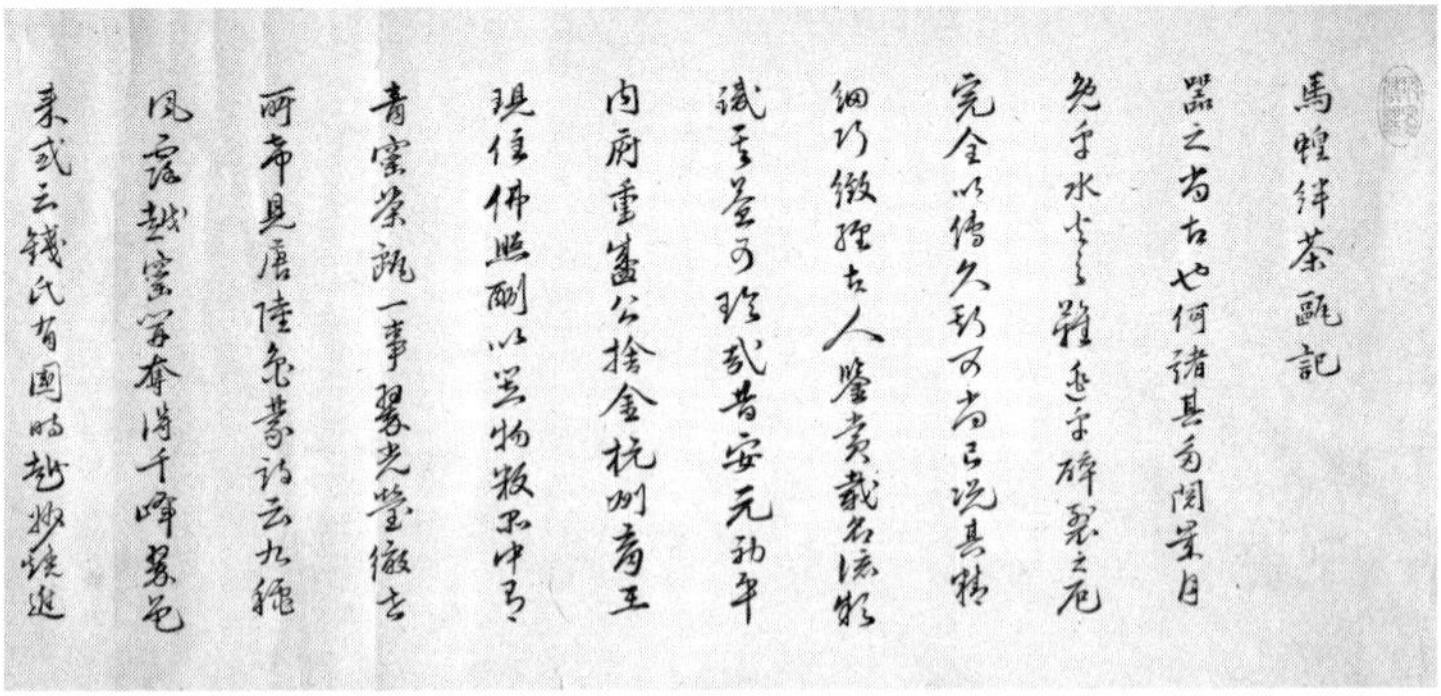

（上）図1-1　青磁茶碗　銘馬蝗絆
東京国立博物館所蔵
Image:TNMImage Archives
（下）図1-2　馬蝗絆茶甌記（巻首）
東京国立博物館所蔵
Image:TNMImage Archives

南宋青磁輪花碗の名品として夙に名高い銘「馬蝗絆《ばこうはん》」（重要文化財、東京国立博物館所蔵、**図1―1**）という龍泉窯の碗がある。胎は薄手でつやのある水色に近く、その釉調は非常に繊細。口縁部にはわずかに切り込みが入り花弁（輪花）状になっている。馬蝗とは飛蝗（バッタ）を意味し、割裂部分を鎹《かすがい》で修繕した様を馬蝗に見立て名付けられた。名称の由来は碗に付属する（「馬蝗絆茶甌記」儒学者伊藤東涯書、**図1―2**）に依拠しており、拙庵徳光（一一二一～一二〇三）――平重盛（一一三八～一一七九）――室町将軍家と相続されたとする。[2] 記述される有名な逸話は、八代将軍足利義政が破損したこの碗と同等のものを明に求めたところ、斯様な釉調の青磁はもはや焼成できないと鎹を施されて返送された、というものである。南宋青磁碗（十三世紀）として揺るぎない価値を有するこの名碗の伝来は、時代的には矛盾する北宋時代（十二世紀）の由来で語られ、足利義政という名辞のもとに東山文化に付会され語られる。江戸時代以降の角倉家から室町三井家を経て東京国立博物館所蔵となる経緯についてはともかく、東山文化といった文脈で語られる名碗として相応しいかどうかは、かくも脆弱な根拠のもとに成り立っているのである。

一、唐物の伝来再考

　作品と伝来に齟齬を持つ文物が多い中で、これら作品と由緒を可能な限り明らかにしてゆこうという試みが美術館・博物館の研究者を中心になされ、作品の評価に対する意欲的な言及が見受けられる。室町幕府権力と唐物との関係性を説き明かす貴重な研究成果として印象深かったのは、徳川美術館・名古屋市蓬左文庫で開催された秋季特別展「室町将軍家の至宝を探る」(3)である。ここでは各作品に対して踏み込んだ詳細な検討と言及が加えられ、伝世文物の検討を通じた唐物理解を飛躍的にすすめたように思われる。たとえば、京都相国寺所蔵の陸信忠筆「十六羅漢図」では、それに付属する「相阿弥代付折紙」について「花押の左半分の運筆において他と明確な相違があり、筆跡も異なるようである」という指摘をおこない、代付折紙の史料性や外題筆跡との関わりにまで踏み込んだ解説を与えている。同様に、徳川美術館所蔵の伝牧谿筆「虎図」では「「虎図」には「牧谿」の落款があるものの、牧谿筆と伝えられる「虎図」（大徳寺蔵など）とは画面構成、虎の形態などにおいて大きな相違があり」「朝鮮王朝時代の作品である可能性について、より積極的に検討される必要があると思われる」などとする。これまで宋・元の作品とされる文物の中にも朝鮮半島由来の作品があるのではないかとの私見は存在したものの、具体的な指摘は躊躇された場合も多かったのではなかろうか。右記展示および展示図録では唐物の伝来に加え、管理を担った同朋の動向について最新の研究成果が反映されており、請来文物と歴史史料との対話が非常に奏功した企画であったと考えさせられた(4)。

　このような唐物の中世日本への請来と伝来についての初見史料としては、鎌倉円覚寺に伝わる「仏日庵公物目録」が用いられ、その後の影響については同朋の書写による「君台観《くんだいかん》左右帳記《そうちょうき》」が素材とされるのが常であった。しかし、記される舶載文物がそのものであると比定しうる状態で残存している事例は少なく、現存作品についても「伝」とされているものも多い。中国の画史には名前が残らないなど、大陸では否定的な作者についても、近年の研究では「仏日庵公物目録」は中国江南地方の流行を比較的反映していると考えられており、その基準を継承した「君台観左右帳記」は当該期中国での好みを基本的には反映しているといえよう。

二、中世唐物の実際

　ここで再び同時代の唐物に立ち返ってみたい。唐物として受容された代表的な文物ともいえる青磁器は伝世品の他、出土によって発見される事例も多いため、比較的当該期の使用、流通状況を反映するものと考えられる。博多や鎌倉、京都、堺といった場所における出土青磁はこれまでにも展覧に供されており、完形に近い伝世の名品ばかりでなく、資料として貴重な青磁片の公開が同一会場でなされている場合も多い。

昨年開催された根津美術館「南宋の青磁」展では、伝世完形の名品とともに、中世都市博多と鎌倉で出土した青磁片が多数展示されており、中国出土の龍泉窯片資料集と共に最新の研究成果がまとめられていた。(5) ゆえに伝世工芸品(美術史学)と出土品(考古学)という枠組みを超え、唐物とは何かという思惟を巡らすまたとない機会となっていた。

鎌倉からの出土品については、神奈川県立歴史博物館で開催された「発掘された武家の古都鎌倉」展(6)において代表的な青磁製品が展示された。展示に携わった関係者としての知見を述べれば、鎌倉出土の青磁碗一つをとってみても、似て非なるものが多く、一括りに龍泉窯の青磁碗と概念するのは難しいように思われる。碗の形状、見込み部分の厚さ、それに伴う重さ、表面の光沢や劃花文、鎬蓮弁の巧拙に至るまで出土地点が異なればほとんど共通の遺物は出土せず、同一出土地点からでさえ同質の物は出土しない場合もある。

当該期の鎌倉における唐物の認識を示す、よく知られた史料に称名寺蔵「金沢貞顕書状」がある。(7) この文書は他文書との関連から、元応元年(一三一九)正月、金沢貞顕から称名寺長老劔阿に対して出された書状と推測されている。前半では「唐物等の展観があるだろうから拝見したい」とし、称名寺で唐物拝見の機会が設けられたことを記す。現在、称名寺には重要文化財「青磁壺」や「青磁香炉」「青磁花瓶」などの舶載品が遺り(金沢文庫保管)、同様な唐物が披露されたのであろう。後半には極楽寺の什宝が「市立」(売買)されている様子が記され、唐物流通に寺院が関与していたこと、幕府要人である金沢貞顕の唐物に対する並々ならぬ閲覧意欲を記していることには注意すべきであろう。このような唐物は、先述のとおり製品としての均一性が備わったものではなかったはずであるから、一つ一つの文物についてはそれを評価しうる審美眼がもたらされていたことを裏付けている。青磁とは何か、唐物とは何か、という文物の概念が形成されていなければ唐物に対する好奇の念も発生しないからである。

これら青磁製品がいかに多様なものであるかは、たとえば十二世紀末から十三世紀初頭とされる大蔵幕府周辺遺跡(二階堂字荏柄38―1地点、鎌倉市教育委員会所蔵)出土の青磁碗(三点)に明らかである(**図2**)。二点は見込み部分が平たく安定し、側面が立ち上がる形状をとるものの、他一点は胎土が粗く雑な造りで形状も全く異なる。また、十三世紀後半から十四世紀中葉とされる若宮大路周辺遺跡（小町二丁目三三三番二遺跡）出土の青磁碗（六点）では四点が光沢のある球面状の見込みを持ち重量のある碗であるのに対し、二点は光沢のない大振りな碗で釉調も異なる。いくつかの製品が均一なものであることから、大陸の生産地では均質な製品の大量製作が可能であったと推測しうるが、一方で鎌倉出土の青磁碗が多種多様であることは地域的、時代的にある程度の幅を持つ製品がもたらされ、使用、保管されて来たことを示している。この多様性――ほとんど別物とさえ認識しうる外見――を持つ青磁が、円覚寺に伝来する什物目録「仏日庵公物目録」では、すべて「青磁」としてのみ表記されているのであり、そこに当該期の唐物認識の実際と限界を見て取ることが出来るのである。

図2　青磁劃花文碗・同櫛搔文碗　鎌倉市教育委員会蔵（大蔵幕府周辺遺跡群出土）

三、「仏日庵公物目録」と「君台観左右帳記」

「仏日庵公物目録」の再検討

「仏日庵公物目録」は、鎌倉円覚寺に伝わる什宝目録であり、塔頭仏日庵の南北朝時代における資材管理目録である。[8] 中世寺院文書では「公物」を「くもつ」と表記している場合もあり、「くもつもくろく」とするのかもしれない。現状では全一巻。墨付十三紙。元応二年（一三二〇）に存在していた目録をもとに、僧法清が現物をもとに調査して、貞治二年（一三六三）に作成したとされている。諸祖頂相をはじめ、絵画・墨跡・工芸の諸品と由緒などの注記からなっている。十三世紀末から十四世紀半にかけて中国より請来された美術工芸品を知りうる史料で、冒頭より諸祖（頂相）、応化賢聖、墨跡、絵画、工芸品を中心に、寺院内での序列、作品の対外的移動に重点を置き書き連ねている。鎌倉時代の北条氏による庇護の下、塔頭に集積された唐物が、南北朝時代には礼物・贈答品、賄等に用いられたが、本書は合点などでその勘考を記し、あわせて什宝の保全を考えて作成されたものである。当時尊重された唐物を具体的に示す唯一無二のもので、当該期の請来文物を語る上での根本史料である。

この目録についての詳細については専論に譲るとして、確認しておかなければならないのは目録の史料的性格である。しばしば本目録は、舶載された唐物の名辞が見いだされる中世ごく初期の事例として、また寺院がそれを把握した際の完成された目録として引用されるが、よいのであろうか。複数の合点が残され、奥書が数代にわたっているから、ある程度の期間をもって編纂されたことは首肯しうるとして、料紙寸法がきわめて不統一で一貫性がなく、汚損、虫損の状態にも多様性があるこは、編集の途中で大胆な加除がおこなわれたことを示している。記述についても常識的名辞の明らかなる誤記、遺漏が観察され、この目録がある程度の時間を経て複雑な事情の下に成立し、ある段階で現在の姿に至ったということがわかるのである。(9)

強いて言えば、この目録は寺院内の正統性の継承を巡る当該期の政治的文脈の中で形成されたものであり、それが後世、什物帳としての影響力を持つに及んでさらなる体裁の変更を受けたものと推測しうる。目録作成の目的は寺院内部での正統性の保持にあり、ゆえに、この目録は「唐物とは何か」を示すことを目的としていなかったのである。

「君台観左右帳記」とは何か

「仏日庵公物目録」が同時代における寺内の什宝調査目録であるのに対し、「君台観左右帳記」はある理念に基づいて編纂され形成されていった史料と考えることが出来る。両者の性格は全く違う物であることに注意が払われなければならない。

「君台観左右帳記」は室町幕府将軍の周辺（足利義政の東山殿）を飾る道具類の記録を、近侍者である同朋がまとめた体裁をとる一種の故実書であり、記された道具の多くは大陸からもたらされた請来品である。ここでは絵画を階層化して分別し、書院の設えを記し、水指や花瓶の器形を記す。「君」は君主、「台観」はその居室を指し、権力者の室内を飾る一連の品々を記した帳面（左右帳）という程度の意味を持つ記録である。周知されているものには大永三年の本奥書がある徳川家伝来本（東京国立博物館所蔵）、永禄一二年（一五六九）の奥書をもつ東北大学附属図書館本、それに次ぐ奥書を持つ国立歴史民俗博物館本（永禄三年、図3）などがあり、ほかに多数の写本が存在することを特徴とする。(10)

諸本の同異については、矢野環氏の『君台観左右帳記の総合研究茶華香の原点』に詳しいが(11)、その史料的性格を端的に述べれば秘伝化された設えの故実書であるにも拘わらず多数の写本があることである。故実書としての性格を持つこの記録には、当該期の故実書同様〝他見禁止の秘本である〟旨が明記される場合が多く、このことは「他見」とその後の流布・伝書化を予見しているという逆説的な意味を持っている。

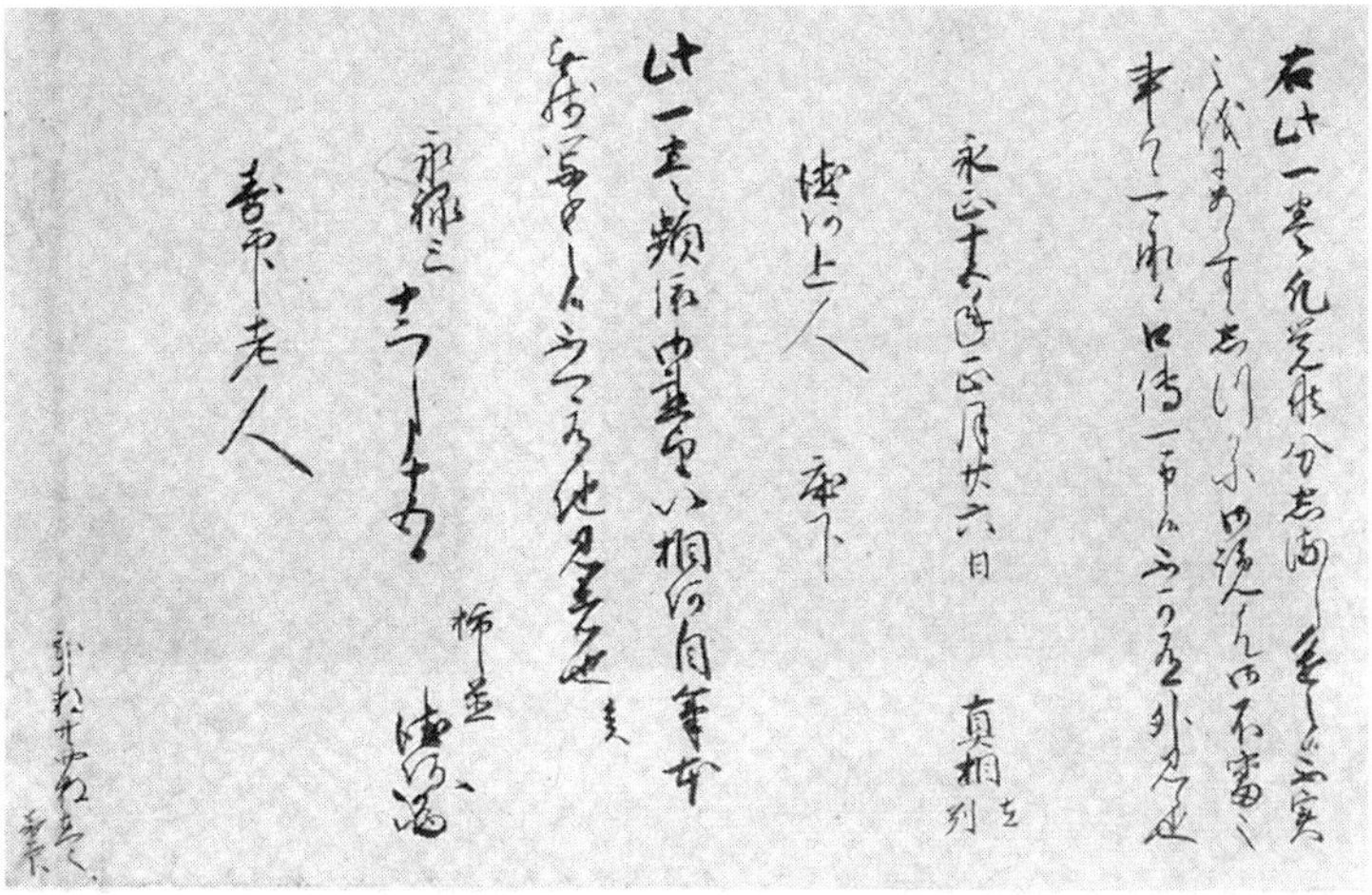

図3　君台観左右帳記（国立歴史民俗博物館本奥書）　国立歴史民俗博物館所蔵

「東北大学本」の奥書では、

右此條々不実候へ共、依所望、思出次第ニしるし候、不
可有外見候也、
永正八年辛未十月十六日　　真相（花押《ニセハン》）
辛未年
　永正八年辛未十月　　源次吉継（花押《ニセハン》）
此一巻、源次令所持之、則相阿弥自筆之本也、以一見之
次、写留者也、可秘之、
于時大永六年十二月圓深カ
　料紙ハ白唐紙、本之たかさハ此本ノたけ也、唐紙の
うらを打也、表紙は打曇、軸ハ檳榔子ノ木也、紙の
つき目に相阿判一々ニ見也、
　于時永禄二孟春吉日写之、

とあり、「外見有るべからず候」「秘すべし」などする。三古本に共通するのは、同朋の関与、写本、他見の禁止であり、故実書としての価値は秘伝化により高められている。

　この記録を記したとされる同朋は、将軍に近侍し、室礼（設え・しつらえ）としての絵画や道具を管掌し、ひいては作品を鑑定し、自らも制作する存在で、『蔭凉軒日録』文明十七年十一月二日条には、狩野正信が馬遠様か李龍眠様かの画様の決定に際して将軍による御物の「一覧」を望み、作品の出納は相阿弥に一任されることを記している。[12]

「君台観左右帳記」の問題点

さらに「君台観左右帳記」は同朋の正統性を示す故実書という性格も有している。諸本には異同もあるものの「唐物色々みること、能心に入て見おぼゆる事、肝要にて候、盆香合は上中下によりて代あるものにて候間、見る事やすかるべし、和漢のみやう肝要にて候（中略）只物数をよく見候て、目効入候こと肝要にて候」という記述があり（群書類従本。歴博本も同類）、鑑定や評価の基本はひたすら〝眼の記憶〟である点を特徴とする。作品の価値、制作地、時代といった評価は鑑識眼に依存し、そのこと自体が余人をもって代え難い同朋という職責の特異性を示す。「みること」の重要性を説くものの、請来絵画（多くは将軍家御物）の管掌は同朋の職権であったから、常人が容易に見ることは出来ない。「君台観左右帳記」は記された段階ですでに故実伝授に用いられる装置であったことを示している。

記録中には、写本とはいえ誤記がしばしば存在するなどの問題もある。東北大学本では「元朝」の中上の項に「率翁布袋人物よく出来候ハ御物にも成候」とあるのは「直翁」の誤読であるし、同じく上の「西金居士」は本来「大宋明州車橋西、金處士」と理解すべきところの誤読で、のちには「金大受」と同一視する事態も生じるという。混乱がどの段階のものかは明らかにし得ないが、請来された段階で受容する側の混乱が存在した可能性もある。また、現存する「雑華室印」印記から室町幕府将軍家の「御蔵」には名画が所蔵されていたことが知られているが、歴史史料と整合するものも少なく、「君台観左右帳記」の冗舌さとは比較にならない。[13] 画人名がなぜ同時代史料に反映しないのか、具体的な作者を同朋はどのように判別し得ていたのか。作品の実体を相伝するというよりはむしろ、書写されていく過程が重んじられ、内容の形骸化と無批判な包括的受容が繰り返されて後世には多数の写本、版本が生み出されているのである。[14]

四、記録に見る唐物の実際

当該期、唐物はどのように認識されていたのであろうか。室町期の唐物の実際は史料に散見するが、典型的な事例として十五世紀の記録である『看聞日記』を参照しておきたい。同記永享六年（一四三四）五月には遣明船の帰国に伴う記事があるが、この「渡唐船」がもたらした文物は「辛櫃五十合、鳥屋十籠、鵝目卅万貫」といったものであった（六月五日条）。この詳細は翌日の記事に「宝物共、正蔵主取出、目六校合、金襴曇子・盆・香合・絵・花瓶・香炉・涼轎・日照笠・良薬等、其外之物共未開筥、寝殿棚数脚立並置、珍物等不知数、驚目云々」とあり[15]、室町殿の御前に取り出された宝物は、目録と照合された上、棚に並べ置かれている。列挙が金襴曇子からはじまるのは、「唐物」としてまず意識されるべき文物が織物であったことを意味する。唐物といえば残存状況と今日の美術史的関心から工芸、絵画作品がまず想起されてしまうが、表面を覆う精巧な技術の粋である織布は関心の第一にくるものであった[16]。たとえば、応永二十三年十月に大光明寺を訪れた将軍義持の共として随行した近習の「御装束道服」は「唐物、白」となされており（七日条）、おそらくその外見・質感から高級輸入織布が用いられていたことは明らかであったのであろう。また、同年八月に洛中・洛外が施主となり将軍中間などによって興行された桂地蔵の風流拍物では「田植之風情ヲ作、金襴曇子等裁着、結構驚目云々、又自或方、山臥峯入之躰ヲ摸シテ、負以下道具共、以唐物作之、希代見物云々」とあり（八月九日条）、金襴・緞子による装束に身を包んだ田植えの所作や、笈などの諸道具が同様な織布によって作られ、山伏峯入りの場面などが披露されていることがわかる[17]。本来の農作業にハレの装束が用いられることはまずなく、仮装に用いられる諸道具も紙や竹木で作られることが通例であったから、このような贅沢な素材を用いた風流の作り物は、観る人々に限りない非日常感を与え得たものと思われる。

勿論、七夕法楽の際にしばしばみられる、絵画や工芸品類に対する呼称であることも事実である。応永二十三年の七夕の際には「座敷聊被飾、屛風立廻、本尊唐絵懸之、其前チカヰ棚一脚立之、種々唐物共置之、花瓶・盆等数十瓶置之」とあり（七月七日条）、飾りとしての唐絵、唐物により室礼がなされている。

いずれにせよ、「唐」「唐物」の判断は、その審美眼に依拠しつつも、一つの判断材料としては異国性、異形性といったものであり、そこから派生する絢爛豪華さ（見たこともないような）、感動、驚嘆といった非日常的感覚と高揚感が唐物の本質といえよう。

五、唐物の特質と二重性

ところで、記録に見られる「唐物」には、明らかに〝大陸風の＝唐物様式の〟と理解すべき用法がある。たとえば『看聞日記』応永二十六年二月一日条には新造の庵の設えを描写して「此間障子画図書之、当世絵師玉阿書之、唐絵山水也、殊勝也、客殿以下奇麗荘厳驚目了」とある。当世絵師玉阿は同朋とも思われ、いわゆる阿弥派が制作した山水画であるということに他

（上）図4-1　堆朱屈輪文香合
神奈川県立歴史博物館所蔵
（下）図4-2　木彫漆塗屈輪文香合
神奈川県立歴史博物館所蔵

ならない。つまり当該期には舶載、伝世された正真の唐物と、日本で再生産された邦製の唐物との別が存在し、二重構造を持ちながらも渾然一体として流通していたのである。このことは、鎌倉時代末期から隆盛をみた八朔の贈答儀礼と密接に関わりを持つと考えられるが、このような贈答儀礼の増加と、他方では政治的混乱による大陸との交易ルートの途絶、抑制が、代替品としての邦製の唐物をもたらした。

八朔の贈答儀礼については『花園天皇宸記』（元亨二年八月一日条）の記事がよく知られており「諸人進物如例、盖是近古以来風俗也、於人無益、於國非要、尤可止事歟、然而強又非費、自然行来歟、猶不可然事也、雖非本意、被引時俗不能免」とある。進物は最近の風俗だが意味のないことで、止めたいところだがたいした出費にもならないので止まない。不本意ではあるが慣習に流されて止められない、と主上自ら嘆いている。「建武式目」（第十一条）に「次唐物已下珍奇、殊不可有賞翫之儀者也」として、唐物等の賞翫を諫めるのと同根である。この条文は奢侈禁令とされるものだが、八朔贈答儀礼などを念頭においてのものであろう。このように、八朔の贈与慣行は鎌倉時代後期には発生し、十四、五世紀を通じてやむを得ない社会慣行となっていったことが分かる。[18]

このような中で、邦製の唐物は広まったと考えられる。たとえば、いわゆる鎌倉彫の初見ともされる「鎌倉物」という名辞が、八朔贈答儀礼との関わりの中でのみ見られるという事実は意外に知られていない。鎌倉彫は近代以降の産物であるから、その初見とするかどうかはともかくとして、「鎌倉物」と注記される木彫漆工品が登場するのは、正真の唐物が払底し、一方では贈答儀礼が残存するという文脈で発生する。[19] 中世社会はある種の形式世界であり、社会慣行としての贈答儀礼は、実際の贈与と形式的目録遣いなどに分離し、[20] また実際の贈答品にも高価な唐物（**図4―1**）と和製模倣品の二重性を作り出す。注意したいのは和製の類似品が単なる模倣品ではなく、原料や技術不足も相俟って、唐物の持つ強さや堅さといったものが緩和された製品であったことである（**図4―2**）。上記木彫漆工品や関東水墨画といったものがこの範疇にはいるが、陶磁器類にも同様の性質が見られる。堅実な正真の唐物に加え、〝なごみ〟のある和製の模倣品がこの時期には相当数発生し、並列的に受容され続けたのである。

このことは、正真の唐物と和製の唐物が後世の市場では並列して存在し続けることを意味し、その分別が重要になってくる。すなわち審美眼の有無が重要になることを想起させるのであり、実は撰銭（唐物としての銭の二重性）にも通底する問題を含むが、この点は別稿に譲る。

六、唐物の評価と認定
——同朋衆・金融業者・禅宗寺院

このような社会では、幕府同朋や市中の酒屋、土倉等の金融業者は両者を区別、分別、評価する存在、価値を付与する認定機関として必要だったのであり、多様な唐物流通の「制御装置」であった。「君台観左右帳記」での唐物鑑定方法は経験に基づく〝眼の記憶〟に依存しており、作者、制作地、時代ひいては価値（評価）はその鑑識眼次第であった。同朋衆は室町幕府に寄生し、公方御倉に秘蔵される唐物の管理を独占し、知識・情報の集積を図った。情報の独占は自己の存在理由でもあるから、容易に開陳するはずもなく、機密の保持（価値観、審美眼の維持）は室町幕府が瓦解するまで継続したのである。

厳格な価値観を持つ同朋の鑑定におそらく誤りはなく、一方で、それほど質の高くない唐物が流通しているという事実は、唐物の多様性を理解した上での同朋による正当な評価を予想させる。代付折紙はこの文脈で理解しうるものであり、同様に押札という手段でも価値の付与がなされていたことがわかる。万里小路惟房の記した『惟房公記』永禄元年条紙背文書「某書状」（折紙、京都大学所蔵菊亭本）には、次のようなやりとりが残されている（改行は」で示した）。

改元之儀ニ付て」惣用千疋不足候、」無心之事ニ候へ共、手」しるしとして盆」壱枚此者渡進候、」質物之段、被相調」給候て、為悦候、相阿弥」押札分如此候、」中形盆一枚 堆紅長春鳥 上々ニて御座候 」代三千五百疋」此分、盆之裏ニ候、」可然之様、御調頼入候、」以越前守申候へ共、為」後證一筆申候也、

二月廿六日　　等純

ここでいう「改元之儀」とは永禄元年（一五五八）の改元に関してのこと考えられ、その費用捻出に窮した記主等純は三五〇〇疋（三十五貫文）を無心している。正受院は大徳寺の塔頭であろうか。「相阿弥押札分如此候」とあり、相阿弥はおそらく幕府同朋の相阿弥で、その評価「中形で上出来の

堆紅盆」が盆の裏に貼ってあるというのである。折紙や押札を伴わない日常の評価は頻出し、十四世紀初頭の『教言卿記』応永十三年八月五日条では「仙女絵金阿ニ尋意見之所、日本、近日書タル絵云々」とあり、おそらく八朔進物返礼として入手した絵の評価がなされている。(21)

正真の唐物が大陸渡来の作品であったわけであるから、禅宗寺院の評価者としての役割も近年着目されているところであり、(22)『看聞日記』では光侍者が「感得唐絵屏風筆者不審之間令見、是ハ多智筆云々」(永享十年四月十二日条)として唐絵とされた粟田口民部弟子の屏風を多智筆と判断し、相国寺の僧某は「御使物四幅一対大繪持参、君澤筆云々、相国寺僧ニ令見、非君澤筆、似繪也」(嘉吉三年九月十八日条)として四幅の大絵の素性を判断している。室町期の社会では同朋衆・市中金融業者・禅宗寺院が並列的に、多様性を生じた唐物の評価と価値の付与に当たっていたと考えられる。

おわりに――価値観の創出

中世後期の日本社会には、正真の唐物を模した「邦製(和製・和様)の唐物」が多数生み出されていた。これらは長期にわたり渾然一体として流通、受容され、唐物の中に比較的穏やか〝なごみ〟の感覚の濫觴ともいえる頼りなさを有した文物の存在を許した。各地から出土する威信財としての青磁、白磁、黒釉等の船載陶磁器は、大陸で評価されるそれとは一線を画している。(23)その意味で新安沈船の遺物に何が積まれているのかは重要である。唐物の質に見られる二重構造は、やがて一層なごみやわびさびを重んじる新たな価値観の創出へと継承されることになる。

室町幕府崩壊以降、このような価値観を支えたのが、同朋衆の後継集団としての茶人による価値観である。織豊政権に寄生した茶人は同朋や禅宗寺院が集積した知識・情報の集積を図り、正真の唐物に加えて和製の唐物を評価した。正真の唐物が優品であることは容易に判断できる以上、邦製の頼りない唐物の中に新たな価値観を明確に指摘する必要があり、新たな価値の創出を希求していた織豊政権の意向とは合致するものであった。室町期における同朋衆を換骨奪胎した形で評価者=目利きとしての茶人が登場するのはこのことによる。『山上宗二記』にはその志向性が如実に表れている。(24)

夫茶の湯及起ハ、鹿苑院義満公、普廣院義教公御代より唐物同絵讃歴々集る。其此の同明《ママ》ハ善阿弥、毎阿弥也、右両公の後、慈照院義政公の御代に名物悉集り畢、(中略)義政公東山に御隠居、七珍万宝其数をしらす、(中略)いつれかめつらしからん御あそび有へき哉、と御尋有、能阿弥謹て申上ルハ、乍□(憚カ)楽乃道にハ御茶湯にしくハ無御座候、（中略）珠光より密伝、口伝の事廾二十一箇条の子細を以て悉言上す、又唐物の御厳ハ非時の物を眼前に見る、是また名物乃徳也、小壺、大壺、花入、香炉、香合、墨蹟、絵等、古美たる御遊ハ茶湯に過たる事有間敷候、又、禅宗墨蹟を茶湯に用申事あり、（中略）然者仏法も茶湯の中にありと委細に言上す（後略）、

つまり、由緒を足利義満以来の幕府と同朋に求め、義政を文化的到達点とし、同朋能阿弥から珠光の口伝を聞いている。唐物等に代表される「古美たる御遊」は茶の湯が一番であり仏法でさえ包含されているという説得に、義政は珠光を師とした、と後略部分では記している。かつて神奈川県立歴史博物館で展示した東北大学附属図書館所蔵の冊子本の「君台観左右帳記」（江戸時代前期）[25]には表紙外題に「茶道口伝書君台観」とあり（内題「君台観左右帳記」）、茶の湯の指南書の様相を呈している。また、近世初頭、博多の茶人神屋宗湛が記した茶会の記録には、茶道具としての唐物や茶室を飾る請来絵画の画題を記している。そこでは図様に加えて賛や印のあり方など詳細に記述しており（**図5**）、茶人が〝存知しているべきである〟知識の記述に努め、茶の世界で同朋を中心とする唐物認識が再構成されていることが知られる。中世唐物研究の基礎資料としての「君台観左右帳記」は、故実書としての写本をいかに読み込み、全体性の中でどう位置付けられるのかにかかっているのである。

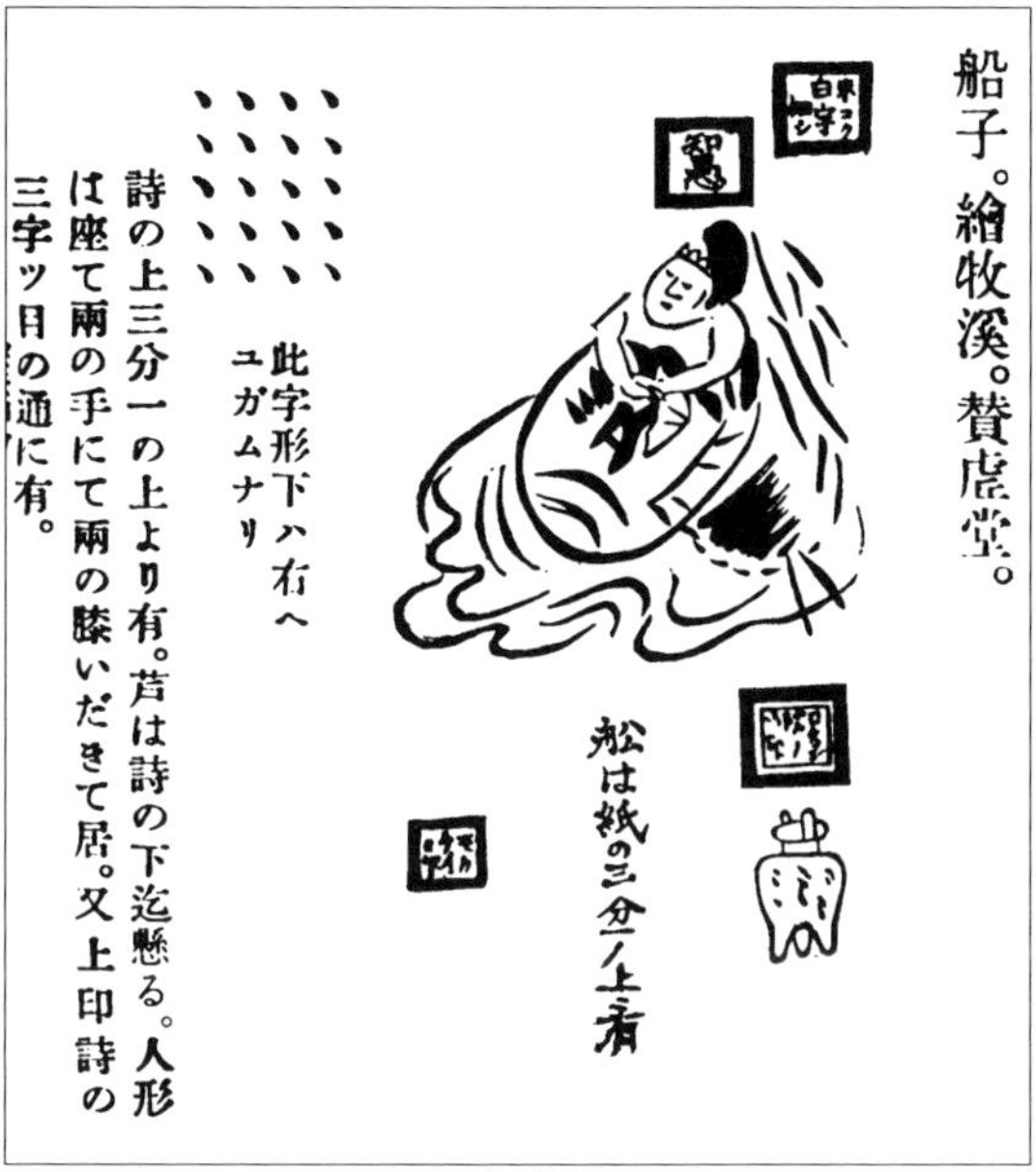
船子。絹牧溪。賛虚堂。
船は紙の三分ノ上有
此字形下ハ右へユガムナリ
詩の上三分一の上より有。芦は詩の下迄懸る。人形は座て両の手にて両の膝いだきて居。又上印詩の三字ツ目の通に有。
図5　神屋宗湛日記（続群書類従完成会本、部分）

注

（1）近年では、茶道資料館で開催されたシンポジウム「鎌倉時代の喫茶文化」（二〇〇八年十一月、京都新聞文化ホール）における村井章介の基調講演「輸入文化としての喫茶――13〜14世紀の文字資料から――」、降矢哲男「唐物文物と喫茶」や、京

都国立博物館で開催された公開国際セミナー「東アジアをめぐる金属工芸――地域特質と相互文化認識、交流媒体の研究――」（二〇〇九年九月）において羽田聡「中世史料研究と唐物」、家塚智子「室町時代における唐物の受容――同朋衆と唐物――」らの報告があった。いずれも唐物の受容とそれを支えた室町幕府、同朋といった構成要素の本質の解明に寄与している。後者は久保智康編『東アジアをめぐる金属工芸』（『アジア遊学』一三四号、勉誠出版、二〇一〇年七月）として結実している。

（2）創立70周年記念特別展『南宋の青磁――宙をうつすうつわ――』（根津美術館、二〇一〇年）では、平重盛が愛育王山に喜捨した返礼として拙庵徳光から送られたとする『平家物語』（巻三）に依拠する伝承の信憑性に対して「検討の余地がのこる」とする（三笠景子執筆）。江戸時代中期の由緒書であり、それ自体慎重に取り扱わねばならないのは当然である。当該期の国内遺跡出土遺物に含まれる青磁を概観すれば、このような繊細な碗はかなり特異なものといえないだろうか。ちなみに「馬蝗絆茶甌記」に記す伝来の詳細は次のようなものである。

　慈照院源相国義政公得之、最其所珍賞、底弖瑩一脈、相国因使聘之次、送之大明、募代以佗甌、明人遣匠、以鉄釘六鈴東之絆、如馬蝗、還覚有趣、仍號馬蝗絆茶甌、相国賜之其侍臣宗臨、享保丁未之春、予得観之于宗臨九世孫玄懐之家、予固非博云者、然其華雅精緻宣□、為前世将相所尚也

（3）図版目録『秋季特別展室町将軍家の至宝を探る』（徳川美術館・名古屋市蓬左文庫・中日新聞・文化庁主催、徳川美術館、二〇一〇年）。

（4）前掲注（3）所収論文（志賀太郎「概説室町将軍家の至宝を探る」「能阿弥・相阿弥筆と伝えられる外題について」、山本泰一「足利義満時代の善阿弥と鑑蔵印について」、小池富雄「室町時代における唐物漆器の受容」）参照。

（5）前掲注（2）所収論文（森本朝子「博多と鎌倉出土の龍泉窯青磁」、下村奈穂子編「中国出土龍泉窯青磁資料集」）参照。青磁片については大阪市立美術館で開催された国際交流特別展「北宋汝窯青磁――考古発掘成果展――」では河南省文物考古研究所おこなった同省宝豊県清凉寺の北宋汝窯青磁窯址の考古発掘成果が展示された。

（6）平成二十二年度かながわの遺跡展・巡回展展示解説書『発掘された武家の古都鎌倉』（神奈川県教育委員会・県立歴史博物館、鎌倉市、鎌倉市教育委員会、大和市教育委員会主催、二〇一一年）など。

（7）神奈川県立金沢文庫保管。『金沢文庫古文書』第一五七号文書。二紙。鎌倉時代。

（8）写真図版は「研究資料仏日庵公物目録」（『美術研究』24）、『鎌倉禅の源流建長寺創建750年記念特別展』（東京国立博物館編、二〇〇三年）、『鎌倉円覚寺の名宝七百二十年の歴史を語る禅の文化』（五島美術館編、二〇〇六年）などが参考となる。単行書では玉村竹二・井上禅定『円覚寺史』（春秋社、一九六四年）、神奈川県教育委員会編『神奈川県文化財図鑑』（書跡編）、川副武胤「鎌倉の禅宗寺院」（『鎌倉市史』）など参照。

（9）拙稿「唐物考――「仏日庵公物目録」を中心に――」（『年報三田中世史研究』14、二〇〇七年）、拙稿「唐物の請来と価値の創出」（『宋元仏画』二〇〇七年）。書誌的な問題点については、拙稿「「仏日庵公物目録」成立に関する一考察」（『神奈川県立博物館研究報告（人文科学）』第35号、二〇〇九年）。

（10）「群書類従本」では「此一巻、頻依御懇望、注進之候、閑被成御覧、御不審之事候者、可承候、口伝可申候、努々不可有御他見候也」文明八季三月十二日」能阿弥在判」大内左京大夫

殿」とする。

(11) 矢野環『君台観左右帳記の総合研究茶華香の原点』(勉誠出版、一九九九年)参照。多くの写本の内容は各本で微妙に相違しており、近世期も含めて異本の存在は夥しい。

(12) 同朋については、徳川美術館秋季特別展に合わせて開催されたシンポジウム「「東山御物」への視角――宝物と同朋衆――」(徳川美術館、二〇〇八年十月)において、家塚智子「室町文化と同朋衆」、島尾新「室町時代の美術システム――東山御物の世界」、竹内順一「その後の同朋衆――侘び茶の名物と価値転換」らの報告がある。時代は下るものの、十七世紀に成立した画人伝の集成記『本朝画史』(一六七八)には相阿弥、能阿弥らの画業を記す。建長寺の僧賢江祥啓が芸阿弥に画事を師事したことはよく知られている(根津美術館所蔵、芸阿弥筆「観瀑図」賛参照)。

(13) 根津美術館・徳川美術館編『東山御物『雑華室印』に関する新史料を中心に』(同館編、一九七六年)参照。

(14) 拙稿「『君台観左右帳記』考――特別展「宋元仏画」によせて――」(『神奈川県立歴史博物館だより』通巻一七六号、二〇〇七年)参照。

(15) 『看聞日記』永享六年六月六日条参照。この際、使節唐人は唐櫃を寝殿に並べ置き、蓋を開けて、そのうちの数櫃の「唐物」を見参に入れている。

(16) 女房詞に見られる「からもの」が絹をさし(『お湯殿の上の日記』慶長六年閏十一月十七日条など)、「唐物店(からものみせ)」などの語彙が「きんらん、どんす、どんきん、にしき、あやおり物」などを扱う店として用いられている(「虎明本狂言・磁石」)ことから、唐物の言葉が織布を想起させる伝統は近世にも受け継がれているといえよう。

(17) 前掲注(1)『東アジアをめぐる金属工芸』所収、羽田聡「中世史料研究と唐物」参照。

(18) 嘉吉元年(一四四一)以降の幕府による徳政令では、質物として唐物が頻出するが、利子率の約款ではそれ以前から唐物が登場する。

(19) 拙稿「鎌倉彫と鎌倉物――三条西実隆の意識から――」(『神奈川県立博物館研究報告(人文科学)』第27号、二〇〇一年)参照。

(20) 桜井英治「「御物」の経済」、関周一「唐物の流通と消費」(『国立歴史民俗博物館研究報告』第九十二集、二〇〇二年)。

(21) たとえば『看聞日記』では八朔進物との関わりの中で「鷹繪、(中略)能阿ニ令見、唐絵勿論、筆者不知云々」(嘉吉三年八月三日条)の記事があり、能阿弥が唐物と判断をする。

(22) 原田正俊「室町殿の室礼・唐物と禅宗」(『日本仏教綜合研究』第九号、二〇一一年)。

(23) たとえば『大観――北宋書畫特展――』(国立故宮博物院、二〇〇七年)で見られた文物。

(24) いわゆる山上宗二記には、大別して正月本、二月本の系譜がある。引用は大阪堺市博物館蔵本で天正十七年二月付板部岡融成充の冊子本(同館特別展図録『堺衆』〈平成元年〉に翻刻あり)。

(25) 宝永九年(一六八二)版行の『宿曜経巻下』で一部裏打ちがあり十七世紀末までには成立したと考えられる。特別展図録『宋元仏画』(二〇〇七年)に写真所収。

戦国織豊期の唐物——唐物から名物へ

竹本千鶴

十六世紀、茶湯の流行に伴って大名や茶人等に熱望された名物茶器。それは、織田信長の登場により、私的な収蔵品の枠組みを超え政治的価値を持つ。歴史を繙くと、茶と共に伝来した諸道具が、「唐物」と珍重され、室町期には将軍権威を彩る「御物」として公的な価値を有するという来歴があった。ここでは、そうした唐物の史的変遷を明らかにする。

はじめに

永禄十一年（一五六八）十月、後に室町幕府最後の将軍となる足利義昭を伴って上洛した織田信長へ、大和の松永久秀は天下無双の名物茶入れ「つくも茄子」を進上し（『信長公記』）、この見返りとして、信長は大和一国を統治する権利を彼に与えた（『多聞院日記』永禄十一年十月五日条）。名物が政治的な価値を帯びた瞬間である。

この「つくも茄子」には二〇〇年近い流転の歴史があり、その間、三代将軍義満や八代将軍義政が所持し、またわび茶の祖である村田珠光が九十九貫で購入するなど、いくつもの伝説を伴って信長のもとに到来した。爾来、「つくも茄子」は信長に愛用され、最終的には本能寺の変で持ち主と共に焼失したのだが[1]、幸い、大徳寺龍光院にその形を写し取った切り型が残されている。[2]堺の茶人の手によるというその切り型によれば、「つくも茄子」の大きさは高さ六・三五センチ、口径二・八センチ、底径三・〇センチであるといい、手のひらに乗る程度の小壺であったことがわかる。

歴代将軍や大名、茶人までも虜にしてきたこの一握りの茶入れには、天下に二つとない優れたもの、と絶賛される魅力が備わっていたに違いなく、だからこそ、果ては一国一城と同等の価値を持つまでになったのであろう。いったい、その魅力とは何であったのか。それを探ることがこの小文の目的である。

一、茶とその道具の伝来

九世紀頃に唐の団茶が、ついで十一世紀頃に宋の抹茶が、いずれも仏教と共にもたらされた。わが国における茶湯文化の幕開けである。ことに抹茶による喫茶の風習は、茶そのものが不老長寿や健康増進に効く薬という宣伝効果もあり、また大陸文化の香り漂う飲料として、平安末期から鎌倉初期に急速に広まっていった。と同時に、茶を喫するために必要な茶碗や茶入れといった諸道具も輸入され、それらは舶来の奢侈品であることとの憧憬をこめて「唐物」と呼ばれ、もてはやされた。そうした唐物を蒐集し、鑑賞しながら茶を喫することを好んだのは、主に富裕層、武家社会に属する人々であった。鎌倉後期に、幕府の要職に就いていた金沢貞顕は、自身の手紙の中で「唐物や茶湯がたいそうはやっているが、それは大流行といってもよいほどだ」(金沢文庫保管文書)と書いているが、まさにその頃の状況を的確に示す証言といえよう。

武家社会における唐物への情熱は、十四世紀に入るとますます激しさを増し、とりわけ婆娑羅と呼ばれた派手好みの武将の間で好まれるようになった。その様子は『太平記』によって知られるが、在京の守護大名たちは、連日のように、唐物やわが国の重宝を所狭しと飾り付けた茶寄合を開き、それぞれ虎や豹の革を敷いた椅子に腰掛け、金襴緞子をまとって豪勢な食事をし、茶の味を飲み比べるゲーム、すなわち闘茶を行ったという。会場を彩っていた唐物や重宝は、室礼としてのみならず賭事の景品としての役割もあり、闘茶での勝者に渡されたというのだ。後に、室町幕府を開いた初代将軍尊氏が、こうした賭事を伴う会合を禁ずる法令を出すことになるほど(『建武式目』)、この種の集まりは盛んに開かれていたようである。

だがその一方で、婆娑羅大名による豪華な茶寄合がはやることによって、しだいに唐物が富貴の象徴として捉えられるようになっていったことも見逃せない。十五世紀のはじめに描かれた絵巻物『福富草紙』には、長者となった主人公の邸内に、当時の庶民には縁遠いものながら、富裕層であれば所持しているものとして畳や唐櫃、山積みの米俵と共に、青磁の茶碗や天目茶碗といった唐物の茶道具も描き込まれている(**図1**)。このような御伽草子のごとく短編の物語にも登場するほど、舶来の奢侈品であるところの唐物が社会的な認識を

図1 『福富草紙』 画面中央に描かれる長者となった夫妻の室内には、富裕層の象徴として唐物の茶道具が見える。(出典:『茶の湯絵画資料集成』平凡社、1992年)

得たということであろう。

二、室町将軍家による唐物蒐集

先述のように、尊氏は賭事を伴う茶寄合を禁じたのだが、それはあくまで賭事への取り締まりであって、自身では徐々に唐物を集めていたようである。そのことを示す史料のひとつに、『仏日庵公物目録《ぶつにちあんこうぶつもくろく》』がある。[3] これは円覚寺塔頭の仏日庵が所持する掛け軸や花瓶、茶碗、文房具といった唐物の数々を列挙した目録なのだが、注目すべきは、そこに大名等に贈与した旨も記載されていることである。たとえば牧溪筆「樹頭絵」(通称「鶏の絵」)は、「観音」の絵と共に、貞治二年(一三六二)十一月二十日、二代将軍義詮の所望により進上とあり、また守護大名の土岐頼康へ掛け軸や香炉など数点の唐物を贈ったと記されているし、もちろん尊氏への贈与も見える。これは十四世紀における禅宗寺院が所蔵する唐物の実態およびその移動を考える上で貴重な史料であり、かつまた室町幕府のごく初期から、将軍が唐物を蒐集していたことを示す史料として興味深い。

室町将軍による唐物蒐集は、三代将軍義満、四代将軍義持の時代に活発化していった。その背景には、応永八年(一四〇一)から開始された日明貿易を通じて多くの唐物が輸入され、その中でも上等な唐物が将軍家にもたらされたことがある。また明の使節が義満を訪れることもあり、応永十三年（一四〇六）六月十一日のそれは進物の多さに人々が驚いたという（『東寺王代記』）。

そのほか、幕府の正式な儀式として執り行われるようになった将軍の御成、そして年中行事の八朔や歳暮の際に、大名や公家、寺社からも唐物が献上された。当該期の記録にはそうした引出物や贈答品の品々が見られるが、とりわけ多くの唐物を歴代の将軍に進上している周防の大内氏の事例を紹介しておこう。大内盛見は義持へ無準の賛が書された牧溪筆の「天神」の絵を進上し（『臥雲日件録』文正元年五月七日条）、大内政弘は国元から唐物の荷を京都へ送り、そのうち李公麟筆「維摩」の絵の入った箱を九代将軍義尚への献上品とし（『親元日記』文明十年七月二十五日）、大内義興は十代将軍義稙へ唐物の絵画や盆を贈る（『貞助記』）といったしだいである。

将軍家には数限りなく唐物が到来したのだが、実は将軍はそのすべてを自身の収蔵品としたわけではなかった。つまり、贈る側とすれば、ことさら上質な唐物を選んで将軍への進上品としたのだろうが、受け取った側では、それらを将軍家の所蔵品としてふさわしい品とそうではないものに選別する必要が生じたようだ。それについて、章を改めて具体的に述べることにしよう。

三、唐物の選別と「御物」の誕生

室町将軍の文化を支えた集団が、将軍のそば近くに仕える同朋衆であったことはよく知られているが、献上された唐物を選別することもまた、彼らの重要な仕事であった。たとえば同朋衆の相阿弥は、文明十八年（一四八六）三月六日、義政のもとへ届けられた進物を選別していた（『蔭凉軒日録』）。それは相阿弥が「唐物奉行」という役に就いていたからであり、その職務のひとつが「から物見候事」すなわち唐物の目利きであったからだ（『宗五大草紙』）。家塚智子氏が明らかにしたように、ひとくちに同朋衆といってもその職掌ごとにわかれており、唐物の目利きを行うのは「会所の同朋衆」という最も高位の集団であった。

将軍のもとに到来した唐物は、将軍自身の好みを反映させつつも、「会所の同朋衆」の鑑定眼を通して、将軍家が御所蔵になる物、すなわち「御物」として室町殿中に飾られるものと、幕府の財物を管理する公方《くぼう》御倉《みくら》に納められるものとの取捨選択が行われた。「御物」に選ばれた唐物は、まず種類ごとに分類される。たとえば、様々な形の小壺は、その外観から茄子、肩衝、大海など十九種の分類が行われた上で、抹茶を入れるための茶入れとして利用されたのである。(4)さらに代価や稀少性にもとづいて等級づけがなされ、とりわけ高級かつ稀少価値のあるものは「重宝」、個別に名前をつけられるほど良質なものは「名物」となる。従って、冒頭で紹介した「つくも茄子」は茄子型の茶入れのうち「つくも」という固有の名を持つ「御物」という意味で、いわば一点物なのである。そして最終的に「御物」は将軍御座所の室礼に活用されるのだが、そのこまかな規則まで決められていく。つまり「会所の同朋衆」は唐物の交通整理を行い、舶来の奢侈品であった唐物に、「御物」という公的な価値を与えたわけである。その過程、手順、基準にいたるすべての事柄は『君台観左右帳記』という書物にまとめられた。六代将軍義教の時代のことである。

それは、偏に「御物」が将軍御座所の座敷飾りに用いられるがゆえであった。こうして「御物」は将軍その人と一体となるべきものと見なされるようになったのである。だからこそ、「御物」による座敷飾りは室町殿中のみに適用されるのではなく、将軍の御成先でも同様に行わなければならなかったのだ。永享二年（一四二〇）三月十七日に行われた義教の醍醐寺御成では、義教の命により、御成の前日に、同朋衆の立阿弥が「御物」の諸道具を持参して醍醐寺に出向き、翌日、将軍が座す会所の飾り付けを行ったという（『満済准后日記』）。つまり、将軍自ら、自身の座る場所の室礼に公的な意義を持たせたということである。それは十六世紀、戦国期の将軍まで継承された（『永禄四年三好亭御成記』）。

御成という行為が、単に儀式の遂行だったわけではなく、一種の政治経済的な活動であったとする金子拓氏の指摘に従えば、将軍の行動に伴って、共に移動し飾られた「御物」には将軍権威をも体現する政治的な価値が伴っていったに違いない。こうして「御物」となった唐物は、舶来の贅沢品という位置づけをはるかに超えた存在となったのである。

四、「御物」の散逸から名物茶器へ

茶湯の名品には、しばしば「東山御物」との由緒が明記されるが、ここでいう「東山」とは義政をさしていることから、「東山御物」は義政の御旧蔵品というほどの意味であろう。その初見は、天正十五年（一五八七）頃に成立した茶書『山上宗二記』と考えられる。それ以前、戦国時代の茶書では「鹿苑相公御物」という義満の旧蔵品を意味する表記も用いられているが（『分類草人木』）、江戸時代以降に頻繁に用いられて、いわば市民権を獲得していくのは「東山御物」の方である。要するに「東山御物」とは、その茶道具の歴史的な価値を示す上で、欠くべからざる一種の敬称と捉えることができる。もっといえば、「東山御物」の表記の有無が、名物か否かの指標とさえなったのだ。

だが、「御物」は義政ひとりの収蔵品などではなく、歴代の将軍が蒐集し「会所の同朋衆」によって厳選、分類、等級づけされて座敷飾りに用いられてきた品々であったことは既述のごとくである。では、なぜ将軍家の「御物」が義政ひとりに特化されたのだろうか。おそらく、義政の時代にわび茶の名人珠光が登場し、彼こそが義政へ茶湯の手ほどきをした偉大な先人であるという伝承が、戦国期の茶人の間で広まっていたこととも関係があるのだろうが(5)、最も大きな要因は、義政期にはじまった「御物」の流出であろう。

二〇〇年以上続いた室町幕府も、その半ば、義政の頃には財政的に逼迫していたという。幕府は傾きかかった経済を立て直すべく、「御物」を売却することで資金調達を行っていた。そのあたりの事情は桜井英治氏の研究に詳しいが、「御物」の切り売りは史料上「売物《うりもの》」や「代物《だいぶつ》」といい、将軍が支払うべき金銭を「御物」を渡すことで賄っていたというのである。あるいは、将軍家へもたらされた唐物を厳選する際に、室町殿中に納められることなく、公方御倉行きになっていた唐物までも売却された事例もある。ことに一四六〇年代には濫用に近い状態で「御物」が大量に売却され、これによって得た資金は幕府の財政を支えるまでになった。桜井氏はこうした現象を「御物の経済」と表現している。

一方、将軍家から売りに出された大量の「御物」は競売にかけられるなどして市場に流れ出ていき、豪商の仲介を経て、将軍家旧蔵品という付加価値を伴った茶湯の名品、すなわち名物茶器として高値で取引されていく。こうして将軍権威を体現していた「御物」が、名物茶器として生まれ変わっていったのである。

五、戦国大名による名物蒐集

ここで、先に紹介した「つくも茄子」の流転を振り返りながら、「御物」から名物茶器へと転身した唐物の史的変遷を見ておくことにしよう。

この茶入れは『君台観左右帳記』で「天下一名物」と極めて高い評価を与えられていることから、「会所の同朋衆」の厳しい鑑定に叶った唐物の小壺であった。それゆえに義満の収蔵品となり、義政期までは「御物」として座敷飾りに用いられていたと思われる。義政自身は鎧に入れて携帯するほど愛用していたとの逸話もあるが、結局、寵童の山名政豊(豊時あるいは豊重)に下賜。室町殿中から放出された「つくも茄子」は伊佐宗雲なる人物の手に落ちたようで、その後、珠光に九十九貫で購入された。これにより「つくも茄子」は武家の価値観のみならず茶人の世界でも認められるようになったわけである。戦国時代には越前の朝倉宗滴が五〇〇貫で購入し、その後、同国府中の小袖屋山本宗左衛門が一〇〇〇貫で買い取った。小袖屋は戦乱を避けるため京都の袋屋に預けるも、松永久秀に奪い取られてしまった。その後の経緯は、冒頭で述べたとおりである。

義政期に流出した「御物」が名物茶器となって茶人や大名の間を流転するのは「つくも茄子」に限ったことではなく、むしろ大同小異の伝来と共に高値で取引された名物茶器は無数に存在したといってもよいくらいである。その有様を目の当たりにした来日中の宣教師は、半ば呆れつつ「日本の名物はヨーロッパの宝石と同じ価値を持っている」（『フロイス日本史』）とか「とるに足らない土くれから出来たものに大変な価値がある」（ロドリゲス『日本教会史』）といった具合に、一種の狂騒と見なしていた。

確かに、宣教師の分析にも一理あろう。というのも、朝倉宗滴は、かつて珠光が購入した額の五倍以上の値であっても「つくも茄子」を入手したわけだし、またそのような大名は朝倉氏に限ったことではなかったからだ。大名の名物蒐集を概観すると、駿河今川氏が九点、美濃斎藤氏が十点、近江六角氏が二十二点、越前朝倉氏が三十二点、阿波三好氏が六十二点といったしだいで、さらに米原正義氏の研究によれば、奥羽伊達氏、能登畠山氏、相模北条氏、周防大内氏、豊後大友氏なども名だたる名物茶器を集めていたといい、十六世紀頃には全国的な規模で大名による名物蒐集が行われていたといっても過言ではない。

その理由はいくつか考えられる。第一に、空前の茶湯ブームであったこと。第二に、文武両道の精神にもとづき、大名が文化活動に熱心であったこと。[(6)] 第三に、ほとんど将軍権威が失墜した戦国時代になってもなお、将軍が生み出した伝統文化への憧憬が、大名社会に根付いていたこと。詳しくいえば、大名は自らの権力や権勢を誇示すべく、領国内の屋敷を将軍のそれと同じように建て、その内部も将軍の御座所に倣って飾り立てていた。そのためにはかつて将軍の座敷を飾った「御物」が手に入るなら尚更よかったはずである。戦国期の領国文化は、室町将軍が築いた伝統文化の模倣ともいえ、またそうした時代だからこそ、かつての「御物」は名物茶器として生まれ変わることができたのである。それは、江戸時代末期まで『君台観左右帳記』が書写され続け、将軍家が示した唐物や座敷飾りの基準が脈々と継承されていったこととも無縁ではあるまい。

六、「信長御物」の誕生

こうして将軍家から流出せざるを得なかった「御物」は、戦国大名のいわば名誉欲を満たすための名物茶器として生き延びたが、織田信長の登場と共に、再び公的な場で利用されることになる。

信長と名物茶器といえば、かつては「名物狩り」などと形容されたこともあったが、信長が名物を「狩る」、つまり根こそぎ手にした証拠はなく、むしろ当時の記録は信長が自身の基準にもとづいて集めていたことを物語っている。その総数は二三五点（このうち五十三点は伝承）にのぼるが、信長にとっては数多く集めることが目的ではなく、厳選することに意味があった。一例として『信長公記』天正三年（一五七五）三月十六日条を掲げる。

今川氏実御出仕、百端帆御進上、已然も千鳥の香炉・宗祇香炉御進献の処、宗祇香炉御返しなされ、千鳥の香炉止置せられ候キ、

すなわち、信長は駿河の今川義元の子息氏真が進上してきた二種類の香炉のうち、「千鳥香炉」のみを受け取り、「宗祇香炉」は返却したというのである。これらの香炉は、いずれも今川家に伝来する自慢の名品であったが（『紹巴富士見道記』）、信長が一方のみを選んだのは、それが彼の好みであったからであろうか。

信長の蒐集品を分析すると、彼のものさしが浮かび上がる。それは、第一に彼の好みであり（ことに変った形が好きだったようだ）、第二に室町将軍以来、伝統的に逸品とされるものであり、第三に歴史上の人物の手を経た由緒のあるもの、であった。この基準に、家臣の松井友閑の目利きを加味しながら、信長は名物茶器を厳選して蒐集したのである。

また、蒐集品の中には敵対勢力からの戦利品や降服の証として到来した名物茶器も含まれていた。「白天目」はその最たる一品である。天正元年（一五七三）十一月十八日、本願寺顕如は信長と和議を結ばんと「白天目」を贈り、それに対して信長は「芳墨拝閲せしめ候、抑も一種白天目と号す、贈り給い候、名物の条、連々一覧の望に候けり、旁以って自愛鮮からず候、度々御懇信快然の至りに候、」と礼状を送った（『本願寺文書』）。ここで信長は、長年拝見を望んでいた名物「白天目」を贈られたことをたいそう喜び、末永く愛用すると答えている。これが和睦の証であったことは、本願寺側の記録に「信長方へ白天目を贈り、まずは和議成立となりめでたい」と記されていることからも明らかなのである。

「白天目」や「つくも茄子」が信長のもとに到来した経緯

は、戦国大名が個人的な蒐集欲にもとづいて集めていた時代が終わりを告げ、名物茶器が政治的な動きの中で、新たな価値を持ったことを示している。絶大な権力を誇る信長が厳選し、また政治的な動きの中で献上された名物茶器の数々。これらが、後世「信長御物」と敬称されたゆえんはこのあたりにあるのかもしれない。

七、信長の茶会と「ゆるし茶湯」

名物の披露

さて、信長は蒐集していた「信長御物」をいかに活用したのであろうか。まず、信長は茶会を開いて、それらを披露することからはじめる。そこで、信長が茶会にこめた意図を探るため、分析の素材として天正三年十月二十八日朝の妙覚寺茶会を取り上げよう。

天正三年の信長を取り巻く状況は、本願寺と手を結ぶ三好笑岩の降服に、三河長篠での武田軍への勝利、越前一向宗門徒の制圧、そして茶会直前には本願寺と二度目の和睦をするなど、全国統一への足固めが整った時期であった。当面の敵を克服した信長は、戦勝見舞いに訪れた堺を代表する豪商十六人をもてなすために茶会を開いたのだ。その様子は、招待客のひとり津田宗及の記録によると、床の間には信長好みの玉澗筆「煙寺晩鐘」と三好笑岩から降参の証として献上された葉茶壺「三日月」が飾られ、台子の上には「つくも茄子」と「白天目」の二種、下には水指「占切」と建水「平手合子」。建水は織田家伝来の名物である。そして炉には「乙御前釜」がくさりにかかっていた（『天王寺屋会記』）。

この日飾られた「信長御物」の品々は、彼の権勢や財力そして美意識を語って余りある。茶道具に精通している堺の豪商茶人であれば尚のことであっただろうし、これほどの名物茶器を所持する信長へ従うしかないという気にさせられたのではなかろうか。実は、客にそう思わせることこそ、信長のねらいであったのだ。つまり、信長は堺の豪商に対し、数々の「信長御物」を飾ることで自身の権勢を目に見える形で表現し、彼らにさらなる迎合を求めたというわけだ。信長の茶会は政治的な活動と表裏一体であったといえよう。

名物の下賜

次に、信長は政権内の統制にも名物茶器を利用する。家臣にとって、選び抜かれた「信長御物」はいわば垂涎の的であった。天正十年（一五八二）四月、瀧川一益はこれまでの伊勢平定の実績に加え武田氏滅亡に関わる軍功の褒美として、何としても「珠光小茄子」を賞賜されたいと願っていたが、実際はその茶入れではなく、関東管領の職と上野の領地を与えられた。彼の落胆ぶりや「茶湯の冥利も尽きてしまった」と嘆いたほどであった。

その背景には、信長が編み出した「ゆるし茶湯」のシステムがあった。「ゆるし茶湯」とは、信長が自身の名物茶器を論功行賞として家臣に下賜し、その後さらなる功績を重ねると下賜した名物茶器を実際に茶会で披露できるというものである。つまり、家臣にとって、信長からの名物茶器の拝領とその使用には二段階の許可が必要だったことになる。信長からの拝領品を飾った茶会を開催することは、政権内の上層部に位置していることを示しており、それゆえに家臣にしてみれば大変な名誉であった。その栄誉に預かったのは、嫡男信忠をはじめとして、明智光秀、佐久間信栄、羽柴秀吉、野間長前、村井貞勝の六名であり、現存する史料から確認できる限りではあるが、極めて限定的である。その望みが叶わなかった瀧川一益の悲嘆の原因はそこにあったわけだ。信長は名物茶器を巧みに操作することで、うまく家臣団を統制しながら働かせていたということであり、また絶大な権力を誇る信長が厳選した名物茶器だからこそ、家臣団統制の道具にもなり得たともいえる。

要するに、服従確認と家臣団統制、ここに信長が名物茶器を政治的に利用した究極の目的があったのだ。信長の時代にいたり、四〇〇年前は舶来の奢侈品であった唐物が、政治的調度品になったのである。

八、本能寺の変と和物の流行

「大名茶湯」

戦国大名や信長とその家臣が、名物茶器を飾った茶会に興じる有様を、当時の茶人は「大名茶湯」と呼び、彼らがめざす茶湯とは一線を画すものと考えていたようだ。というのも、千利休の高弟である山上宗二が、武野紹鷗からの口伝として、戦国時代の茶湯には二つの異なった趣向があったと記しているからである（『山上宗二記』）。ひとつは「大名茶湯」で、これは古今の唐物を集め、名物茶器を絶対視する茶湯をいい、いまひとつは「侘数寄」すなわちわび茶で、これは名物茶器を持たず、茶湯への志が固く、趣向を凝らした茶会を開くことをいい、珠光や紹鷗のような名人ともなると、唐物の名物を所持しつつも、目利きがあるためわび茶を行うことができた。わび茶の醍醐味は、和物と唐物を渾然一体とした趣向で使いこなしてこそ味わうことができたという。信長を頂点とする武家社会で、名物茶器が政治に利用されるなど、唐物が珍重される一方で、熟練した茶人の間では唐物の名物を手にしながらも、それのみに興味が集中することを戒めようとする動きがあったとも考えられる。

そうしたところ頭角を現し、遂にわび茶を完成させたのが千利休である。利休の茶が、唐物よりは和物、つまりわが国で作られる道具から成り立っていたことは周知のことである。その利休も、信長の時代には茶頭（茶会を司る者）として表舞台に立ったこともあるが、同郷の今井宗久や津田宗及の活躍には及ばなかった。利休の活躍は、信長の死後、秀吉の時代が到来してからのことである。それは、単に権力者の交代というだけでは説明できないものがある。天正十年六月二日に突如起こった本能寺の変は、信長の生命を奪っただけではなく、茶の伝来から四〇〇年近く絶対的な地位を誇っていた唐物の運命までも脅かす出来事であったのだ。

唐物から和物へ

そもそも信長は、博多の豪商のために大規模な茶会を開くことを予定していたため、四十点以上の名物茶器を携えて本能寺に入っていた。最期は火を放ったというから、そこで名物茶器も焼滅し、安土城に残されていたもの、嫡男信忠に譲渡したものも失われた。「信長御物」の崩壊である。その後、信長の後継者たらんと目論んだ秀吉は、必死に「信長御物」の再蒐集を試み、信長が手にしなかった名物茶器、たとえば「新田肩衝」や「楢柴肩衝」といった天下の名品までも手当たりしだいに集めるが、もともと「信長御物」は彼が厳選して蒐集していた品々であったことよりいえば、最高級品の多くは焼滅したと考えた方がよかったのかもしれない。天正十三年三月八日、秀吉はこれまでに蒐集した名物茶器を、信長の墓所大徳寺で披露して見せた。その茶会の趣旨は、堺や京都の茶人など一五〇名に、自らの収蔵品を誇示することであったと明記されている（『兼見卿記』）。四〇〇年の間、不動の地位にあった唐物にとってみれば、この茶会は自らが主役となる最後の華やかなイベントでもあった。というのも、爾来、秀吉は黄金の茶室に代表されるような独自性の強い茶湯に興じる一方で、寵愛する利休が示すわび茶へも傾倒していくからである。秀吉の名物茶器は、総数でいえば信長のそれをはるかに上回っているものの（三二七点）、そこには和物をはじめ、ルソン壺のごとく秀吉自らが名物と認定したものすら含まれている。

室町、戦国、信長期と続いた武家社会の伝統の中で、常に絶対的な価値を与えられ、「御物」として将軍権威を彩り、また「信長御物」として政治的に利用されてきた唐物は、それを愛好してやまなかった信長の生涯と共に、一時代を終えたともいえよう。

むすびにかえて

茶と共に伝来した道具類は、喫茶の流行に伴い、大陸文化への憧憬をこめて「唐物」と称され珍重された。武士が台頭し政権を担った時節と相俟って、唐物は武家文化の主役としてもてはやされていく。室町期の武家社会において、唐物はもはや舶来の奢侈品としての位置づけをはるかに超え、将軍権威を彩る「御物」として公的な価値を有した。「御物」となった唐物は、幕府の経済危機を救済する一方で、将軍の手を離れたことで新たな所有者のもと茶道具の名品として認められていく。そして最終的に辿り着いた先は、織田信長の手中であり、そこで唐物は政治的な動きの中で計り知れない価値を持った。

舶来の奢侈品から「御物」に、そして名物茶器から政治的調度品であるところの「信長御物」へ。このように華麗な転身ができたのは、時代が推移しようとも、常に唐物が政治の中枢で為政者に愛用されたからである。『君台観左右帳記』をまとめ上げた将軍同朋衆の目利きに、将軍家の所蔵品、さらには名人も認める茶道具としての価値、こうしたいわば目に見えない幾多の伝説が、見た目にも美しい上質な舶来品に付帯しているところに、唐物の魅力があったに違いない。

唐物の名物茶器をこよなく愛した信長は、天正四年（一五七六）、前代未聞の超高層建造物を近江安土の地に築城した。安土山の城と天主は「唐様」に倣ったものであったという。信長の唐物好きは、安土山に結実したといっても過言ではなかったが、数年の後、「唐様」の城も天主も、そして唐物の「信長御物」も崩壊。唐物全盛の時代も終焉を迎えつつあった。秀吉のもとで再蒐集された唐物は、和物をはじめ高麗物、ルソン物といったいわば多国籍な「太閤御物」の中で生きていくことになる。そして秀吉没後の戦乱と大坂落城は、「太閤御物」の消滅と散逸を招き、古田織部や小堀遠州といった武家出身の茶人が作り出す全く新しい茶道具の誕生を見るのである。

注

（1）静嘉堂文庫美術館には、岩崎家旧蔵の茶入れ「付藻茄子」が所蔵されており、これを信長所持の「つくも茄子」と見る向きもあるが、筆者は「付藻茄子」と「つくも茄子」は別の茶入れであり、ここで述べる「つくも茄子」は本能寺の変で焼滅したと考えている。というのも、『山上宗二記』など当時の文献に、その旨が記されていることを重視するからであり、また信長亡き後、「信長御物」の再蒐集をめざした秀吉の収蔵品の中に「つくも茄子」が見えないからである。

（2）大徳寺龍光院所蔵の「つくも茄子」切り型は、『山上宗二記 天正十四年の眼』（五島美術館、一九九五年）に掲載されている。

(3)『仏日庵公物目録』は、『茶道』巻八(創元社、一九三六年)に翻刻がある。

(4)茶入れに転用された唐物の小壺は、本来、油や薬などを入れるための壺として、あるいは水次として使われていたものである。小壺の中から、形状に応じて、同朋衆が「抹茶壺」として利用できるものを選別し、茶入れとして定着した。

(5)義政と珠光を巡る親密なエピソードは、室町武家社会の一般的な常識に照らせば、あまりに考えにくい話であると指摘されている。二木謙一「中世の武家儀礼と茶の湯」(『文学』五七号、一九八九年)。

(6)文武両道とは、平安末期頃より、武士の理想像である「情のある者」「情深き人」をめざし、また紀貫之の提唱する「たけきもののふの心をなぐさめるは歌なり」との理念に従い、武士が熱心に文芸の教養を身につけようとしていたことをいう。米原正義『戦国武士と文芸の研究』(桜楓社、一九七六年)。

参考文献

家塚智子「同朋衆の存在形態と変遷」(『芸能史研究』一三六号、一九九七年)
金子拓『中世武家政権と政治秩序』(吉川弘文館、一九九八年)
熊倉功夫校注『山上宗二記　付茶話指月集』(岩波書店、二〇〇六年)
桜井英治『室町人の精神』(講談社、二〇〇一年)
竹本千鶴『織豊期の茶会と政治』(思文閣出版、二〇〇六年)
二木謙一『中世武家儀礼の研究』(吉川弘文館、一九八五年)
矢野環『君台観左右帳記の総合研究』(勉誠出版、一九九九年)
米原正義『戦国武将と茶の湯』(淡交社、一九八六年)

コラム

唐物と虚栄心の話をしよう！

上野　誠

唐物といっても、伝来する土地土地で伝来するありようも違う。九州・博多は、日宋貿易の基地であり、渡海の僧たちは、この地から中国に旅立った。ために、博多の地と唐物とは深いえにしによって結ばれていた。博多育ちの筆者が見聞きした博多の商家での唐物のありようを語る、ちょっとせつない思い出の記。

博多の商家と茶

今でこそ赤貧洗うがごときわが家も、明治中期から昭和四十年代までは、博多呉服町に本店を構える衣料商だった。ここに店をもって、卸商ができるということは、いわばソコソコの商家であったのだ。ただし、わが一族は、もともと博多にいたのではない。明治中期まで、郊外の甘木という街に住んで、呉服と小物を商っていた。したがって、わが家の菩提寺は甘木の安長禅寺なのである。安長禅寺は、今日臨済宗東福派の末。北部九州の一帯に、禅宗ことに臨済宗の寺が多いのは、栄西禅師（一一四一～一二一五）をはじめとする渡海の僧たちが、この地から中国へ旅立ち、帰国後その縁を以って当地において禅寺を開いたからである。喫茶の風は禅宗の僧侶がもたらした文化なので、博多やその周辺の禅寺の僧は、土地では一流の茶人であった。ユーモラスな画風で知られる仙厓和尚（一七五〇～一八三七）もそのひとりと考えればよく、茶人で多くの茶軸を残している。

そういう土地柄もあってか、博多の金持ちの家には、茶室があって、それぞれ経済力に応じた茶道具を所蔵していることが多い。二十年ほど前、博多の地場資本の老舗デパートの経営者が、借金返済のため茶道具を売りに出した時は、博多の金持ちたちが争ってこれを求めたのはいうまでもない。いわば、博多の茶人には、博多人好みの茶道具があるのだ。その主たるものが、宋代の青磁だ。

さて、博多の古い商家には、中世の日宋貿易の時代まで家系を辿ることのできる家々があり、私が小学校のころまでは、クラスの初顔合わせで、「大神」「大賀」「神屋」「島居」などと名告ると名門だということは、子供でも知っていた。そういった名家に遊びに行くと、きまって茶道具がぎっしりと収められている蔵があるのだ。

かくなる名家には、これまた必ずといってよいほど、唐物の茶碗があった。それも、なぜその家にかの名器が伝わっているのかという口釈つきで。まぁ、いわば家伝である。たいがいは、こんな話だった。

▽これは、唐と貿易をしていたころに、寧波の地で大金で買ったものだ。

▽この茶器を持っていると秀吉に召し上げられるので、見つからないように、ずっと庭に埋めていた。

▽仙厓和尚が、自らの画百枚と交換してほしいと頼み込んできたものだ。しかし、断った。

▽○○寺に多額の喜捨をしたところ、いただいたものだが、かつての寺の宝のため、明治までその存在を明らかにすることはできなかった。

▽孫文がわが家に来た時、この茶碗で茶を出したところ、驚いて腰をぬかした。

とにかく、茶碗一つの口釈が大変なのだ。博多人は、目立ちたがりやで虚栄心も強く、話は膨らむばかりである。しかし、そういう口釈を垂れれば垂れるほど、負の噂というものも広がるものである。

▼あれは、偽物だ。たいしたもんじゃない。

▼あれは、家に伝わったものだといっているが、古道具屋で買ったものだ。それをかっこつけて。

▼あの道具は盗品だ。それも、三代前の……。

つまり、自分の家柄の良さと持っている宝物を自慢されて、気分よく帰る御仁などいないのである。自慢されれば、される分だけ、蔭口を叩かれるのがオチなのである。この手の話は、現在でもよく耳にする。うんざりするほど。

わが家の恥

ちなみにわが家は、甘木からやって来た新参者なので、そういう由緒ある茶碗など家にはなかった。第一、豊かになったのは、明治中期からだ。したがって、街の寄合に行っても、自慢するものがないし、お茶のお道具にしてもたいしたものはなかった。そんなある日、私が小学生の高学年であったから、四十年も前のある年の暮のこと。それも夜半に、わが家に活き物の魚を届ける漁師のSさんが、やって来た。博多の街屋では、上客のある時は、漁師から直接魚を買い求めることが多く、それぞれに出入りの漁師がいたのだ。Sさんが、新聞紙に大切に包んで持って来たのは、おそらく青磁だったと思う。Sさんは、これは漁に出ていて網に引っ掛かったものだが、古そうなものなので、見てほしいと祖父母に言うのである。祖父母は、それを見るとすぐさま、「ここからは大人の話やけん、聞かせられんばい。出ていきんしゃい」と言って、兄と私は外に出された。席を外せということである。でも、この展開では子供でも、あとのことはわかる。買い取りの交渉をしたのである。こうして、沈没船の荷だった青磁は、わが家のものになった。祖父母は、やって来る客たちに、この青磁は、古くからわが家に伝わっているものだと、急に自慢しはじめたのだが、私たちはあいにくその裏を知っているので、不思議に思っていた。でも、子供心にも、祖父母の気持はわかった。やはり、見栄を張りたいのだ。

しかし、その自慢話も長くは続かなかった。なぜならば、漁師のSさんが、引き揚げられた茶碗を複数の家に売っていたことが、あとで判明したからである。その時の祖父母の落胆ぶりは、子供心にも痛々しいものだった。もちろん、Sさんはお出入り禁止だ。たぶん、大枚を払っていたのだろう。どこかで、恥をかいたのかもしれない。

じつは、北部九州の海浜の漂着物を研究している石井忠さんによれば、潮の流れの関係で、中世の沈没船に積まれていた陶磁器が、浜に打ち揚げられることもままあるのだという(石井忠『漂着物事典――海からのメッセージ――』海鳥社、一九九九年)。したがって、魚網に陶磁器が引っ掛かることもよくあることなのである。ちなみに、このエッセイを書くにあたり、八十八歳の母に、あの青磁はどうなったかと聞いたところ、

そげな験の悪かもんは、とうに売っとるくさ(そんなに、験の悪いものは、とうの昔に売っているであろう)

ということであった。さも、ありなん。たぶん、これこそは先祖伝来の唐物の茶碗と自慢したところ、それが他家にもあり大恥をかいたのではないか。おじいちゃん、おばあちゃん、ごめん。ネタにして!

江戸時代の唐物と日蘭貿易

石田千尋

本稿は、まずはじめに江戸時代の「唐物」、そして「唐」とは何を意味したのか明らかにし、次に「唐物」の内、縞柄の綿織物である奥嶋（おくしま）に焦点を絞り、ひとまず中国（唐）をはなれ、オランダ船の船載品を中心に検討し、江戸時代「鎖国」下の物（唐物）をとおしてみた国際的な商品流通の事情を考察する。

はじめに

元禄三年（一六九〇）刊行の『人倫訓蒙図彙《じんりんきんもうずい》』には「唐物《からもの》や、器物《うつわ》・香具・革・紙・薬・墨・筆等、万《よろづ》長崎着岸の物をかいとりてこれをあきなふ。所々《しょしょ》にあり」とあり、図（図1）が添えられている。長いきせるを斜めに構える客を相手にする店の者の背後に、ガラスの器やフラスコと呼ばれたワインボトル、さらにまるめた生地などが描かれている。船載された図書であろうか、横積みの書籍状のものも見られる。(1)唐物屋に並べられたこれらの物は「万長崎着岸の物」という。当時、いわゆる「鎖国」下において日本は唯一この長崎で、公に中国とオランダと交易をおこなっていた。したがって、唐物屋で商われた品々、すなわち唐物には中国船の輸入品だけでなく、オランダ船の輸入品も含まれていたことになる。

本稿では、まずはじめに江戸時代の「唐物」、そして「唐」とは何を意味したのか明らかにし、次にたくさんある「唐物」の中から唐桟留《とうさんとめ》・唐桟嶋《とうざんじま》・唐桟《とうざん》とも呼ばれた縞柄の綿織物である奥嶋《おくしま》に焦点を絞り、ひとまず中国（唐）をはなれ、オランダ船の船載品を中心に検討し、江戸時代「鎖国」下の物（唐物）をとおしてみた国際的な商品流通の事情を考えてみたい。

図1 『人倫訓蒙図彙』四巻「唐物や」
（出典：朝倉治彦『訓蒙図彙集成』第13巻、大空社、1998年）

一、江戸時代の「唐物」と「唐」

「唐物」とは本来中国唐朝の物品というほどの意味であった。しかし、唐の滅亡後も中国を唐と呼んだことより、中国からの舶来品の総称として用いられてきた。「唐物」が舶来品であることから、中世以降、次第に舶来品が「唐物」といわれるようになったと考えられる。したがって、朝鮮や琉球からの舶来品も「唐物」と呼ばれた。中世末から近世初頭にかけて、ポルトガルをはじめとしてスペイン、オランダ、イギリスといったヨーロッパ勢力が日本に来航し、ヨーロッパをはじめ、世界各地の品々を日本へ持ち渡ってくるようになると、これらの品々もまた「唐物」と呼ばれた。

江戸時代になると「唐物」は「からもの」以外に「とうぶつ」「とうもつ」とも呼ばれるようになる。事典によっては、「唐物《とうぶつ》と言ったときは、中国以外の外国からの輸入品をも含む場合があり」[2]と述べられているが、中国からの輸入品と中国以外の外国からの輸入品を当時の人々が厳格に「からもの」「とうぶつ」「とうもつ」と区別していたとは考えがたい。呼び方としては、混用して使われていたと思われる。

また、「鎖国」下の長崎貿易において、輸入品の内、小間物や雑貨類は唐物《からもの》目利《めきき》によって鑑定・評価されていたが、彼らは、中国船の輸入品だけでなくオランダ船の輸入品をも扱っていた。同様に、唐皮目利《からかわめきき》も中国船・オランダ船輸入の皮革を鑑定・評価している。(3)

江戸時代には「唐物」の「唐」の字は中国または中国本土の意味はもちながらも、広く外国をさしてもいた。オランダ船が輸入したverrekeijkerは今でいう望遠鏡であるが、当時の日蘭貿易では「遠目鏡」と訳され国内でも流通していた。阿蘭陀通詞がオランダ船の輸入品を訳す時に、この「遠」に「唐」を用いて「唐目鏡」としている例がある。(4)これは単なる宛字とみるよりも翻訳した通詞が、遠く外国からの舶来品としての意味を込めて「唐」の字を用いていたのではないだろうか。

また、同じくオランダ船の輸入品のgoudleerは金唐革《きんからかわ》と訳された。金唐革は、十七世紀にオランダが主生産国となった金色に輝く豪華な壁革のことである。オランダ船は本国の金唐革をアジア各地に運んだが日本では主に小さく裁断し、たばこ入れや巾着などの袋物に用いたり、小物に飾りとして貼ったりした。(5)goudleerを日本で金革と訳されることもあるが、主に金唐革と訳されている。ここでも、オランダ——外国——「唐」からの持ち渡りを意味づけているといえよう。

二、江戸時代の日蘭関係

本稿の中心課題である奥嶋（唐桟留・唐桟嶋・唐桟）の検討に入る前に基本的な日蘭関係史について簡単にふれておきたい。日蘭関係は、慶長五年（一六〇〇）オランダ船リーフデ号が豊後国佐志生に漂着したことに始まる。しかし、正式な形としては、慶長十四年（一六〇九）二隻のオランダ船が平戸に来航し、同船の使節が駿府で徳川家康に謁見。家康がオランダとの通商を許し、この年、オランダ人が平戸に商館を設立して貿易を開始したことに始まる。その後、寛永十八年（一六四一）には平戸から長崎出島にオランダ商館が移転させられ、幕末開国までの二一〇余年、オランダはヨーロッパ唯一の交渉相手国として日本との交流が続けられた。なお、近世初頭に日本と交流を持った他のヨーロッパ勢力である、イギリスは元和九年（一六二三）に日本を去り、スペインは寛永元年（一六二四）に来航が禁じられ、同じくポルトガルも寛永十六年（一六三九）に来航が禁じられている。

十七世紀から十八世紀末までのここでいうところのオランダとは、実はオランダ東インド会社（Vereenigde Nederlandsche Oost-Indische Compagnie, VOCと略称）のことを指す。オランダ東インド会社は、一六〇二年（慶長七）に設立された世界初

図2　オランダ東インド会社の主な商館所在地と勢力図（17世紀中葉）
（出典：たばこと塩の博物館編『紅毛文化――鎖国下の舶来文物と出島の生活――』1986年）

の株式会社であり、日蘭関係はこのオランダ東インド会社という特殊な国策的会社がオランダ国家から受けた特許状に基づき全世界的に展開した貿易・植民活動の日本における展開であったわけである。(6) オランダ東インド会社は、十七世紀中葉に東インド圏において最盛期を迎え、以後次第に凋落してゆき一七九九年（寛政十一）に解散し消滅する。そして、その後は国営という形をとるが、日蘭貿易は従来と変わりなく続き開国を迎えることになる。

オランダ東インド会社の最盛期（十七世紀中葉）の頃の主な商館所在地と勢力図を掲げると**図2**のようになる。東インド会社の本店に相当する東インド政庁（東インド総督 Gouverneur Generael とその諮問機関であるインド評議会 Raad van Indië からなる）は、一六一〇年にジャワ島北西部のバンタンに設置され、一六二〇年以降、同島のジャカトラ（一六二一年よりバタヴィアと改称）に移された。この図からもわかるように、長崎出島は数ある商館の中で極東に位置する一商館（支店）であった。当時、各国・地域の貿易品は、オランダ船や現地の船舶によってこの支店間及び本支店間を飛び交っていたことが容易に推測されよう。

三、江戸時代のオランダ船奥嶋輸入

綿織物の輸入と奥嶋

江戸時代、日本国内で綿織物がさかんに生産されるようになると、意匠的に進歩がみられ、縞や絣の木綿が日本各地で織り出されるようになる。三瓶孝子氏によると、中世末に来航したポルトガル船や近世初頭に現れたオランダ船によって「海外の縞木綿が輸入されたから、日本でも縞木綿が織り出されたのであろう」[7]と推測されている。ヨーロッパ船のもたらす縞木綿は、国内産のものに比べてはるかに綿糸が細く繊細な織物であったと思われる。したがって、国産木綿が発展していったことによって海外からの木綿の輸入を停止してしまったわけではなく、むしろ見本品や贅沢品として綿織物の輸入が継続されていったのであろう。三瓶氏がいわれるように、十六世紀中葉より始まるポルトガルとの交渉によって、縞木綿は日本に輸入された。その後、ポルトガル船の来航が禁じられてからもオランダ船が縞木綿を持ち渡っている。

ヨーロッパ船の持ち渡る縞木綿はインド産のものであった。インドのコロマンデル産である「桟留嶋」は経糸・緯糸共に二本ずつ引き揃えの双糸を用いて平織にした縞柄の綿織物であり、近世の日本側貿易史料では通常、縦縞を「奥嶋」、碁盤縞を「算崩嶋」とよんでいる。しかし、碁盤縞の綿織物も「奥嶋」とよばれる例があることより、「算崩嶋」も広義でいう「奥嶋」という用語の概念の中に組み込まれていたと考えられる。また、インドのベンガル産の縞木綿で同じ糸使いのものを「弁柄奥しま」と訳される例もみられる。現存する「反物切本帳」（輸入反物を鑑定・評価する反物目利や商人らによって輸入反物の裂を貼り込んだ見本帳）によると、奥嶋・算崩嶋は綿糸が非常に細く、前述のように二本の糸を引き揃えて経緯に用いた斜子《ななこ》織りとよばれるものであり、このような綿糸はとうていわが国では紡出できるものではなかった（**図3・4**）。この繊細な織りと意匠をもつ綿織物に対する憧れは強く、多くの模造が造られた。しかし、『和漢三才図絵《わかんさんさいずえ》』（正徳二年（一七一二）序）の「奥柳條《おくしま》」の項には「倭《わ》より出《いづ》るは京奥柳條《きょうおくしま》と名づく、真なる物に似ず」とあり模造にならなかったことがわかる。尾西地方では、明和年間（一七六四～一七七二）に織り出されたが、これも舶来の模倣に遠く及ばず単に赤茶系統の木綿縞をサントメというにとどまった。また、川越では万延二年（一八六一）に洋糸を購入して奥嶋（唐桟）を模した木綿縞を織った。これは川越唐桟（川唐）といわれ現在まで引き継がれている。舶来の唐桟は、明治時代に入ってからも大変珍重され、古渡唐桟洗張業二代目山徳

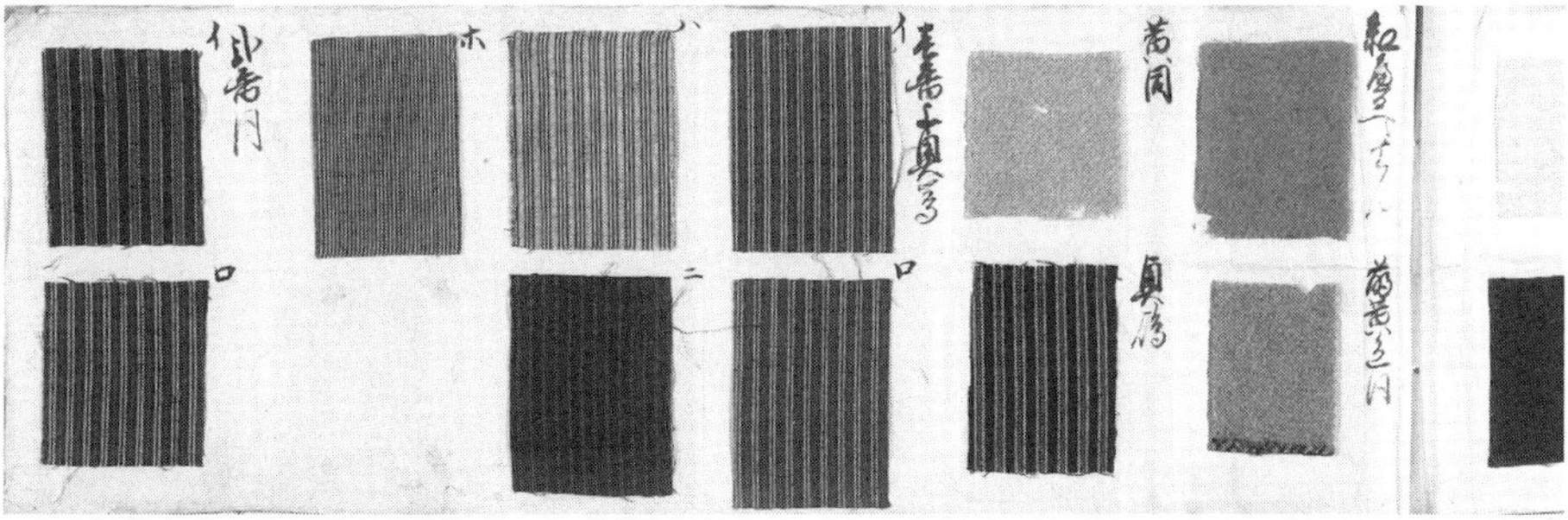

（上）図3　「〔天保三年　辰紅毛船持渡反物切本帳〕」（鶴見大学図書館所蔵）内の「へるへとわん」（毛織物）「奥嶋」「壱番上奥嶋」「弐番同（＝上奥嶋）」

（下）図4　図3の「奥嶋」（×10）
奥嶋は本来インド産であるが、天保3年（1832）輸入の奥嶋は全てヨーロッパ産（模造奥嶋）である。（本文後述）図4の糸込みは1cm間に経21本の2倍、緯15越の2倍である。

（市場徳兵衛）が亡父の二十七回忌を記念して唐桟留見本裂の額面（東京国立博物館所蔵）を作成したりしている（明治四十二年六月）(8)。また、現在この復元を試みられている方がいるが、まず極細の糸を捜すのに大変苦労され、機械織りでは糸が切れてしまうため手織機による復元と聞いている。このように現在にいたるまで唐桟―奥嶋は珍重され、復元に困難を要する綿織物なのである。

奥嶋の字義

桟留嶋の「桟留」はインドのコロマンデル沿岸にあるサントメ São Thoméである（図5）。一五〇四年からポルトガル人が定着した古都であり、一六六二年、オランダ人はポルトガル人を追い出し、一六七二年にはフランス人に占領されるが二年後に奪い返している。その南郊アランパルウエは縞物の名産地であった(9)。このサントメから渡来した縞織りの綿布を「桟留嶋」と称した。日本に輸入されてから京都等で模造がつくられたため（「和桟留」）、舶来品を「唐桟留」・「唐桟嶋」・「唐桟」といった。現在は唐桟がサントメ縞の総称として使用されている。後世、アメリカ人によって輸入されたので亜米唐（あめとう）ともいった。ここにも、中国以外の外国からの舶来品に「唐」の字が使用されている例をみることができる。

算崩嶋の「算崩」は算木を崩した形の意であり、経緯の色の排列の仕方によって三筋ずつ縦横に石畳のように織りだした碁盤縞模様の織物である。

奥嶋については、幕末に著された『守貞漫稿《もりさだまんこう》』の「唐棧縞」の項に「三筋竪《みすじたて》は紺地に蘇方《すおう》の三筋づゝの竪縞《たてじま》なり、江戸にて奥島とす、先年将軍家此《こ》の島を袴《はかま》に製し大奥にて之《これ》を着《ちゃく》し玉《たま》ふ、故におくしまと號《なづ》く」とあり、奥嶋の「奥」は将軍が大奥で着用したことに由来しているように述べている。しかし、この奥嶋なる語は、近世初期に貿易品として日本に持ち渡られてきたさいにつけられた名称であり、大奥とは無関係であろう。「奥」とは「口」に対する語である。近世長崎貿易関係の史料をみていくと、口船（江蘇・浙江両省からくる中国船）・中奥船（福建・広東両省からくる中国船）・奥船（ベトナム・マレー半島・ジャワ・タイなど東南アジア地域からくる船）の用例があり、奥嶋の場合の「奥」は日本から遠く離れた漠然とインドあたりを指すものと考えられる。『倭訓栞《わくんのしおり》』には「おくしま　奥島ハ天竺より出る島の絹布（ママ）をいへり」とあり奥をインドとみてよいと思われる。『守貞漫稿』の説には将軍の膝下で将軍権威を重視するあまりに生まれた物品名に対する曲解を記しているともいえようか。

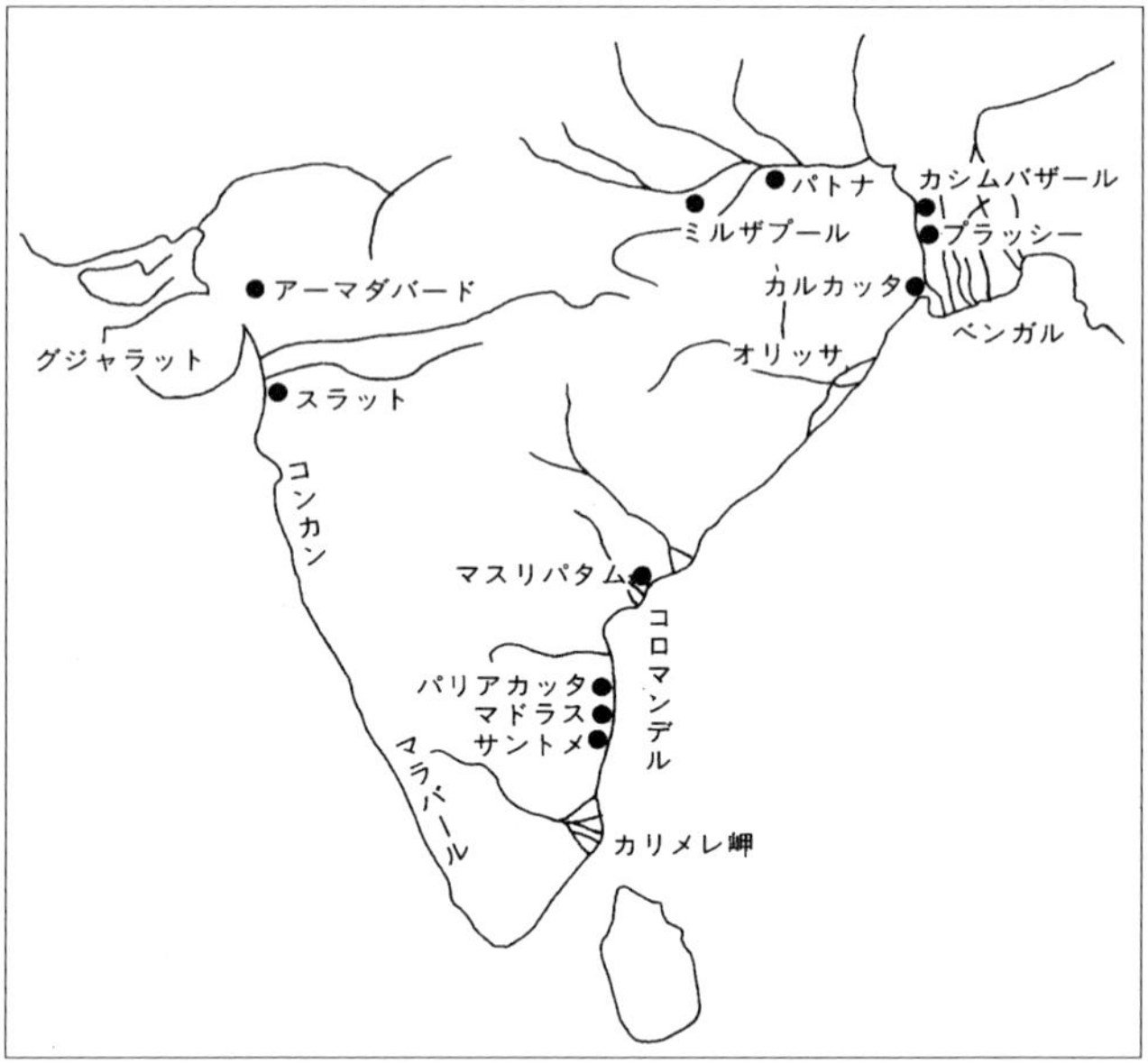

図5　17〜19世紀のインド

奥嶋の「嶋」は現在の「縞」を意味するが、本来は海外からの持ち渡り（島渡り）の反物に縞柄のものが多かったことにより、嶋が現在の縞を意味するようになったようである。現在の縞柄のものは中世までは筋《すじ》・条《すじ》・柳条《すじ》といっていた。柳亭種彦はこの条《すじ》が嶋になったのは「おしはかり思ふに天正後の俗言歟《か》、室町家頃島といふはかならず島の形にて条《すじ》の事にあらず(10)」と述べている。十四世紀後半に成立したとみられる『庭訓往来《ていきんおうらい》』には「色々の筋の小袖」とあり、この「筋」の中には今でいう縞が含まれていたと推測される。それが江戸時代になると、伊勢貞丈が記すように「今織物の筋あるを嶋と云うは、嶋々より織出す物に筋を織る故嶋と云うなるべし。今の人は筋の事を嶋と云うなり」[11]となるのである。

江戸時代には、「奥柳條《おくしま》」（『和漢三才図絵』）や「柳條絹《シマギヌ》條布《シマモメン》」（『雑字類編《ざつじるいへん》』）等、漢字は今までのものを使用し「シマ」と読ませている事例がある。新村出氏によると「シマという語が辞書に登録されたのでは慶長八年の長崎吉利支丹版の『日葡辞典』よりまへには見かけない」[12]ということである。『邦訳　日葡辞書』に「Ximavori.　シマヲリ（縞織）織物を多くの色、あるいは、種々な色の糸で織る織り方」とあり、慶長八年（一六〇三）の時点で「シマヲリ」の概念が固定していたことがわかる。その事例として、徳川家康の遺産相続目録である「駿府御分物帳《すんぷおわけものちょう》」（元和二年（一六一六）～同四年（一六一八）の記載）に「おらんと嶋」「かなきん嶋」「かうし嶋」「うきおりもめん嶋」等の嶋物が多く記されているのをみることができよう。[13]

現在、我々が使用する「縞」は本来白色の絹を意味する。「縞衣《こうい》」は白絹の衣服であり、「縞巾《こうきん》」は白絹の頭巾である。九八四年に完成した中国の一大類書である『太平御覧《たいへいぎょらん》』においても「縞」は絹を意味している。また、古く漢時代の司馬《しば》長卿《ちょうけい》の「子虚賦《しきょふ》」の中に記された「紵縞《ちょこう》」の注に「司馬彪《しばひょう》曰《いは》く縞《こう》は細繒《さいそう》なり」[14]とあり、縞が繒すなわち絹であることをいっている。縞（しま）は訓読みであり、嶋を縞に宛てたのである。新村氏は「『倭漢三才図絵』には「今凡《すべ》て柳條《しま》と曰《い》ふ、俗に島の字を用ふ」とみえ、元禄の『合類大節用集《ごうるいだいせつようしゅう》』に縞の字頭をシマとよませてあるのに拠つてこの漢字等を挙げた。この二書以来縞の字をシマと訓ずることとなつた。この漢字には元来柳条といふ意義はない」[15]といわれている。

このようなことから、奥嶋の意味は、インドから持ち渡られた今でいう縞模様の織物ということになろう。また、この「奥嶋」の語は明暦期（一六五五～一六五八）の史料や西川如見の『華夷通商考《かいつうしょうこう》』（元禄八年（一六九五）刊）等、近世の初頭からみられる。また、文学作品では、江戸時代前期のものとして井原西鶴の作品の中に登場してくる。『好色一代男』（天和二年（一六八二）刊）の中に「男は本奥嶋の時花出《はやりで》」とあり、また、『西鶴置土産』（元禄六年（一六九三）刊）の中には「奥嶋の風呂敷」等と出てきており、天和・元禄期に既に奥嶋が粋な織物として流行していたことが窺われる。

オランダ船の奥嶋輸入

江戸時代を通じて、インド、コロマンデル産の奥嶋taffachelas

（算崩嶋 sestienes を含めて）は、全体としてある程度の輸入量があったと考えられる。日本側の訳例のある奥嶋（および算崩嶋）をいくつか事例として挙げると次のようになる。すなわち、正徳元年（一七一一）算崩嶋〜一二〇〇反。正徳二年（一七一二）算崩嶋〜三〇〇反。享保十四年（一七二九）奥嶋〜三一〇〇反、算崩嶋〜三〇〇反。宝暦十年（一七六〇）奥嶋〜四〇〇〇反。天明元年（一七八一）奥嶋〜二四一〇反。天明三年（一七八三）奥嶋〜二〇〇反。寛政十年（一七九八）奥嶋〜七〇二反。文政二年（一八一九）奥嶋〜一九二二反。文政三年（一八二〇）奥嶋〜一三九一反。文政七年（一八二四）奥嶋〜二三四九反。天保三年（一八三二）奥嶋〜四一四〇反。天保十一年（一八四〇）奥嶋〜二一〇〇反。弘化二年（一八四五）奥嶋〜一三〇〇反。嘉永六年（一八五三）奥嶋〜一九〇〇反。安政二年（一八五五）奥嶋〜一八〇〇反である。[16] また、中国船による輸入もみられ、中奥船・奥船等によって、主として十七世紀後半に輸入されていたことが、永積洋子氏の調査によって確認できる。[17]

次に、文政期（一八一八〜一八三〇）に限って奥嶋 taffachelas の輸入をみてみると、オランダ側史料の輸入品を記した「送り状」Factuur にあらわれた数字を合計しただけでも二二〇九八反の持ち渡りであり、年平均一七〇〇反になる。この時期においては、毛織物類（例えば、文政八年には四〇〇反弱）・絹織物類（同、二五〇反）に比べて多量の輸入とみることができる。文政期の内、文政四年（一八二一）を事例としてみると、taffachelassen gestreepte（縦縞の奥嶋）三六〇反、taffachelassen（奥嶋）十六反、taffachelassen geblokte（碁盤縞の奥嶋）五十三反、taffachelassen in Europa nagemaakt（ヨーロッパで模造された奥嶋）七十九反、合計五〇八反の輸入になる。[18]

この文政四年の事例で特に注目したいことは taffachelassen in Europa nagemaakt（ヨーロッパで模造された奥嶋）の記事である。文政期では、文政八年（一八二五）・文政九年（一八二六）・文政十一年（一八二八）・文政十三年（一八三〇）にも Europ. tavachelassen（ヨーロッパ製奥嶋）の記事がみられる。[19] 日本で非常に珍重され、模造が困難とされた奥嶋のイミテーションがヨーロッパにおいて既に製造され、日本に輸入されていたのである。文政四年の「反物切本帳」に貼られた奥嶋裂はすべて従来の奥嶋の特色である二本引き揃えの平織で、糸込みも非常に緻密であり、しなやかで滑らかな光沢をもっている。しかし、インド産とヨーロッパ産とでは、糸質に相違をみることができ、ヨーロッパ産はいくぶん撚《よ》りがあまく、織の打ち込みもあまい。また、インド産は天然染料が使われ、ヨーロッパ産はアリザリンレッドやクロムイエローのような十九世紀になって使われはじめたあざやかな色彩が用いられ、派手な縞がきわだっているようである（「文政四年　巳紅毛船持渡反物切本帳」東京国立博物館所蔵参照）。

ヨーロッパ産奥嶋の登場

　では、十九世紀前半にヨーロッパでこのような模造奥嶋をつくることは可能だったのだろうか。少なくとも、十八世紀後半にはイギリスにおいて各種の紡績機があいついで発明されている。ハーグリーブスやクロンプトンによるミュール精紡機の発明、アークライトによる水力を利用した総合的な紡績機の発明、ホイットニーによる綿繰機の発明などによって[20]、細くて強い木綿糸を低価格でつくれるようになっていた[21]。したがって、インドでは糸が手で紡がれていたのに対して、イギリスでは機械で糸が紡がれたためいくぶん撚りがあまく、打ち込みもあまい織となっていたのであろう。日本では、この時点において紡績技術が立ち遅れており、一糸平織の縞物でとどまらざるをえなかったのである。この模造奥嶋が果たしてオランダ本国でつくられたかどうかについては今のところ未詳といわざるをえないが、同じ綿布の更紗については既にオランダで模造がつくられていたことがわかっている[22]。

　では、何故、奥嶋や更紗といった綿織物がヨーロッパ、オランダで模造されなければならなかったのだろうか。インドで製造された綿織物に対する憧れの現れということも推測されるが、オランダにとってはそればかりではなく、政治・経済的に差し迫った理由が存在していたと考えられる。すなわち、十八世紀中葉（一七五七年プラッシーの戦い）から十九世紀中葉（一八五七年セポイの乱）にかけてのイギリス東インド会社のインド支配によって、オランダはその市場をイギリスに奪われ、物資を獲得することが困難な状況にあった。一方、イギリスはインドでの貿易収入と租税収入を本国へ移動し、その投資によって産業革命を推進させる一要素となっていた。イギリスではこの産業革命の技術革新によって紡績技術が飛躍的に進歩し、綿業が発達していた。十九世紀前半にこのイギリス綿業は世界市場へと進出し、インドにおける都市工業の上質綿布は直接打撃を受けて没落していった。その結果、インドにおける綿布の生産は地方の諸都市や村落での粗布の手織りとなり、必然的に品質の悪化を生じてしまったのである[23]。このような状況下で、オランダは輸出品となる綿織物を自国生産、もしくはヨーロッパ通商圏内での購入に切り替えていったのであろう。このように、イミテーションが生まれる理由として、イギリスのインド支配を起点とする一連の現象を考えることができるのである。

インド産奥嶋とヨーロッパ産奥嶋

　次に、文政四年（一八二一）のインド産奥嶋とヨーロッパ産奥嶋との日本に対するオランダ販売価格を輸入量の多い「新織奥嶋」taffachelassen extra fijneを事例に比較してみると、一対一・九三（「インド産奥嶋」対「ヨーロッパ産奥嶋」）である。しかし、反物の長さでは、一対一・二二の違いがあることより、これを加味すれば、一対一・五八の価格差とみることができ、ヨーロッパ産奥嶋がインド産奥嶋に比べて一・五八倍の高値であったことがわかる。Waarschouwing van lakenen, taffacelassen, en chitsen voor 1821（一八二一年〔持ち渡り〕の羅紗・奥嶋・更紗に関する警告〔書〕）――これはオランダ船の次年度（一八二一年）輸入品（羅紗・奥嶋・更紗）持ち渡りについて日本側が警告を発している書類である。この史料で日本側は近年の輸入奥嶋の品質の悪さを訴えており、もしこの種の奥嶋をオランダが次回持ち渡ったら低価格で購入することになるだろうと述べている。この悪品質の奥嶋はインド産のことをいっているのであろう。この五年後の文政九年（一八二六）には、taffachelasはすべてヨーロッパ産の持ち渡りになっているのである。(24)

おわりに

本来、インド産であった綿織物――taffachelas奥嶋は、その技術と意匠がヨーロッパに伝わり、さらにエキゾティクなものとして生まれかわり日本に輸入されていた。しかし、日本においては従来同様「奥嶋」という名称で珍重されたのである。果たしてこの時期に唐物屋などに並べられた奥嶋（唐桟）がヨーロッパ産であることに当時の日本人が気付いていたかどうかは不明である。いわゆる「鎖国」日本にもたらされていた隠れた国際的胎動の現れともいえるのである。

注

（1）岩崎均史「唐物屋雑考」（『阿蘭陀趣味』たばこと塩の博物館、一九九六年）三五頁参照。
（2）『日本史大事典』第二巻（平凡社、一九九三年）四二九頁参照。
（3）『通航一覧』第四（国書刊行会、一九一三年）二一九・二二〇頁、片桐一男校訂『鎖国時代対外応接関係史料』（近藤出版社、一九七二年）五〇頁参照。
（4）拙著『日蘭貿易の構造と展開』（吉川弘文館、二〇〇九年）二〇七・二〇八頁参照。
（5）『おらんだの楽しみ方』（たばこと塩の博物館、二〇〇八年）八頁参照。
（6）沼田次郎『洋学』（吉川弘文館、一九八九年）二一～二三頁参照。
（7）三瓶孝子『染織の歴史』（至文堂、一九六六年）一五五頁参照。
（8）小笠原小枝『舶載の染織』（日本の染織　第四巻、中央公論社、一九八三年）八六～八七頁参照。
（9）山脇悌二郎『長崎のオランダ商館』（中央公論社、一九八〇年）六二～六三頁参照。
（10）「柳亭筆記」（『日本随筆大成』第一期四、吉川弘文館、一九七五年）二八一頁参照。

（11）島田勇雄校注『貞丈雑記』一（平凡社、一九八五年）一五〇頁参照。

（12）新村出「縞」（『新村出全集』第十一巻、筑摩書房、一九七一年）一六五〜一六六頁参照。

（13）徳川義宣「駿府御分物帳にみられる染織品について」（『金鯱叢書』第四輯、思文閣出版、一九七七年）参照。

（14）長澤規矩也編『和刻本　文選』第一巻（汲古書院、一九七四年）一九七頁参照。

（15）注（12）参照、一六七頁。

（16）拙著『日蘭貿易の史的研究』（吉川弘文館、二〇〇四年）参照。

（17）永積洋子編『唐船輸出入品数量一覧一六三七〜一八三三年——復元　唐船貨物改帳・帰帆荷物買渡帳——』（創文社、一九八七年）参照。

（18）注（16）参照、一六四頁。

（19）注（16）参照。

（20）被服文化協会編『服装大百科事典』下巻（文化服装学院出版局、一九六九年）三三六頁参照。

（21）浅田實『東インド会社』（講談社、一九八九年）二〇〇〜二〇一頁参照。

（22）山脇悌二郎『事典　絹と木綿の江戸時代』（吉川弘文館、二〇〇二年）一四四頁、拙稿「日蘭貿易とジャワ更紗——文政一二年蘭船持渡『両面上更紗』をめぐって——」（『鶴見大学紀要』第二七号第四部、一九九〇年）二五頁参照。

（23）岩本裕『インド史』（修道社、一九五六年）一五六〜一五九頁、西村孝夫『インド木綿工業史』（未来社、一九六六年）一三六頁、浅田實『東インド会社』（講談社、一九八九年）二〇〇〜二〇一頁参照。

（24）注（16）参照、一六六〜一六七頁。

琉球使節の唐旅と文化交流

真栄平房昭

アジア諸国から中国へ定期的に使節が派遣された朝貢制度は、「国境」を越えてヒト、モノ、情報の交流を促す契機となった。琉球使節は進貢船で東シナ海を渡り、福州から北京まで三千キロの旅路を往還した。「唐旅《とうたび》」と呼ばれたその異国体験は、幕藩体制下の「鎖国」という枠を越えて、琉球の世界認識を広げるとともに、唐物の受容や文化交流の発展を促した。

はじめに

海外との交流は新たな文化を生み出す重要な契機となる。中世日本における唐物文化の受容についても近年、注目すべき研究成果が提示されている。[1] ここでいう「唐物」とは、いうまでもなく中国、朝鮮など海外からもたらされた舶来品を指す。本稿は、近世の琉球と中国との朝貢関係である「唐《とう》旅《たび》」に焦点をあて論じるが、その前提となる中世の海域交流について概観しておこう。

中世の琉球はアジアの海を舞台に中継貿易を繰り広げた。首里城正殿にかけられた梵鐘の有名な銘文は、琉球を世界の架け橋（「万国津梁《ばんこくしんりょう》」）にたとえ、「琉球国は南海の勝地にして、三韓の秀をあつめ、大明をもって輔車と為し、日域を以て唇歯と為す。この二中間にありて湧出せる蓬莱の島なり。舟楫をもって万国の津梁となし、異産至宝は十方刹に充満せり」と述べた。すなわち琉球は南海の地にあって、三韓（朝鮮）のすぐれた文物を集め、明国や日本と非常に親密な関係にある。両国の間にある理想の島で、船をもって万国の架け橋となし、珍しい宝はいたるところに満ちているという。海外から珍しい産物がもたらされた那覇港の状況について、太宰府天満宮旧蔵の「琉球国図」[2]は「此地王之蔵衆多有」、「江南・南蛮宝物在此、見物具城広」と記している。

一四二〇年に来日した朝鮮国王使の宋希璟の日本紀行文集『老松堂日本行録』[3]に、興味あるエピソードがみえる。一行の乗船が瀬戸内海を通って下関方面へ帰る途中のこと、安芸蒲刈島（広島県の芸予諸島）で、日本の海賊に遭遇した。海賊の頭目が言うには、「朝鮮の船には銭物が少ない。後から来る琉球船には宝物がどっさり積まれているので、これを奪い取るべし」と。すなわち海賊は琉球船の積荷を狙っていたのである。

遣明船貿易で活躍した堺の豪商、小島三郎左右衛門や湯川宣阿などが琉球に渡航したことはよく知られる。一四七一年（文明三）、室町幕府より島津氏あての文書に、堺あたりから琉球へ渡海するものがひきもきらないほど多いと述べ、幕府の印判を持たない船は交易を許さず、銅銭を積んでいるものがあれば没収し、幕府に引き渡すよう命じている[4]。

胡椒・蘇木・象牙などの南方物産や唐物を求めて、薩摩をはじめ博多、対馬、堺など日本の商船がさかんに琉球へ渡航した。近年、堺で出土している十五世紀前半のベトナム青磁碗は、琉球との貿易によって堺に搬入された可能性が指摘され[5]、また坊津の泊浜で採集されたベトナム陶磁も今帰仁城出土の青花瓶などと同じ時期に琉球経由で流入したとみられている[6]。島津氏は、京都の将軍や公家に中国、東南アジア産物を進上しており、島津氏のほか大内氏や博多商人にとって、有力な「唐物」入手ルートの一つが琉球であったことはまちがいない[7]。

十六世紀に入ると、南九州の政治的動乱によって、琉球との通交関係も複雑な様相を示すようになる。島津本宗家のほかに豊州島津家や伊東氏、さらに大内氏、相良氏、種子島氏などの思惑が複雑に絡み合い、これらの政治勢力はいずれも島津本宗家の領国統一事業の前にたちはだかった。一五七九年、島津氏老中は琉球国三司官に対して、伊東・大友への勝利、九州の制圧を誇らしげに語るとともに、商船の渡航を数年間さし止めることを通告した。強大化した島津氏の意向に背いた場合、琉球は通商関係に重大な支障をきたすだけでなく、「武力介入」も覚悟しなければならなかった[8]。

琉球をとりまくアジア海域の交易に倭寇を含め民間商人が深く関わっていたことはいうまでもない。十六世紀以降、東アジアから東南アジア海域まで拡大した「倭人ネットワーク」の一角として琉球の那覇に倭人居留地が存在したことが指摘されている[9]。

やがて、一六〇九年（慶長十四）四月、三〇〇〇人の島津軍が琉球に侵攻した(10)。島津軍が首里城内の財貨を押収し荷物改めを行った際、日本では見たこともない珍しい「唐物」に驚いたという(11)。一六一一年（慶長十六）、島津氏は琉球統治の指針として「掟」十五カ条を定め、琉球国王の知行権だけでなく、その貿易権にも大きな制限を加えた。島津氏の命を受けずに唐へ誂え物をすること、島津氏の渡海印判状を持たない商人を受け入れること、琉球より他の領国へ商船を派遣することなどが禁止されたのである(12)。

一方、徳川政権は途絶したままの日明関係をなんとか修復したいという思惑から、その交渉の橋渡しを琉球に期待した。島津家久が尚寧王に提案した日明貿易案の一つは、日明双方の商船が琉球で交易することであったが、実現しなかった(13)。

一、唐旅への出発

徳川政権は、中国との貴重な貿易・情報ルートの一つを確保するため、琉球が中国の朝貢国である状態を維持した。この朝貢関係を通じて琉球は貴重な文物を入手することができたが、とくに皇帝からの頒賜品は、中華帝国の威信を示す豪華な贈り物であった(14)。

琉球の朝貢貿易は二年一貢を原則とし、二艘の進貢船が派遣された。一艘に約一〇〇人余りが乗った船は、まず閩江の河口付近にある定海に寄港し、天候を見ながら五虎門に入る。そこで簡単な船籍チェックをすませ、閩安鎮《びんあんちん》の「関所」で船改めを受ける。『琉客談記』によると、「閩安鎮といふ所にて、船を司る官人出迎て船をあらたむ。川口通事といへるもの此所より琉球船に乗る」という。なお、琉球の朝貢関係の実態について幕府から薩摩藩へ問い合わせがあり、これに答えた一七一四年（正徳四）の薩摩藩の記録(15)に、琉球進貢船の航路や船改めなどの詳しい状況が記されている。

一、右人数二艘弐艘ニ乗組、大清福州之内定海之泊江着船
仕候、日和ニより福州之内五虎と申所江乗入候節も御
座候、於此所者番人船ニ乗来、何国之船ニ而候哉と尋
候付、琉球進貢船之由答、執照と申琉球より之手形を
見せ候得者構無之候、

一、右五虎之津江乗入、閩安鎮と申関所江参、琉球使者着
船仕候段相断候得者改有之、閩安鎮江上り官人方江致
参官、土産物相送、執照と申手形差出候得者、右関番
之官人より福州官人方江琉球船着岸之注進仕、右手形
も遣候、其時布政司と申福州之大官人より海防官之者
差遣、船可乗入由申来、右官人致案内、新港と申所江
乗入申候。

このように、五虎門と閩安鎮で「執照《しっしょう》」とよばれる通行手形を提示し、船籍・搭乗員のチェックを受けたのである。船の到着情報は閩安鎮の「関番之官人」から福建布政司、海防官へと報じられた。琉球船は閩江の中洲に架かる万寿橋の手前で停泊し、小舟に分乗した使節一行は、新港の水路を利用して柔遠駅《じゅうえんえき》（琉球館）に到着した。(16)

以上、琉球船の航程をたどってみたが、これは北京を目的地とする「唐旅《とうたび》」のいわば第一幕である。二十人ほどの上京使節は福州からさらに北の武夷山、仙霞嶺《せんかれい》の険しい山路を越え、浙江省・江蘇省・山東省・直隷省の四つの省をへて、北京をめざした。この三〇〇〇キロメートルに及ぶ唐旅の経験を通じて琉球人の視野は大きく広がり、琉球ルートで日本にもたらされた海外情報は、薩摩藩を経て幕府要路にも伝わり関心を集めた。(17)

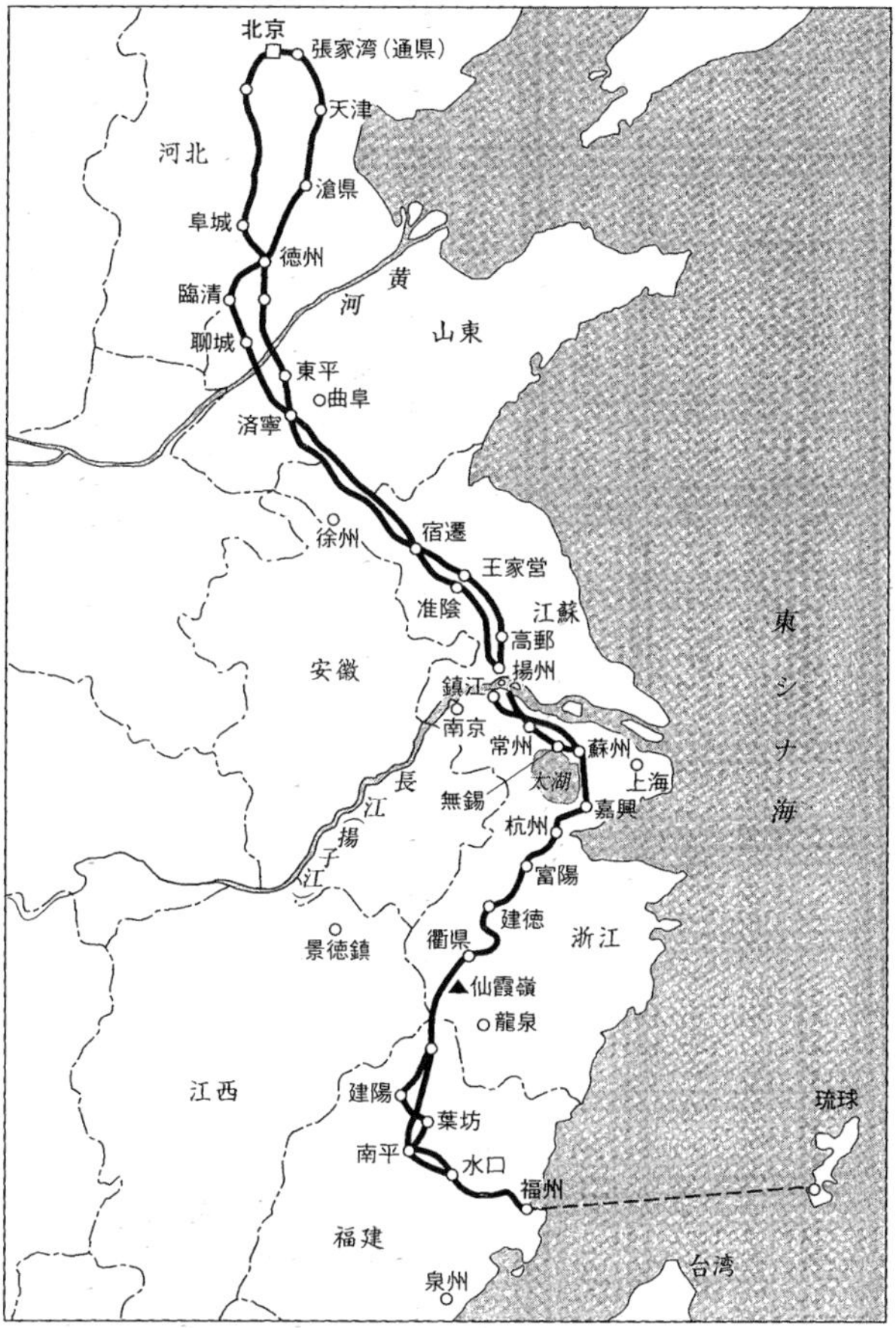

図1　琉球使節の進貢ルート（福州―北京）
（出典：永積洋子編『「鎖国」を見直す』（山川出版社、1999年）所収、真栄平房昭「琉球使節の異国体験―中国大陸三千キロの旅」）

旅の経路はもちろん海上だけではなく、内陸部の河川によるところも多い。閩江の船改めなどの様子を伝える興味深い史料が『大島筆記』(18)にみえる。一七六二年（宝暦十二）、土佐国宿毛湾の大島浦に漂着した琉球船員の話によると、福州に船改め検査の「番所」があり、その前に板を敷いて「番人」が待ち受けている。「鉄股」状の道具を手にした番人は、これを船に打ち掛け引き寄せ、船改めを行う。琉球船は「進貢の旗」を掲げているため、他の船は水路をゆずるが、船の進行の邪魔になりそうなものは随行の「兵船」が叱りつけ、支障なく通すという。

閩江の流路はいずれも標高一〇〇〇メートルの山麓から流れてくるが、南平に至ると五〇メートル以下に低下する。南平から上流は急流で浅瀬が多く、舟運は困難をきわめた。水難事故の犠牲者を悼み、福州鼓山の僧が「南無阿弥陀仏」の碑を建てたという（『大島筆記』）。福州と北京を往復した程順則の漢詩集『雪堂燕游草』にも、福建北部の建渓の難所を舟でゆく際の不安な心情を詠んだ「黯淡灘《あんたんだん》」が収録されている。こうした難所では、船曳人とよばれる中国人労働者がロープで舟を引き進めた。時代は下るが、閩江の船曳きの様子をじっさいに観察した興味深い記録を次に紹介しよう[19]。

> 南支那（原文ママ）を旅行する人は誰でも、人類の中で一番精出して働く人々、即ち船曳人を見るのである。下る時には易々として下ることが出来る急流を、引き上げるには二十人の人がなければならないことがある。船曳人達は、丁度海軍ナイフのように前にかがんで、あらゆる四足動物も及ばないような力を出して船を曳いて行く。（中略）彼等は足の裏につきさすような岩の上を歩いたり、腰の所まで水の中につかったり、或いは手に綱を持って泡立つ急流を進んで行く。（中略）重そうな舟を曳く綱をゆるめることはない。岩や谷は彼等の歌声で響き渡る。（下略）

図2　杭州の「六和塔」
http://takusen.up.seesaa.net/alisan/07.10.1420475.jpg

こうした船曳きの場面を琉球人も見たにちがいない。旅の苦労は、閩江の川登りだけでなく、「山越えも難儀なる所」が多い。渓谷を見下ろすと、「何十丈有るやら知れぬ」危険な道も通ったという。北京まで搬送する「進貢品」は棹銅《さおどう》百斤、錫《すず》百斤、硫黄《いおう》百斤などで、それぞれの箱を棕櫚皮と縄で梱包して黄色い三角印に「進貢」と書いた目印を差し、宿駅ごとに人夫が運送したようだ（『大島筆記』）。

一行の旅はさらに続く。江南の大運河の結節点に杭州がある。一八七三年（同治十二）、蔡大鼎は北京へ行く途中、杭州銭塘江のほとりに建つ「六和塔」を眺め、次のような詩を詠んだ[20]。この塔は高さおよそ六〇メートル、西湖と並ぶ杭州のシンボルである。

題六和塔　六和塔《りくわとう》に題《だい》す
高山蒼雲千丈塔　高《たか》く蒼雲《そううん》を出《い》づ　千丈《せんじょう》の塔《とう》
崢嶸影落碧流中　崢嶸《そうこう》として影《かげ》は落《お》つ　碧流《へきりゅう》の中《なか》
銭塘秀気鐘何処　銭塘《せんとう》の秀気《しゅうき》　何《いずれ》の処《ところ》に鐘《あつま》る
多少嵌嵜訝鬼工　多少《たしょう》の嵌嵜《きんき》　鬼工《きこう》を訝《いぶか》る

（大意）高く青空に突き出た千丈の塔。高く聳えて建つ影が、青々とした水に落ち漂う。銭塘江の見ごたえのある景観は、一体どこから集まってきたのか。多く重なりあうこの姿は、神業としか思えないのだ。

ところで、旅の道中には思いがけないトラブルや盗難事件も発生する。北京往還の使者には「驛站銀」とよばれる公費が宿駅で給されたが、この銀を唐人らが不正に横領したのである。一七三一年（雍正九）ごろ、その事実を知った琉球当局は、福州の阿口通事に命じて「勘合糾方」の会計を厳しくチェックし、「上京之宿々」で掠められた「銀四貫目余」をようやく回収した。この事件の解決に尽力した北京大通事の具志親雲上ら四名に対し、琉球王府は褒賞を与えている[21]。

次に、杭州から北京まで使節が実際にたどった旅路の具体例を示す。一八四四年（道光二十四）の十月十二日に杭州に到り、翌十三日同地を出船して十六日に蘇州に到着。同日中に出船して二十五日清江舗に到り、さらに翌二十六日に同地を出発し、十二月十七日陸路で長新店に至り、北京の彰義門から入京した。ただちに「礼部」に参上して表文を奉呈する「進表之勤」をすませ、宿舎の「四訳館」に到着している[22]。

二、北京の紫禁城と会同館

各国の朝貢使節が集まる「紫禁城」は、東西約七〇〇メートル、南北約一キロメートルの城壁に囲まれ、南に正門の午門、北に神武門、東に東華門、西に西華門を配する。午門の内側には太和殿、中和殿、保和殿などが一直線に並ぶ。紫禁城の中心にある太和殿は、高さ二九メートル、幅六三メートルの巨大な建造物で、三層の基壇の上に建つ。それぞれの基壇には雲竜と雲鳳を彫刻した石柱が並び、荘厳さを醸し出す。建物の正面には巨大な円柱が十二本並び、内部に「玉座」を設け、天井から大きな宝珠を下げ、皇帝の座にふさわしい威儀を整えた。

皇帝の即位や誕生、元旦や冬至などの祭日、皇帝の重要な儀式はすべて太和殿で行われた。殿庭には金水橋といわれる五つの石橋を並べ、荘観をきわめた。殿庭で行われる元旦のセレモニーには各国の朝貢使節団も参列した。琉球人の見聞談を土佐藩の儒者がまとめた『大島筆記』に、紫禁城の門を入る様子が記されている。

帝城へ元日に朝覲する事也。総門は車の通る故、石の閾（しきみ）が車轍の所きれてある也。（中略）此門は両扉開けて車の通る事也。門二つあり、内門は門扉を立、片扉に柱を立て寄せ少しあけ、一人づゝ入る程にしてあり。其つか柱は銅で包て有り、其の処はあちの王子といえ共、一人づゝならでは入らぬ也。手に赤紙にて張たる燈籠をとぼして入る、丑の刻より入る也。（下略）

門は二重構造で、柱には銅板が巻かれていた。元日の朝賀礼に備えるため深夜のうちに赤燈籠を手に入門したようだ。約一万坪の広さを誇る太和殿の前庭には、文武百官のほか各国の朝貢使節たちも整列している。式典に際して、荘重な音楽が奏され、香木が燃やされた。香煙がただよい、号令の声、合図に鳴らされる鞭《むち》の音が響いた[23]。

『琉客談記』によれば、早朝は蒼茫として物の区別もはっきりせず、やがて太陽が昇ると「玉座」が見えたという。礼部主催の招宴は二回、北京到着時の下馬宴と、帰国時の上馬宴である。宴の卓上にまず香を焚き、茶や酒食が供され、「盛華豊精」なる様子であったという。宴が終わると、卓上の器皿は各自で持ち帰ることを許された。

清代における琉球の朝貢回数はおよそ一〇八回を数えた。乾隆年間以降、琉球使節は十二月二十日頃までに北京に到着し、正月元旦に太和殿で行われる皇帝への朝賀礼に参加することが定例化していく[24]。ちなみに、明代からすでに朝貢使節の宿舎「会同館《かいどうかん》」が設けられていたが、これについてポルトガル人イエズス会士の記録[25]がある。

彼ら（外国使節）のためには、王宮の近くに塀で囲まれた場所が指定され、そこには宿泊用の結構な家屋が備えてある。彼らはここから外に出ることはできないが、国王（皇帝）の費用持ちで豪勢な歓待を受ける。もし市内にほしいものがある場合には、どんなものでも外からそこへ運ばれてくる。彼らは国王（皇帝）と話すこともないし、会うこともない。儀礼を司るコンホセ（礼部の役人）が彼らの面倒をみる。こういった措置は、すべて外国人が都にまつわるいろいろなことを一切記録できないようにするためのものである。

『大明会典』[26]に、「もと南北の両会同館を設け、蛮夷の使節を接待した。たまたま各処の朝貢使が都に至ると、礼部主客司員外郎・主事が輪番で会同館に赴き、土産物を細かく調べ、出入りを監視し、勝手な出入りを抑止する」という。これとは別に翰林院に属する「四夷館」があり、四夷の文字を翻訳する仕事を担当した。また、清代には会同館と四夷館をあわせて会同四訳館と称するようになり、朝貢使節の接待に当たらせた。会同館は「礼部」に所属し、満漢の主客司主事らが置かれた。南北二館のうち、南館は朝貢使節の宿泊施設として使用され、北館は回族やチベット族などの少数民族、上京官員などの宿泊施設にあてられた。

薩摩藩の記録によると、「会同館江礼部下官五、六人附置、琉球人諸用相弁させ候、且又章京と申武官随兵弐拾人程ニ而昼夜警固仕候」[27]とあり、会同館に配置された礼部の役人が琉球使節の用務を弁じ、武官の「章京」率いる二十人ほどの兵士が警備にあたった。章京とは軍機処に属する「軍機章京」を指す。北京における琉球館舎の変遷について明らかにした陳碩炫氏によると、固定化される朝鮮やロシア使節館舎に対して、琉球館舎の位置は清代を通じて紫禁城へと接近していく[28]。琉球人の詩集『北燕游草』[29]に収録された次の詩は、ようやく北京の「四訳館」に到着した安堵感を吐露している。

到四譯館　　四訳館《しやくかん》に到《いた》る

萬国衣冠入帝城　　万国衣冠《ばんこくいかん》し　帝城《ていじょう》に入《い》り

均沾雨露列蓬瀛　　均《ひと》しく雨露《うろ》に沾《うるお》って　蓬瀛《ほうえい》に列《れっ》す

五千餘里春風裏　　五千余里《ごせんより》　春風《しゅんぷう》の裏《うち》

唯有謳歌頌太平　　唯謳歌《ただおうか》して太平《たいへい》を頌《しょう》する有《あ》るのみ

（大意）あらゆる国々の人々が衣服を改め、正装し、この王城の門をくぐる。やさしき雨露にうるおい、この仙界に比すべき王都（北京）で天子の傍らに列し、等しく慈雨に濡れる。遠く五千里の彼方より、今暖かな春風の中で、ただ我らは高らかに歌い太平を讃えるのだ。

三、北京における琉球人

北京の冬は、シベリア高気圧の影響を受け、強く冷たい風が吹く。城壁をめぐる護城河も氷結した様子が『大島筆記』[30]に見える。

会同館とて琉球使臣の居所あり、夫を出て二町程行けば、大河二筋あり、幅六十間づゝもあらんか、冬時はすっかりと氷り、厚さ五六尺もあらん、其の氷をたゝき砕き、桔槹《つるべ》の入る程の穴を明け置、底の水を汲む也。勿論、その氷の上往来も成事なり。

このように琉球人が滞在した会同館の界隈でも、凍った川の穴から水を汲み上げ、氷上を歩く人びとの姿が見られた。南国育ちの琉球人は強烈な印象を受けたちがいない。防寒着の記述も興味深い。「北京は寒強きゆへ、著服もまづ綿子を下に着、其上に掛子を著、其上に袍子を著、又其上に裘《きゅう》を著る也。裘は狐裘程温なるはなし」（『大島筆記』）とあるように、何枚も重ね着をして寒さをしのいだ。キツネ毛皮の外套ほど温かいものは無いという言葉には、実感がこもる。北

京の「雪景色」を実際に見た琉球人林世功（名城里之子親雲上）は、次のような詩を残している。(31)

都門雪中の作　都門雪中《ともんせっちゅう》の作《さく》
北風無聲白日昏　北風《ほくふう》声《こえ》無《な》く白日《はくじつ》昏《くら》し
愁雲惨淡低城垣　愁雲惨淡《しゅううんさんたん》　城垣《じょうがい》に低《た》る
忽見漫空醸新雪　忽《たちま》ち見《み》る　漫空新雪《まんくうしんせつ》を醸《かも》し
紛密霰當空翻　紛紛《ふんぷん》として密霰《みつせん》　空《そら》に当《あ》たり　翻《ひるがえ》る
瑤楼玉宇渺何極　瑤楼玉宇《ようろうぎょくう》　渺《びょう》として何《なん》ぞ極《きわ》まらん
天女散来花頃刻　天女散来《てんにょさんらい》す　花頃刻《かけいこく》
却疑春風度玉関　却《かえ》って疑《うたが》う　春風《しゅんぷう》の玉関《ぎょくかん》を度《わた》るかと
千樹万樹梨花色　千樹万樹《せんじゅばんじゅ》　梨花《りか》の色《いろ》
世界無塵玉晶瑩　世界無塵《せかいむじん》　玉晶《ぎょくしょう》の瑩《えい》
江山不夜月分明　江山《こうざん》夜《や》せず　月分明《つきぶんめい》
天上人間望相似　天上人間《てんじょうじんかん》　望《のぞ》むこと相《あい》に似《に》る
雀凍如拳鴉亂鳴　雀凍《すずめこお》りて拳《けん》のごとく　鴉《からすみだ》乱れ鳴《な》く
重裘不暖疑潑水　裘《きゅう》を重《かさ》ぬるも暖《あたた》かならず　水《みず》を潑《はつ》するかと疑《うたが》う
沽春欲向長安市　春《はる》を沽《か》い長安《ちょうあん》の市《いち》に向《む》わんと欲《ほっ》すれば
惆悵客迹感泥鴻　惆悵《ちゅうちょう》たり　客迹泥鴻《かくせきでいこう》に感《かん》ず
天南地北隔千里　天南地北《てんなんちほく》　千里《せんり》を隔《へだ》つ

（大意）北風は音も無く吹き寄せ、日中陽が落ちたように暗い。重々しい雲が北京の城壁にたれこめたかと思うと、たちまち空には新雪がひらひらと舞う。美しい楼閣、玉のような甍は、ぼやっと白いかすみに薄れる。天女が散らす花のようだ。一瞬、春風が玉関の地へ渡りきたのかと錯覚する。森の木々は梨の花が咲いたように白雪でおおわれ、見渡す限り塵ひとつなく、水晶の粒がキラキラと輝く。江山に月がくっきりと冴える。天上世界とこの世がお互いに見つめ合っているように清い。スズメは寒さに凍って、拳《こぶし》のように丸まり、カラスは狂ったように鳴き騒ぐ。外套を重ねても寒く、水を流したかのよう。暖をとろうと長安市街へ酒を買いに出る。出るのはまたしても溜息。旅人は悲しげに空を渡るオオガリに心が乱される。だが、どう思いやっても故郷（琉球）は遠く、天地の果て千里の彼方にあるのだ。

四、北京見聞記

繁華街の雑踏とラクダの行列

清代の北京は、世界屈指の人口が集中する大都市であった。北京の繁華街を歩いた琉球の朝貢使節は、その雑踏ぶりに驚いた様子でこう述べている。(32)

道幅三十間もあり、上るも下るも夥しき人ごみ、何共言われぬ事也。行道と帰る道とありて、行く者は帰る事ならず、帰る者は行く事ならず、只込に込む也。官人行列で通れ共、禮する事もならず、少しにても俯《うつむ》けば踏み殺さるゝ也。官人は先え鞭持た者が行也。馬などが後ろから、肩へかかってありくほどなり。此中にも炭を俵にし馬につけ、其荷の上に乗り、眠り居る者などあり。誠に馬烟天をかすむると、軍記にも有る理り、ひっしりと埃《ほこり》立、空まで曇る程の事也。かく埃立つゆへ、店舗々々悉く帷幕を張れり。（『大島筆記』）

これは北京の「総門」を入って関帝廟に到る大通りである。大勢の人びとや荷物を運ぶ馬が行き交い、空も曇るほどの砂ぼこりが舞い、沿道の店はみな幕を張っている。うっかり油断して歩くと、官人行列の馬に「踏み殺さる」ほどの混雑ぶりで、琉球人は大変驚いた様子である。

十二月には蒙古王公の使者が、数十頭のラクダを従えて北京に入貢し、威風凛凛あたりを払い、市中を往来した。群れをなして頸に下げた鈴をガランガラン鳴らしながら歩く光景がみられた(33)。ラクダの隊商が阜成門をゆったりと進む姿は、北京の冬の風物詩であった。ちょうど同じ時期に琉球使節も入京しているから、ラクダを見たにちがいない。それを証するように、琉球人の見聞報告「中華之儀ニ付申上候覚」(34)に、「駱駝《らくだ》と申す大馬御座候、高サ八九尺斗有之、長サ馬に応じ、尾は羊の尾の如く、首は鵞の如し」とある。ラクダは歩くのは遅いが「兵糧運送」に召し使い、食物は塩または草を食べるなどと、具体的に観察している。ちなみに、『琉客談記』によると、紫禁城の午門前では安南国から献上された象《ゾウ》を見物している。

ところで、北京の和平門外にある琉璃廠《ルリチャン》には、筆墨・書画・骨董などを売る有名な店が軒を連ね、そこで琉球人もお目当ての唐物を買い求めたにちがいない。王府に収蔵された輸入品の唐物は、家臣団への褒賞品や薩摩藩への贈答品などに用いられた。一例を示すと、一六七五年（延宝三）尚貞王から島津光久に「唐絵三幅、獅子香炉」が贈られている(35)。また、薩摩藩から要請を受けて書物や地図を買い求めるケースもあった。一八五〇年（道光三十）年藩は琉球王府に対し、「太守様（藩主島津斉興）御用之御書物、且北京幷各省輿地図」(36)の購入を命じている。

紫光閣と琉球使節

一七八八年（乾隆五十三）十二月に入京した琉球使節の向處中、鄭永功らは、各国の使節とともに太和殿や保和殿で乾隆帝に拝謁している。また、皇帝臨席のもと西苑の「太液池」で「氷上拉弓・抛毬等芸」を鑑賞した後、「四訳館」で秦王魚などの食事を賜った。さらに「紫光閣」に招かれ、朝鮮・安南、暹羅・巴勒布の使者とともに満州茶宴を賜った(『中山世譜』巻十)。また、一八〇六年(嘉慶十)十二月二十六日、朝鮮・琉球の二国貢使は「紫光閣」の宴に招かれた。[37]

敦崇の『燕京歳時記』によると、「紫光閣」の歴史は明代にさかのぼり、皇帝が射技を観覧した場所に建物を造営して紫光閣と名付け、国家の重要な儀式が行われた。清の乾隆年間に改築されたそれは、俗に小金殿とよばれ、正面五間の二階建に石の欄干をめぐらしたテラスがあり、屋根瓦は黄や緑色であった。皇帝は正月十九日に行幸して饗宴を張り、遊芸やモンゴル相撲などを見物する慣わしであった。紫光閣の所在地を史料で確認すると、紫禁城の西に隣接する中南海のほとりにあったことがわかる。中南海は歴代皇帝の園遊の地で、粋を凝らした建物が数多く造営された。瓊華島の山頂にそびえる「白塔」は、一六五一年(順治八)に創建されたラマ教寺院のシンボルである。紫光閣は、『唐土名勝図會』にも描かれている。[38]『万寿盛典』の「紫光閣賜宴図」には、前庭にモンゴル風の円形テントを設け、皇帝とそれを取り巻く側近たちの姿が描かれている。

十八世紀、清朝の全盛期に君臨した乾隆帝は、西域ジュンガルやチベットを征服して、中華帝国の領土を拡げる一方、琉球も含めて海外の朝貢国を優遇した。つまり、武力行使による「威圧」と朝貢国の「懐柔」政策がともに展開されたのである。このような政策を受けて、軍事遠征で功績をあげた武臣たち、外藩蒙古やアジア諸国の使節たちを紫光閣に招き、皇帝主催の祝宴がくり広げられたのである。その一見きらびやかな華燭の陰に、帝国の中心と周縁をむすぶ臣従関係に支えられた朝貢システムの本質が見え隠れする。

唐物の賞賜――「錦」をめぐって

皇帝は紫禁城を出て各地に行幸した。壮麗な行幸パレードは、皇帝権力を誇示する上で不可欠なデモンストレーションと位置づけられるが、その送迎式には朝貢使節も動員された。たとえば、正陽門の南にある「天壇」に皇帝が行幸して五穀豊穣を祈る際に、琉球、朝鮮使節は清朝の群臣とともに城門の前で皇帝の行列を拝した。また、河北省にある皇帝の陵墓(東陵)から帰着した皇帝を東華門で迎接したことが指摘されている。[39]

紫禁城の正門にあたる「午門」では、「緞疋物件」(緞子・唐錦)などの琉球国王への賞賜が行われた。賞賜の数量は、一六八五年(康熙二十四)に五十匹、一七二一年(康熙六十)にはさらに八十匹に増加した。[40] 一七七二年(乾隆三十七)二

月四日付の礼部より内務府あて咨文によると、二月十日早朝、午門の前で琉球使臣に「緞疋物件」が賞賜されている。(41)

これらの賞賜品とは別に、琉球から福州に持ち込んだ渡唐銀で生糸・絹織物を購入していた。(42) また、北京で錦・紗などを購入し、その費用を王府の国庫から支出したケースもある。「北京大筆者より錦幷夏紗御内原御用として買来差上置候間、銭御蔵帳面払出申様、願之事」(43)とあるように、御内原《うーちばら》（大奥）の女官たちの「御用品」として高級絹織物を北京で購入したのである。

唐旅の公務を無事に終えると、故郷に錦をかざって帰還する。北京で入手した「唐錦」などの華やかなイメージが、次の歌(44)からも彷彿とする。

　　誰も見よ　これにまことのからにしき
　　　きたのみやこをたちいづる袖　（池城親方安倚）

北京で入手した「唐錦《からにしき》」を持ち帰る誇らしげな気持ちが伝わってくる。福州への帰途、閩江の上流にある鳳山橋《ほうざんきょう》で友人たちと再会し、そこで詠まれた次の歌も興味深い。

　　海山の　ひろきかぎりはいひしらず
　　　夢路をたどるもろこしのそら　（国頭親方朝斎）

唐土《もろこし》は言葉であらわせないほど広大で、夢の旅路をゆくようだという。一方、旅に出た夫の帰りをひたすら待ちわびる琉球人妻の心情が、次の琉歌(45)によって偲ばれる。

　　北京お主てだや　ずまにそなれよが　七つ星下の北京
　　ちよしま

（歌意）北京の皇帝様は、どこにお住まいですか。北斗七星の下の北京という地ですよ。

北京へ旅した夫の所在を確かめるように、北方の星空を仰いで詠んだものと想像されるこの歌には、妻の切ない気持が込められている。次の歌も同様である。

　　三年重ねゆす待ち長さあすが　願て自由ならぬ　北京
　　おたび

（歌意）北京への旅は三年がかりで大変待ち遠しいことだが、いくら願っても自由に帰れるものでもない。

この歌にあるように、帰国を待ちわびる留守家族にとって唐旅とは、夫や息子の「長期不在」の寂しさを我慢することでもあった。

五、国境を越えた交流

程順則

次に、北京まで旅した琉球人と唐物文化の交流について見る。琉球を代表する儒教的知識人として、程順則《ていじゅんそく》（一六六三〜一七三四）（図3）はよく知られている。その漢詩集『雪堂燕遊草』には、一六九六年に福州と北京を往復した際の名所旧跡、折々の心情や風物がつづられている。(46) 唐旅の途中に立ち寄った天津で、朱熹の「真筆」の書を買い求め、琉球に持ち帰ったことが注目される。朱熹（一一三〇～一二〇〇）は儒教思想を体系化した宋代の学者だが、後に朱子学は国家の統治理念として東アジア世界に波及し、江戸時代の儒学にも多大の影響を与えた。

　朱子学を信奉する程順則は、朱熹の書をまさに「家宝」として子孫に伝えた。本物の「真筆」ならば、中国でも稀にみる貴重なお宝である。その噂を聞きつけた清の冊封使たちも琉球滞在中に頼み込んで見せてもらったほどである。冊封使李鼎元は、次のように記している。(47)

図3　程順則の肖像（沖縄県立博物館・美術館提供）

> 程順則が、かつて天津で宋の朱文公の墨跡十四字を買い求めたが、徐葆光がその跋を作り、今も子孫が宝にしていると聞いたので、借覧しようとしたが、駄目だった。そこで、介山（正使趙文楷）と共にその家へでかけた。巻物をひらいてあらわれたのは、奇峰怪石のごとき筆勢の森厳さ、厳々としておかすべからざる迫力であった。

　このように李鼎元らは程家秘蔵の書を眼にし、その筆勢の迫力に感嘆したのである。一七一四年、徳川将軍吉宗の襲封慶賀使の一員として江戸へ派遣された程順則は、その帰りに近江の草津に滞在した。そこで、関白近衛家熙の依頼により京都鴨川にある家熙の別荘「物外楼」に題して詩文を作った。家熙は返礼として自筆の書跡や薫物・香合を程順則に贈っている。その後も二人の交際は続き、近衛家から薩摩藩を介して程順則への贈り物が届いたという。十八世紀に琉球を経て日本に伝わった中国の思想文化として「六諭」がある。清の順治帝が全国に頒布した儒教の教えであるが、この書物が琉球にわたって程順則による解説が附され、のちに『六諭衍義』の名で江戸と京都で刊行され、寺子屋の庶民教科書として全国に普及した。[48]

程順則は、近衛家煕のほかにも新井白石や荻生徂徠らと交流したことから、琉球を代表する知識人として日本でも名を知られていた。また、名護親方こと程順則の「儒教的美談」が薩摩藩や土佐藩にも伝わり、儒教を中心とした中国的教養と知性を備えた琉球人の象徴的存在であったことが指摘されている。[49]

琉球を介した日中間の知的交流として、薩摩藩士の漢詩集が程順則を媒介に福州に伝えられた興味深い例がある。薩摩藩主島津吉貴に側用人として仕えた相良玉山（長英）の漢詩集『梅花百詠』であるが、程氏の親友で福州在住の文人王登瀛が本書に序文を寄せている。玉山はもとより中国を訪れたことはなく、程順則の斡旋による東アジアの国境を越えた漢詩文の交流として注目される。[50]

程順則と同年生まれの亀島親雲上（梁得声）も、中国文化に造詣の深い知識人の一人である。一六八五年から九〇年まで六年間福州に留学し、帰国後は漢字筆者、存留通事、都通事を歴任した。福州の書家「王逸」について学び、書道の秘伝書一巻を授与された。[51] また、福州に留学した絵師として、山口宗季（呉師虔）が知られる。もと貝摺奉行所の絵師で一七〇四年（康熙四十三）から三年余り福州に派遣され、当地の画家孫億から写生的花鳥画を学んだ。帰国後、王府の御用絵師として活躍し、島津家や近衛家からもたびたび絵画制作の依頼があった。琉球産の花（仏桑華・鶏頭・デイゴ）などを描いた宗季の作品が今日に伝わる。ちなみに、清朝の花鳥画は江戸時代後期の画壇に大きな影響を及ぼしたが、琉球は地理的・歴史的な関係から、日本よりも早く中国の新しい画風の感化を受けたとみられている。[52]

図4　魏学源の肖像（沖縄県立博物館・美術館提供）

魏学源

次に、琉球の朝貢使節として福州、北京などに旅した魏学源（楚南親雲上）について述べる。

肖像画（**図4**）に注目すると、端正な顔立ちにあごひげを蓄えたやせ形の男が、中国風の肘掛椅子に座って正面を見据えている。右手にキセルと煙草入れを持ち、中国風の靴をはいている。床に立膝をついた「従者」は、ボタン付きの中国服に扇子を手にしている。机の上には帙《ちつ》入りの書物や硯、墨、筆筒、花瓶などが置かれている。これらの服装や室内の調度品などから、北京あるいは福州滞在中に描かれた肖像画にちがいない。

一八一五年（嘉慶二十）、魏学源（楚南親雲上）と鄭良弼（世名城親雲上）の二名は、琉球王府の命を受けて福州へ派遣された。その目的は中国の法律（清律）の研究であった。当時、清朝は外国人に律を教授することを禁じていたが、二人は事情を説明して懇願して師につき、四年間律を修学、琉球に帰国した。その際、「晴書」（弁明書）や「秋審秘本」などの法律書を譲り受け、王府の平等所に寄託した。これを機に琉球の司法制度も行き届くようになったという[53]。

「秋審」とは、死罪犯に関する裁判を指す。同じ死罪犯裁判であっても、北京の刑部の監獄にいる者に対するものは「朝審」といい、地方における裁判を「秋審」という[54]。清の裁判実務に関する「秋審秘本」が琉球に受容されて司法制度の発達を促し、これらの中国法を継受して一八三一年に編纂されたのが、琉球法典『新集科律』である。

ちなみに、魏学源の五男にあたる魏掌政は、外交文書の作成（漢文組立）に従事した。法政大学沖縄文化研究所に所蔵されている楚南家文書の書込みなどから種々の漢籍を座右の参考書としたことがわかる。それらの主な書名を挙げると、①『欽定大清会典則例』②『大清通禮』③『欽定禮部則例』④『佩文韻府』等である。『佩文韻府』は詩文の用例辞典であり、古典の語彙の出典を検索する上で欠かせない。ほかに『尚書』・『易経』・『詩経』・『礼記』・『舜典』といった古典はもちろん、『玉篇』や『康熙字典』などの辞書を参照したことが明らかである[55]。

国子監

次に、北京の国子監で学んだ琉球人たちの足跡について探ってみることにしたい。

明清時代の最高学府である国子監（太学）は、安定門の東側に位置し、現在は首都図書館となっている。太学門の東側にある石碑には、儒家の経典「十三経」の全文が刻まれており、元・明・清代の科挙合格者の名が刻まれた一九〇の石碑がずらりと並ぶ。琉球国から派遣された留学生も国子監で学んだことはよく知られているが[56]、一八七二年に進貢使の一員として北京を訪れた蔡大鼎は、次の詩を詠んでいる[57]。

恭謁太學　太学《たいがく》を恭《つつし》み謁《えつ》す

辟雍逐處豁雙眸
養育羣英雨露侔
經傳那堪碑上煥
撫來槐鼓思悠悠

辟雍処《へきようところ》を逐《あらそ》い　双眸《そうぼう》を豁《ひら》く
群英《ぐんえい》を養育《よういく》すること　雨露《うろ》に侔《ひと》し
経伝那《けいでんなん》ぞ堪《た》えん　碑上《ひじょう》の煥《かん》
槐鼓《かいこ》を撫来《ぶらい》し　思《おも》い悠悠《ゆうゆう》

（大意）「辟雍《へきよう》」とは、国子監の中心にある建物。ここで学ぶ者は、互いに競い合って視野を広げる。太学が人材を育成するのは、雨や露が万物を芽吹かせるのに等しい。そこで用いられる経書と伝書（解説書）の数々は、碑の上で燦々と輝く文字の比ではない。私は槐《かい》（えんじゅ）の木に下げられた太鼓を撫で、深い思いに浸った。

チベット仏教寺院

琉球人が学んだ国子監の近くに、北京最大のチベット仏教寺院「雍和宮《ようわきゅう》」がある。一六九四年（康熙三十三）の創建で、即位前の雍正帝はここに居をかまえ、一七四四年に乾隆帝がチベット・モンゴル政策から正式にチベット仏教寺院とした。広大な敷地に牌楼群、天王殿、大雄宝殿、永佑殿、法輪殿、万福閣、照佛楼などが建ち並び、漢族、満族、モンゴル族、チベット族の建築様式が混じりあった独特の雰囲気である。

「万福閣」の中で金色に輝く勒菩薩立像はとくに有名である。ダライラマ七世が乾隆帝に贈った白檀の香木を彫ったもので、高さ約二六メートル（地上部一八メートル）、一木造りの仏像としては世界最大級といわれる。ネパールの王様がインドより持ち込んだ白檀の巨木をダライラマが貴重な宝石と交換して手に入れて乾隆帝に贈呈し、これを三年がかりで北京に運び、さらに三年かけて巨仏を彫り上げたという伝説がある。

この金色に輝く仏像を見て、雍和宮を訪れた琉球人たちも驚いた。一八七二年の進貢使として北京に滞在した蔡大鼎の『北燕游草』に、雍和宮の仏像を詠んだ詩がある。(58)

謁雍和宮　　雍和宮《ようわきゅう》を謁《えっ》す

金身曾聴莫高之
方謁如来像最奇
層閣恰登青漢上
宜乎先帝箇中居

金身曾《こんしんかつ》て聴《き》くも　之《これ》より高《たか》きは莫《な》し
方《まさ》に如来《にょらい》に謁《えっ》すれば像最《ぞうもっと》も奇《き》なり
層閣恰《そうかくあたか》も登《のぼ》る　青漢《せいかん》の上《うえ》
宜《むべ》なるかな　先帝箇中《せんていこちゅう》の居《きょ》なるは

（大意）金色に輝く仏像とは聞いていたが、こんなに背の高い仏像は他にあるまい。この如来仏を目の当たりにすると、その立派さに驚くばかりだ。高くそびえ建つ仏殿の楼閣は、まるで青く澄みわたる空にかけ登るかのようだ。なるほど、先帝（雍正帝）が、この雍和宮を住居としたのもうなずける。

雍和宮を訪れ、噂に聞く金色の仏像に強い印象を受けたのである。琉球の留学生たちが学んだ国子監は雍和宮の近くにあることから、そこに立ち寄って巨仏を仰ぎ見た琉球人は、おそらく蔡大鼎だけではあるまい。

おわりに——琉球・朝鮮使節の交流

琉球と朝鮮の派遣使節が北京で出会い、親交を結ぶ機会があった。一八七二年（同治十一）、林世功《りんせいこう》は、朝鮮の朝貢使節朴珪寿《ぼくけいじゅ》らと親しく筆談した喜びを詩にあらわしている。(59)

　秋日高麗貢使朴珪壽姜文馨成彜鎬過訪因成七律二種
　秋日《しゅうじつ》高麗貢使《こうらいこうし》朴珪壽《ぼくけいじゅ》、姜文馨《きょうぶんけい》、成彜鎬《せいいこう》の過訪《かほう》す。
　因《よ》りて七律《しちりつ》二種《にしゅ》を成《な》す

帯礪同盟列外藩　帯礪《たいれい》の同盟《どうめい》　外藩《がいはん》に列《れっ》し

圜橋此日接高軒　圜橋《かんきょう》の此《こ》の日　高軒《こうけん》に接《せっ》す

舊邦曾説傳箕子　旧邦《きゅうほう》曾《かつ》て説く　箕子《きし》を伝《つた》うと

異地相逢紀薊門　異地相逢《いちあいあい》いて　薊門《けいもん》を紀《とお》る

共喜筆譚詢土俗　共《とも》に喜《よろこ》び　筆譚《ひったん》して土俗《どぞく》を詢《と》い

不須菊蕊泛金樽　須《ひっ》せず　菊蕊金樽《きくずいきんそん》に泛《う》かぶ

我來請業君持節　我来《われきた》りて業《ぎょう》を請《こ》えば　君節《きみせつ》を持《じ》し

咫尺均霑聖主恩　咫尺《しせき》にして　均《ひと》しく霑《うるお》う聖主《せいしゅ》の恩《おん》

（大意）我が琉球国とあなた方の朝鮮国、ともに中国を宗主国と仰ぐ二国が外藩として席を並べ、園遊の日にはからずもめぐり会った。故国にあっては、いずれも伝統を重んじ脈々と継承して中国へ朝貢を続け、こうして異国の地でめぐり会って、北京の門をくぐっている。ともに喜び、言葉は通じないながらも筆談し、互いの国のことを尋ね合い、期せずして菊の花を酒盃に浮かべ酌み交わす。私の方から何かお手伝いはないかと問えば、君は旗を持ち、我ら両国一つの国の者と言って、すぐ間近に皇帝の御恩に接するのである。

この詩を詠んだ琉球人林世功（名城里之子親雲上）は久米村の生まれで、一八六八年官生として北京の国子監に学んだ優秀な人物であった。帰国後、一八七五年には世子尚典の教育係に抜擢されるなど将来を嘱望された。しかし、明治政府による琉球併合に危機感を抱き、一八七六年に向徳宏（幸地親方朝常）らとともに密使として清国へ脱出し、琉球救国運動に身を投じた。一八七九年九月、彼らは北京の総理衙門に直訴するため、福州を出発した。清朝に対し何度も請願したが、うまくいかず、絶望した林世功は一八八〇年十一月、北京で自殺した。三十八歳の若さであった。(60)

一方、朝鮮の朴珪寿は、開明派の知識人として知られる。(61)一八七二年、進貢正使として清国に派遣され、北京滞在中に当時の世界情勢についての情報を収集、帰国後は開国を力説した。朴珪寿の西洋認識は、一八六一年と一八七二年の二度にわたり北京を訪問した際の見聞や、西洋情報による。一八七三年の大院君失脚後、日本との国交回復を主張した。

以上のように北京で出会った二人は、その後、対照的ともいえる人生の航跡をたどった。

明治政府の琉球併合に抵抗して反日姿勢を強め、清国へ亡命した琉球の林世功に対し、朝鮮の朴珪寿は開国論の立場から、明治維新後の対日外交を積極的に推進したのである。

注

（1）橋本雄「大内氏の唐物贈与と遣明船」（同『中華幻想——唐物と外交の室町時代史——』勉誠出版、二〇一一年）、古川元也「唐物考」（『年報三田中世史研究』十四号、二〇〇七年）、関周一「唐物の流通と消費」（『国立歴史民俗博物館研究報告』九二集、二〇〇二年）、桜井英治「『御物』の経済」（『国立歴史民俗博物館研究報告』九二集、二〇〇二年）等。

（2）上里隆史・深瀬公一郎・渡辺美季「沖縄県立博物館所蔵『琉球国図』」（『古文書研究』第六〇号、二〇〇五年）。

（3）村井章介校注『老松堂日本行録』（岩波文庫、一九八七年）一五五頁。

（4）『大日本古文書　島津家文書之二』二七九号文書。

（5）續伸一郎「堺環濠都市遺跡から出土したベトナム陶磁」（『海の道と考古学』高志書院、二〇一〇年）。

（6）橋口亘「鹿児島県南さつま市坊津町の泊浜採集のベトナム陶磁」（『南日本文化財研究』No.12、二〇一一年）を参照。

（7）関周一「唐物の流通と消費」（『国立歴史民俗博物館研究報告』九二集、二〇〇二年）、伊藤幸司「大内氏の琉球通交」（『年報中世史研究』第二八号、二〇〇三年）、同「一五・一六世紀の日本と琉球」（『九州史学』第一四四号、二〇〇六年）、佐伯弘次「十五世紀後半以降の博多貿易商人の動向」（九州大学21世紀COEプログラム『東アジアと日本　交流と変容』二〇〇五年）。古琉球期における対明朝貢の実態については、岡本弘道『琉球王国海上交渉史研究』（榕樹書林、二〇一〇年）を参照。

（8）村井章介「古琉球をめぐる冊封関係と海域交流」（村井章介・三谷博編『琉球から見た世界史』山川出版社、二〇一一年）。

（9）上里隆史「古琉球・那覇の『倭人』居留地と環シナ海世界」（『史学雑誌』第一一四巻七号、二〇〇五年）。なお、倭寇勢力の活動については、真栄平房昭「明朝の海禁政策と琉球——海禁・倭寇論を中心に——」（『交通史研究』第六七号、二〇〇八年）を参照。

（10）上原兼善『島津氏の琉球侵略』（榕樹書林、二〇〇九年）、上里隆史『琉日戦争一六〇九——島津氏の琉球侵攻——』（ボーダーインク、二〇〇九年）等を参照。

（11）「琉球渡海日々記」（『鹿児島県史料　旧記雑録後編四』五五七号）。

（12）慶長十六年九月十九日付、伊勢貞昌ら連署書状（『鹿児島県史料　旧記雑録後編四』八六〇号）。

（13）慶長十六年十月二十八日付、島津家久書状（『鹿児島県史料　旧記雑録後編四』八七六号）。

（14）真栄平房昭「海を越えた中華の至宝——琉球に船載された玉・ガラス——」（『中国・北京故宮博物院秘蔵「甦る琉球王国の輝き」』沖縄県立博物館・美術館開館一周年記念特別展図録、二〇〇八年）。

（15）「去々年之秋御尋五ヶ條之内」（『鹿児島県史料　旧記雑録追

録三』三九八号)。

(16)深澤秋人「福州琉球館をめぐる状況」(『沖縄県史　各論編4　近世』沖縄県教育委員会、二〇〇五年)。

(17)真栄平房昭「近世日本における海外情報と琉球の位置」(『思想』第七九六号、岩波書店、一九九〇年)、同「琉球使節の異国体験――中国大陸三千キロの旅――」(永積洋子編『「鎖国」を見直す』山川出版社、一九九九年)、同「琉球使節による中国見聞レポート――内閣文庫所蔵『中華之儀ニ付申上候覚』をめぐって――」(『第四回中琉関係国際学術会議論文集』一九九三年)、同「中国を訪れた琉球使節の見聞録――『琉客談記』を中心に――」(『第八回　琉球・中国交渉史に関するシンポジウム論文集』(沖縄県教育委員会、二〇〇七年)。

(18)国立公文書館内閣文庫所蔵「大島筆記」を参照。なお、『日本庶民生活史料集成』第一巻(三一書房版)の翻刻は、新村出編『海表叢書』版に拠る。しかし、これを内閣文庫写本と比較すると三十数カ所の記事が欠落しており、刊本の利用には十分な注意を要する。

(19)ハリー・フランク(満鉄弘報課訳)『南支遊歴記』朝日新聞社、一九四一年)六〇頁。なお、訳文は現代仮名遣いに改めた。

(20)輿石豊伸訳注『北燕游草』(オフィス・コシイシ、一九九七年)一六二頁。

(21)「蔡氏家譜」七世蔡朝用(『那覇市史　資料篇第一巻六』)三一三頁。

(22)『琉球王国評定所文書』第二巻、二四六~二四七頁。

(23)竹内実『世界の都市の物語9　北京』(文藝春秋、一九九二年)一五〇~一五三頁。

(24)深澤秋人「琉球使節の北京滞在期間――清朝との通交期を中心に――」(『沖縄国際大学総合学術研究紀要』第八巻一号、二〇〇四年)、同「琉球使節と清朝皇帝の行幸」(『第九届中琉歴史関係学術会議論文集』二〇〇五年)参照。

(25)アルヴァーロ・セメード「チナ帝国誌」『中国キリスト教布教史2　大航海時代叢書・第Ⅱ期9』(岩波書店、一九八三年)四六六頁。

(26)『大明会典』巻一〇九、会同館の条。

(27)『鹿児島県史料　旧記雑録三』三九八号文書。

(28)陳碩炫「清代琉球進貢使節の北京における館舎の変遷について」(『第11回琉中歴史関係国際学術会議論文集』琉球中国関係国際学術会議編集・発行、二〇〇八年)。『中国北京における琉球関係史跡調査報告書』平成21年度琉球大学特別教育研究経費《人の移動と21世紀のグローバル社会》中国・台湾調査班報告書(琉中関係研究会、二〇一〇年)参照。会同館の制度機構については、松浦章「明清時代北京の会同館」(『神田信夫先生古稀記念論集　清朝と東アジア』山川出版社、一九九二年)、戈斌「清代琉球貢使居京官舎研究」(『第二回琉球・中国交渉史に関するシンポジウム論文集』(沖縄県教育委員会、一九九五年)。なお、宣武門内(北京市宣武区南横街一三一)にあった会同館の遺構は二〇〇一年十月時点では確認されたが、その後の都市再開発で取り壊された可能性が高い。

(29)蔡大鼎(輿石豊伸訳注)『蔡大鼎集　北燕游草』(オフィス・コシイシ、一九九七年)三〇二~三〇三頁。

(30)前掲注(18)「大島筆記」。

(31)輿石豊伸訳注『琉球古典漢詩　林世功・林世忠集』(オフィス・コシイシ発行、一九九八年)一二三~一二六頁。

(32)前掲注(18)「大島筆記」。

(33)宇野哲人『清国文明記』(講談社学術文庫、二〇〇六年)四八、六〇頁。正陽門大街や徳勝門内にある青果卸売市場には、ブドウや柿などを運ぶラクダの隊列が民国時代まで見られたという（羅信耀『北京風俗大全』平凡社、一九八八年）二七四頁。
（34）「中華之儀ニ付申上候覚」（国立公文書館内閣文庫所蔵『通航一覧』、『敏斎叢書』等に収録）。
（35）真栄平房昭「琉球王国に伝来した中国絵画」（『沖縄文化』第一〇〇号、二〇〇六年）、『鹿児島県史料　旧記雑録　追録一』一六二一号。
（36）『琉球王国評定所文書』第五巻、二八三頁。
（37）中国第一歴史档案館編『清代中琉球関係檔案五編』（中国档案出版社、二〇〇二年）四五四〜四五五頁。
（38）『順天府志』巻十六、京師志。『唐土名勝図會』京師、皇城巻之二。
（39）深澤秋人「琉球使節と清朝皇帝の行幸」（『第九届中琉歴史関係学術会議論文集』二〇〇五年）参照。
（40）『大清会典事例』巻五〇六、賞賜部。
（41）中国第一歴史档案館編『清代中琉関係檔案三編』（中華書局、一九九六年）一五六頁。
（42）真栄平房昭「東アジアにおける琉球の生糸貿易」（九州大学国史学研究室編『近世近代史論集』吉川弘文館、一九九〇年）、同「琉球貿易の構造と流通ネットワーク」（豊見山和行編『日本の時代史18　琉球・沖縄史の世界』吉川弘文館、二〇〇三年）。
（43）『琉球王国評定所文書』第五巻、二九九頁。
（44）『真境名安興全集』第一巻（琉球新報社、一九九三年）三九三〜三九四頁。括弧内は引用者補注。
（45）島袋盛敏・翁長俊郎『標音評釈　琉歌全集』（武蔵野書院、一九六八年）三六二、四五五頁。
（46）『雪堂燕遊草』は一六九八年に福建で刊行され、一七一四年に江戸の奎文堂（瀬尾源兵衛）より新刻版が出た。収録された作品総数は七十八題八十三首で、大半が七言絶句と律詩からなる。程順則の儒学思想の位置づけについては、グレゴリー・スミッツ（渡辺美季訳）『琉球王国の自画像』（ぺりかん社、二〇一一年）、『名護市史叢書11　名護親方程順則資料集1　人物・伝記編』（名護市教育委員会、一九九一年）、崎原麗霞「程順則とその家譜記載著作にみる儒学思想」（『沖縄文化』第四二巻一号、二〇〇八年）等を参照。
（47）李鼎元（原田禹雄訳注）『使琉球記』（榕樹書林、二〇〇七年）三七九〜三八〇頁。
（48）室鳩巣『官刻六諭衍義』（享保七年刊）をはじめ、幕府の刊本十五種がある。福井保『江戸幕府刊行物』（雄松堂出版、一九八二年）参照。他にもあわせて三十五種の刊本が存在する。東恩納寛惇『庶民教科書としての六諭衍義』（国民教育社、一九三二年）、『東恩納寛惇全集』第八巻（琉球新報社、一九八〇年）。
（49）渡辺美季「近世琉球の自意識——御勤と御外聞——」（『歴史評論』第七三三号、二〇一一年）。
（50）池田温「『梅花百詠』をめぐる日・琉・清間の交流」（同『東アジアの文化交流史』（吉川弘文館、二〇〇二年、初出一九九五年）。
（51）「呉江梁氏家譜」十世、都通事鏞（『那覇市史　資料篇第一巻六』七六八〜七七〇頁）。
（52）林進「宗季『花鳥図』——近世写生画の魁——」（同『日本近世絵画の図像学』（八木書店、二〇〇〇年）、『うるま　ちゅらしま琉球』（九州国立博物館特別展図録、二〇〇六年）一二八〜一二九頁の作品解説を参照。
（53）『魏姓家譜』九世、学源（『那覇市史　資料篇第一巻六』三九〜四〇頁)。

(54) 滋賀秀三「清朝時代の刑事裁判」(『清代中国の法と裁判』創文社、二〇〇二年)、寺田浩明「清代司法制度研究における「法」の位置付けについて」(『思想』七九二号、一九九〇年)。

(55)『沖縄研究資料28 清末漢文組立役家伝書』(法政大学沖縄文化研究所、二〇一一年)。一七一一(康熙五十)年に成立した『佩文韻府』は、経史子集の書から二、三、四字の熟語を集め、全体を一〇六の韻に分けて配列し、語彙の出典を注記した書物。これは雍正帝から安南国王にも賜与されている。

(56) 前田舟子「清代の琉球官生と北京国子監」(『琉球アジア社会文化研究』第十号、二〇〇七年)。上江洲安亨「清朝初期における琉球国の官生復活について」(『沖縄文化研究』第二十四号、一九九八年)、董明「明清時期琉球人的漢語漢文化学習」(『北京師範大学学報』人文社会科学版二〇〇一年第一期、二〇〇一年)等を参照。

(57) 蔡大鼎(輿石豊伸訳注)『蔡大鼎集 北燕游草』(オフィス・コシイシ、一九九七年)三三八〜三三九頁。

(58) 前掲『蔡大鼎集 北燕游草』三四〇頁。真栄平房昭「清国を訪れた琉球使節の見聞録――『琉客談記』を中心に――」(『第八回 琉球・中国交渉史に関するシンポジウム論文集』沖縄県教育委員会、二〇〇七年)。なお、「雍和宮《ユンホークン》」で正月晦日に行われる「跳鬼」の祭りは、北京の風物詩であった。門前に屋台が立ち並び、寺院の前庭には早朝から多数の見物人がつめかけた(羅信耀『北京風俗大全』平凡社、一九八八年、四二三〜四二五頁)。

(59) 輿石豊伸訳注『琉球古典漢詩 林世功・林世忠集』(オフィス・コシイシ、一九九八年)二一五〜二一七頁。

(60) 西里喜行「琉臣殉義事件考――林世功の自刃とその周辺――」(『球陽論叢』ひるぎ社、一九八六年)、同『清末中琉日関係史の研究』(京都大学学術出版会、二〇〇五年)。後田多敦『琉球救国運動――抗日の思想と行動――』(Mugen、二〇一〇年)。林世功の詩文については、上里賢一「詩文から見る林世功の行動と精神」(『日本東洋文化論集』第六号、琉球大学法文学部、二〇〇〇年)を参照。

(61) 姜在彦『新訂 朝鮮近代史』(平凡社、一九九四年)。岡本隆司『世界のなかの日清韓関係史』(講談社選書メチエ、二〇〇八年)等を参照。

新装版　あとがき

皆川雅樹

日本中世史家の木村茂光氏が、国文学研究資料館発行の『国文研ニューズ』（No.39、二〇一五年）に「「唐物」研究の豊かな進展のために」を寄せている。その題目の通り、唐物研究をより豊かにしていくために、木村氏は「国風文化」論を書き換える上での唐物研究の重要性を強調するとともに、今後の唐物研究を考える上で、平安期の日本の北方社会と南方社会から京都に持ち込まれた産物・物品にも注視する。

近年、唐物研究の進展はめざましく、本書のもととなった『唐物と東アジア』（「アジア遊学」一四七号、二〇一一年）刊行に前後して、唐物に関わる研究成果が相次いで発表・公刊された。主な成果としては、次の通りである。

①橋本雄『中華幻想――唐物と外交の室町時代史――』（勉誠出版、二〇一一年）
②シャルロッテ・フォン・ヴェアシュア『モノが語る日本対外交易史――七～一六世紀――』（鈴木靖民解説・河内春人訳、藤原書店、二〇一一年）
③渡邊誠『平安時代貿易管理制度史の研究』（思文閣出版、二〇一二年）
④田中史生『国際交易と古代日本』（吉川弘文館、二〇一二年）
⑤橋本雄「生きた唐物――室町日本に持ち込まれ、朝鮮に再輸出された象と水牛――」（池田透編『生物という文化――人と生物の多様な関わり――』北海道大学出版会、二〇一三年）

⑥山内晋次『NHKさかのぼり日本史　外交篇［9］平安・奈良　外交から貿易への大転換――なぜ、大唐帝国との国交は途絶えたのか――』（NHK出版、二〇一三年）
⑦島尾新『「和漢のさかいをまぎらかす」茶の湯の理念と日本文化』（淡交社、二〇一三年）
⑧皆川雅樹『日本古代王権と唐物交易』（吉川弘文館、二〇一四年）
⑨河添房江『唐物の文化史――舶来品からみた日本――』（岩波新書、二〇一四年）
⑩関周一『中世の唐物と伝来技術』（吉川弘文館、二〇一五年）
⑪村井章介・橋本雄・伊藤幸司・須田牧子・関周一編『日明関係史研究入門――アジアのなかの遣明船――』（勉誠出版、二〇一五年）

ここにあげたすべての研究内容について紹介する余裕はないが、平安・鎌倉・室町時代における唐物をめぐる文化・政治・外交・貿易などそれぞれの個別の研究やそれぞれの分野のつながりが明確になってきたことは間違いない。特に上記⑪文献は、「彼我を行き交うモノ」という章を設け、遣明船に搭載されたモノの歴史的意義について整理されており、今後の唐物研究にも大きな影響を持つものである。このような整理が、平安・鎌倉時代についても必要なのかもしれない。

一方、今後の唐物研究を進展させる上で意識すべき課題として、冒頭で紹介した木村氏が指摘する北方社会と南方社会からのモノやそれをめぐる交流についてあげることができる。上記④文献では、唐物研究とともに、南方の島嶼地域におけるヤコウガイなど産物や交流の歴史的意義を明らかにしている。また、北方社会におけるモノの意義についての研究成果としては、蓑島栄紀『「もの」の交易の古代北方史』（勉誠出版、二〇一五年）が特筆される。蓑島氏は、唐物研究の動向や方法論にも触発されつつ、七〜一一世紀にかけての北海道の対外交易に関わり往還した「北の財」としてのクロテン皮・シカ皮・ワシ羽・「粛慎羽」・「昆布」について、文献史学・考古学研究の成果から検証している。

このような、北海道・北東北や南島・南九州といった日本の周縁史について、鈴木靖民『日本古代の周縁史――エミシ・コシとアマミ・ハヤト――』（岩波書店、二〇一四年）では、周縁からもたらされるモノについて、次にように指摘する。

周縁にはほかの地域社会にみられない求心性、求心力がある。その典型は中央の皇族、貴族に象徴的な、鉄などを携えて周縁への進出、交流であり、その交易活動は北方の毛皮や南方の貝製品など、珍貴な物資の獲得による経済的利潤を求めて、即物的には威信財・奢侈品の入手に目的があった。この物資は唐や新羅・渤海からもたらされる唐物のような船来品にも匹敵する政治的性格も込められていた。この場合、周縁が中継地の役割を経て中心化することがあり、居住する周縁的、境界的な人々にはより主体性、さらに遠心性を帯びる動きがみられる。（二七一頁）

唐物研究の視点に立てば、古代・中世を中心とした唐物をふくめた様々なモノの価値体系を、日本列島をとりまく広汎かつ具体的な交易関係の中に位置づける必要がある（例えば、近年研究が進展している入唐・入宋僧などの僧侶の往来とそれにともなうモノの研究を考慮した唐物研究を進めていくことも必定であろう）。そして、このような研究を為し得るためには、隣接分野や諸学の協業が必須である。本書が、今後においてもその一助となれば幸いである。

執筆者一覧

編者

河添房江（かわぞえ・ふさえ）（→奥付参照）

皆川雅樹（みながわ・まさき）（→奥付参照）

執筆者（掲載順）

島尾　新（しまお・あらた）

一九五三年生まれ。元学習院大学教授、『國華』編集委員。専門は日本中世絵画史。主な著書・編著に『瓢鮎図――ひょうたんなまずのイコノロジー――』（平凡社、一九九五年）、『雪舟の「山水長巻」風景絵巻の世界で遊ぼう』（小学館、二〇〇一年）、『日本三景への誘い』（共編、清文堂出版、二〇〇七年）、『東アジア海域に漕ぎ出す4　東アジアのなかの五山文化』（編著、東京大学出版会、二〇一四年）などがある。

五味文彦（ごみ・ふみひこ）

一九四六年生まれ。東京大学・放送大学名誉教授、足利学校庠主。専門は日本史。主な著書に『院政期社会の研究』（山川出版社、一九八四年）、『文学で読む日本の歴史』全五巻（山川出版社、二〇二〇年）、『武士論』（講談社、二〇二一年）、『料理の日本史』（勉誠社、二〇二四年）などがある。

森　公章（もり・きみゆき）

一九五八年生まれ。東洋大学文学部教授。専門は日本古代史、特に地方支配の歴史的変遷、東アジアの国際関係、木簡学などを中心に研究している。主な著書に『古代郡司制度の研究』（吉川弘文館、二〇〇〇年）、『東アジアの動乱と倭国』（吉川弘文館、二〇〇六年）、『奈良貴族の時代史』（講談社、二〇〇九年）、『地方木簡と郡家の機構』（同成社、二〇〇九年）、『成尋と参天台五臺山記の研究』（吉川弘文館、二〇一三年）などがある。

垣見修司（かきみ・しゅうじ）

一九七三年生まれ。同志社大学文学部教授。専門は日本上代文学。『万葉集』の歌の表記と表現を中心に研究している。主な著書・論文に『万葉集巻十三の長歌文芸』（和泉書院、二〇二一年）、「上代のウルハシとウツクシ――愛・恵・美・ウルフ」（『国語と国文学』九九巻一一号、二〇二二年）、「走り出放」（『同志社国文学』九八号、二〇二三年）、「上代の「趍」字に関する覚書――「趨」との通用関係に関わって」（『高岡市万葉歴史館紀要』三三号、二〇二三年）、坂本信幸監修『万葉植物の歌鑑賞事典』（共著、和泉書院、二〇二三年）、「二つの思いを詠む長歌――巻十三・三二四三、三二七六、三二七八」（『萬葉集研究』第四三集、二〇二四年）などがある。

シャルロッテ・フォン・ヴェアシュア（Charlotte von Verschuer）
フランス・高等研究院歴史学部教授。専門は日本古代・中世の国際関係と物質文化の歴史。日本の経済史を対外貿易と国内生活の二面から研究している。主な著書に『モノが語る日本対外交易史――七～一六世紀』（河内春人訳、藤原書店、二〇一一年）、『モノと権威の東アジア交流史――鑑真から清盛まで』（勉誠社、二〇二三年）、フランス語著書に『八～九世紀の日中関係』（一九八五年）、『平安時代と五穀文化』（二〇〇三年）、『史料の賛辞：古代から近世の日本を考える』（共編著、二〇〇四年）、『欧文日本古代史料解題辞典』（共編著、二〇〇六年）などがある。

末澤明子（すえざわ・あきこ）
一九五〇年生まれ。福岡女学院大学名誉教授。専門は日本中古文学。主として物語を、特に和歌的表現、物語中のモノの位相、『源氏物語』の読書史の面から研究している。主な著書・論文に『王朝物語の表現生成――源氏物語と周辺の文学』（新典社、二〇一九年）、『古今集古注釈書集成　耕雲聞書』（耕雲聞書研究会共著、笠間書院、一九九五年）、「書物の所在と物語文学」（小山利彦・河添房江・陣野英則編『王朝文学と東ユーラシア文化』武蔵野書院、二〇一五年）、「歌ことば「袖の湊」」（『福岡女学院大学紀要人文学部編』二九号、二〇一九年）などがある。

小島　毅（こじま・つよし）
一九六二年生まれ。東京大学大学院人文社会系研究科教授。専門は中国思想史。主な著書・監修に『東アジアの儒教と礼』（山川出版社、二〇〇四年）、『海からみた歴史と伝統』（勉誠出版、二〇〇六年）、『東アジア海域叢書』全20巻（監修、汲古書院、二〇一〇年～）、『東アジア海域に漕ぎ出す』全6巻（監修、東京大学出版会、二〇一三～一四年）、『近代日本の陽明学』（講談社学術文庫、二〇二四年）などがある。

前田雅之（まえだ・まさゆき）
一九五四年生まれ。明星大学人文学部日本文化学科教授。専門は中古・中世文学、古典学。主な著書・編著に『今昔物語集の世界構想』（笠間書院、一九九九年）、『記憶の帝国』（右文書院、二〇〇四年）、『古典的思考』（笠間書院、二〇一一年）、『中世文学と隣接諸学5　中世の学芸と古典注釈』（編著、竹林舎、二〇一一年）、『古典論考――日本という視座――』（新典社、二〇一四年）、『アイロニカルな共感――近代・古典・ナショナリズム――』（ひつじ書房、二〇一五年）などがある。

古川元也（ふるかわ・もとや）
一九六七年生まれ。日本女子大学文学部教授。日本中世史、とくに宗教社会史。現在は実存する中世のモノ資料と文献史料との関係に留意しつつ、日本の中世をどのように理解しうるのかに留意して展示、研究をしている。主担当展示に『聖地への憧れ――中世東国の熊野信仰――』（神奈川県立歴史博物館、二〇〇五年）、『鎌倉の日蓮聖人　中世人の信仰世界』（神奈川県立歴史博物館、二〇〇九年）がある。

竹本千鶴（たけもと・ちづ）

一九七〇年生まれ。國學院大學文学部兼任講師。専門は日本中世史、日本文化史。主な著書・論文に『織豊期の茶会と政治』（思文閣出版、二〇〇六年）、『松井友閑』（人物叢書、吉川弘文館、二〇一八年）、『古典で旅する茶の湯八〇〇年史』（淡交社、二〇二〇年）、「「安土図屏風」を描き遺したフランドル人」（『日蘭学会会誌』五七号、二〇一〇年）などがある。

上野　誠（うえの・まこと）

一九六〇年生まれ。國學院大學文学部教授（特別専任）。万葉文化論を志向し、研究を進めている。主な著書に『大和三山の古代』（講談社、二〇〇八年）、『万葉びとの奈良』（新潮社、二〇一〇年）、『遣唐使阿倍仲麻呂の夢』（角川選書、二〇一三年）、『万葉びとの宴』（講談社現代新書、二〇一四年）などがある。

石田千尋（いしだ・ちひろ）

一九五五年生まれ。鶴見大学名誉教授。専門は近世対外関係史、特に近世日蘭貿易史。主な著書に『日蘭貿易の史的研究』（吉川弘文館、二〇〇四年）、『日蘭貿易の構造と展開』（吉川弘文館、二〇〇九年）、『日蘭貿易の歴史的展開』（吉川弘文館、二〇二四年）などがある。

真栄平房昭（まえひら・ふさあき）

元琉球大学教育学部教授。専門は琉球史・海域アジア史。主な著書・論文に『近世日本の海外情報』（共編著、岩田書院、一九九七年）、『近世地域史フォーラム1　列島史の南と北』（共編著、吉川弘文館、二〇〇六年）、「琉球貿易の構造と流通ネットワーク」（『日本の時代史18　琉球・沖縄史の世界』吉川弘文館、二〇〇三年）、「異国船の琉球来航と薩摩藩――一九世紀の東アジア国際関係と地域――」（『講座明治維新1　世界史のなかの明治維新』有志舎、二〇一〇年）、「ペリー艦隊の琉球来航」（『琉球からみた世界史』山川出版社、二〇一一年）などがある。

編者略歴

河添房江（かわぞえ・ふさえ）

東京学芸大学名誉教授。東京大学文学部卒・同大学院博士課程単位取得。博士（文学）。専門は平安文学・平安文化史・唐物・『源氏物語』享受史。主な著書に『源氏物語表現史』（翰林書房、1998年）、『性と文化の源氏物語』（筑摩書房、1998年）、『源氏物語時空論』（東京大学出版会、2005年）、『源氏物語と東アジア世界』（NHKブックス、2007年）、『光源氏が愛した王朝ブランド品』（角川選書、2008年）、『唐物の文化史―舶来品からみた日本』（岩波新書、2014年）、『源氏物語越境論―唐物表象と物語享受の諸相』（岩波書店、2018年）、『紫式部と王朝文化のモノを読み解く』（角川ソフィア文庫、2023年）などがある。

皆川雅樹（みながわ・まさき）

産業能率大学経営学部教授。専門は日本古代史。日本列島を中心とした古代東アジアにおけるモノの交流史やそのモノの政治・文化への影響などを研究している。主な著書に『日本古代王権と唐物交易』（吉川弘文館、2014年）、編著に『新装 版　唐物と東アジア―船載品をめぐる文化交流史』（共編著、勉誠出版、2016年）、『「唐物」とは何か―舶載品をめぐる文化形成と交流』（共編著、勉誠出版、2022年）、『歴史総合の授業と評価―高校歴史教育コトハジメ』（共編著 清水書院、2023年）、『歴史教育「シン」入門―歴史総合から世界史探究・日本史探究へ』（共編著、清水書院、2025年）などがある。

新装版《しんそうばん》 唐物《からもの》と東《ひがし》アジア
――舶載品《はくさいひん》をめぐる文化交流史《ぶんかこうりゅうし》

2016年2月5日　初版発行
2025年2月10日　第3刷発行

編　者　河添房江・皆川雅樹
発行者　吉田祐輔
発行所　株式会社勉誠社
〒101-0061　東京都千代田区神田三崎町2 18-4
TEL：(03)5215-9021(代)　FAX：(03)5215-9025
〈出版詳細情報〉https://bensei.jp/

印刷・製本　三美印刷（株）
ISBN978-4-585-22140-1　C1021

「唐物」とは何か
船載品をめぐる文化形成と交流

奈良から平安、中世や近世にかけて受容されてきた舶載品である「唐物」。その受容や海外交流に関する研究の現状と課題を提示した、唐物研究の画期的な成果。

河添房江・皆川雅樹 編・本体二八〇〇円（+税）

モノと権威の東アジア交流史
鑑真から清盛まで

「モノ」「ヒト」「情報」など諸種の要素を仔細に検討することで、政治・経済・文化にわたる重層的な「対外交易」の実態と歴史的意義を照射する。

シャルロッテ・フォン・ヴェアシュア 著
本体四八〇〇円（+税）

「もの」と交易の古代北方史
奈良・平安日本と北海道・アイヌ

七世紀から十一世紀にかけて古代の北海道と日本列島、大陸を往還した多彩な「北の財」。その実態と歴史的・文化的意義を古代史・考古学の成果から検討する。

蓑島栄紀 著・本体七〇〇〇円（+税）

入唐僧恵蕚と東アジア
附　恵蕚関連史料集

日中に分散していた恵蕚に関する史料三十六種を集成、また、恵蕚と恵蕚を取り巻く唐・新羅の人々を追うことで多元的な歴史世界を描き出す論考三本を収載。

田中史生 編・本体五〇〇〇円（+税）

呉越国　10世紀東アジアに華開いた文化国家

東洋美術及び東洋史、文学など諸分野からの多角的な視点より、東アジアにおける呉越国の与えた影響を総合的に捉える初めての書。

瀧朝子 編・本体三二〇〇円（＋税）

契丹［遼］と10～12世紀の東部ユーラシア

契丹［遼］研究の到達点を示し、国際関係、社会・文化、新出資料、そして後代への影響という四本の柱から契丹［遼］の世界史上の位置づけを多角的に解明する。

荒川慎太郎・澤本光弘・高井康典行・渡辺健哉 編
本体二八〇〇円（＋税）

対馬の渡来版経 護り伝える東アジアの至宝

十年に及ぶ総合調査による対馬伝来の版経に関する新知見を多数の図版とともに余すところなく提示。東アジア文化交流の至宝である対馬の版経を未来に伝える画期的な書。

横内裕人 編・本体三二〇〇円（＋税）

帝鑑図と帝鑑図説 日本における勧戒画の受容

日本における帝鑑図・帝鑑図説の諸作品を美術史・文学研究の第一線の視点より、多角的に考察。通説を再検討し、「帝鑑図」とは何かを問い直す画期的成果。

小助川元太・薬師寺君子・野田麻美・水野裕史 編
本体一五〇〇〇円（＋税）

室町戦国日本の覇者
大内氏の世界をさぐる

政治・経済・文化・外交・宗教・文学・美術・考古等、諸分野の知見を集結し、室町・戦国期の歴史的展開において大きな足跡を残した大内氏の総体を捉える絶好のガイドブック。

大内氏歴史文化研究会 編／伊藤幸司 責任編集
本体三八〇〇円（＋税）

看聞日記とその時代
好奇心旺盛な皇族・伏見宮貞成が語る中世社会

室町時代史研究における第一級史料『看聞日記』三十三年分のなかから、政治・思想・社会・文化・習俗に関する興味深いエピソードを選出し、現代語訳と解説を付す。

薗部寿樹 著・本体四二〇〇円（＋税）

日本の中世貨幣と東アジア

貨幣というものの性質を考えるうえで興味深い問題を多数孕む日本の中世貨幣を、文献・考古資料を博捜し、東アジア的視点からも捉えなおす画期的成果。

中島圭一 編・本体三二〇〇円（＋税）

中近世日本の貨幣流通秩序

中世から近世への社会変容のなかで、貨幣使用の具体像はいかなる様相を呈していったのか。海域アジア世界との連環と地域社会における展開の実態を考察。

川戸貴史 著・本体七〇〇〇円（＋税）

長崎・東西文化交渉史の舞台《ステージ》
ポルトガル時代
オランダ時代

若木太一 編・本体四〇〇〇円（＋税）

長崎・東西文化交渉史の舞台《ステージ》
明・清時代の長崎
支配の構図と文化の諸相

若木太一 編・本体六〇〇〇円（＋税）

西の果て、長崎。江戸より遠く離れたこの辺境の地に、徳川幕府は東西交流の舞台《ステージ》を設けた。その舞台を流れる時間は、ポルトガル時代、オランダ時代そして明・清交代期というもう一つの歴史年表で描かれるべき時空であった――江戸と中国、朝鮮と琉球をつなぐ円の中心に位置し、東シナ海における当時の国際交流の中心地であった長崎という「場」に着目、人・モノ・文化の結節点において紡がれた歴史・文化の諸相を描き出す。

近世長崎渡来人文運史
言語接触と文化交流の諸相

若木太一 著・本体一三〇〇〇円（＋税）

異国人たちはどのように日本で活躍し、どのような思想、文学作品を遺したのか。「長崎」という場を軸に、資史料を検証し、文化交流の諸相を明らかにする。

開かれていた鎖国
入り船と出船

片桐一男 著・本体八〇〇〇円（＋税）

オランダ船の乗船人名簿と積荷目録を紐解き、入港時に日本に運び込んだ海外情報、出航時に運び出した人・物・情報を明らかにする。日蘭交流四〇〇年を総括。

日本古代交流史入門

一世紀〜七世紀の古代国家形成の時期から、十一世紀の中世への転換期までを対象に、さまざまな主体の織りなす関係史の視点から当時の人びとの営みを描き出す。

鈴木靖民・金子修一・田中史生・李成市 編
本体三八〇〇円（＋税）

日明関係史研究入門
アジアのなかの遣明船

外交、貿易、宗教、文化交流など、様々な視角・論点へと波及する「遣明船」をキーワードに、十四〜十六世紀のアジアにおける国際関係の実態を炙り出す。

村井章介 編集代表／橋本雄・伊藤幸司・須田牧子・関周一 編・本体三八〇〇円（＋税）

増補改訂新版　日本中世史入門
論文を書こう

歴史学の基本である論文執筆のためのメソッドと観点を日本中世史研究の最新の知見とともにわかりやすく紹介、歴史を学び、考えることの醍醐味を伝授する。

秋山哲雄・田中大喜・野口華世 編・本体三八〇〇円（＋税）

日本近世史入門
ようこそ研究の世界へ！

織豊期・江戸時代の魅力を伝えるために、各研究テーマの来歴や現状、論文執筆のノウハウ、研究上の暗黙知、さらには秘伝（？）までを余すところなく紹介。

上野大輔・清水光明・三ツ松誠・吉村雅美 編
本体三八〇〇円（＋税）